# La pulsión comunitaria en la obra de Diamela Eltit

Mónica Barrientos

Publicado por
Latin American Research Commons
www.larcommons.net
larc@lasaweb.org

© Mónica Barrientos 2019

Primera edición: 2019

Diseño de tapa: Milagros Bouroncle
Imagen de tapa: Gentileza Diamela Eltit
Diagramación de versión impresa y digital: Siliconchips Services Ltd.
Corrección: Martín Vittón

ISBN (Físico): 978-1-7340289-0-4
ISBN (PDF): 978-1-7340289-1-1
ISBN (EPUB): 978-1-7340289-2-8
ISBN (Mobi): 978-1-7340289-3-5

DOI: https://doi.org/10.25154/book1

Esta obra tiene permiso para ser publicada bajo la licencia internacional Creative Commons Attribution CC BY-NC 4.0. Para ver una copia de este permiso, visite https://creativecommons.org/licenses/by-nc/4.0/ o envíe una carta a Creative Commons, 444 Castro Street, Suite 900, Mountain View, California, 94041, Estados Unidos. Esta licencia permite el uso de cualquier parte del trabajo mientras se lo cite de forma correspondiente y restringe su uso con fines comerciales.

El texto completo de este libro ha recibido evaluación por pares de doble ciego para asegurar altos estándares académicos. Para ver nuestra política de evaluación, ingrese a www.larcommons.net/site/alt-research-integrity

Cita sugerida:
Barrientos, M. 2019. *La pulsión comunitaria en la obra de Diamela Eltit*. Pittsburgh, Estados Unidos: Latin American Research Commons. DOI: https://doi.org/10.25154/book1. Licencia: CC BY-NC 4.0

Para leer la versión libre en acceso abierto de este libro digital, visite https://doi.org/10.25154/book1 o escanee el código QR con su dispositivo móvil.

*A César y Millaray, por el eterno apoyo.*

# Contenido

Agradecimientos ix

Introducción. La pulsión comunitaria 1

I. Por los márgenes territoriales: comunidades (im)políticas 7
   1. Los espacios impolíticos 17
   2. Espaciamientos comunitarios 25
   3. Los "no-lugares" o la construcción socio-espacial de la ciudad 35

II. Subjetividades marginales y la comunidad desobrada 49
   1. *Zonas de dolor* o la comunidad periférica 57
   2. "Una obra sudaca terrible y molesta" 69
   3. Marginalidades precarias o anormales 77
   4. Ciudadanos insanos o desagregados 87

III. La excriptura y la comunidad de cuerpos disidentes 101
   1. Exceso y transgresión: hacia una estética desobrada en las obras de Eltit 107
      a) El artificio y la fragmentación repetitiva 108
      b) Parodia y distorsión del sentido 120
   2. Erotismo con la palabra 129
      a) El corte y las incisiones en la piel/página 136
      b) La pose y la construcción de la imagen 141
   3. La resistencia orgánica y la figura del *cyborg* 153

| | |
|---|---|
| **Pulsión comunitaria: versiones de un epílogo** | **165** |
| Sobre la autora | 171 |
| Sobre Latin America Research Commons | 173 |
| Bibliografía | 175 |
| Índice de contenidos | 183 |

# Lista de imágenes

Imagen 1. *Zonas de dolor*. 1980     63
Imagen 2. *Sumar*. 2018     92
Imagen 3. *Lumpérica*. 1983, p. 151     137
Imagen 4. *Infarto del alma*. 1994, p. 17     146
Imagen 5. *Infarto del alma*. 1994, p. 66     147
Imagen 6. *Infarto del alma*. 1994, p. 53     148
Imagen 7. *Infarto del alma*. 1994, p. 6     149

# Agradecimientos

Conocí a Diamela Eltit cuando yo era una joven estudiante de pregrado en Chile. No fue a ella personalmente sino su obra en un curso optativo de la carrera. Leíamos tímidamente algunas obras consideradas rupturistas en ese período de cambios bruscos de principios de los noventa cuando pensábamos que ya no teníamos una dictadura encima. Sin embargo, allí estaba, controlando nuestras vidas y nuestras lecturas. En ese período de búsqueda encontré la primera novela de Diamela Eltit, y desde allí no he cesado en su lectura. Este libro es el resultado no completo, por supuesto, de ese enamoramiento hacia la obra de Diamela Eltit que comenzó cuando era una estudiante de pregrado en Chile. De eso ya han pasado muchos años, pero mi entusiasmo hacia su obra permanece intacto.

Este libro se ha escrito gracias al proyecto de Fondecyt de Iniciación N.º 11170556 que se titula *Visualidad, imaginarios territoriales y cuerpos comunitarios: hacia nuevas prácticas textuales de escritoras chilenas contemporáneas*, patrocinado por la Universidad Autónoma de Chile, desde donde tuve la posibilidad de ampliar mis discusiones y miradas hacia la obra eltitiana.

Quisiera agradecer a tantas personas que han aportado con sus largas conversaciones, sugerencias y consejos, como Aurea Sotomayor, mi *advisor* y amiga de la Universidad de Pittsburgh, a Andrea Jeftanovic por su compañerismo y colaboración eterna, a Laura Scarabelli, a Eugenia Prado y Cherie Zalaquett por hacerme sentir en comunidad y conformar "una célula", a mis colegas de la Universidad Autónoma de Chile por todo su apoyo pedagógico. Un especial agradecimiento es para mi hija Millaray Zamorano, quien heredó nuestra pasión por la lectura y por ayudarme con las traducciones, y a mi compañero de ruta, César Zamorano, por su apoyo incondicional, sus atentas lecturas y acertados comentarios. Hay más, mucha más gente que gira alrededor de la obra de Eltit, pero que ya, de forma independiente, hemos creado lazos profundos de lectores por medio de nuestra pulsión individual y comunitaria.

# Introducción. La pulsión comunitaria

> *El trabajo de colaboración apunta a una ampliación e incremento de los imaginarios que, mezclados, modulan un espacio "otro", radicalmente diverso al trabajo individual, porque siempre su materialización produce una doble extrañeza, una sorpresa doble.*
> Diamela Eltit, "Co-laborar", *Signos vitales*.

En la novela *Impuesto a la carne* de Diamela Eltit, la hija bicentenaria anuncia: "Solo en la comuna radica la única posibilidad de poner en marcha la primera gran mutual del cuerpo, y después, con una esmerada precisión, organizaríamos la gran mutual de la sangre y de esa manera los estudiosos de la pequeña historia van a consignar la existencia de la comuna del cuerpo y la sangre" (182). Este es el llamado que recogemos para ingresar a la obra de Diamela Eltit, es decir, desde la idea de comunidad, el recorrido por el cuerpo y la sangre y, sobre todo, la posición política de "ponerse de pie" para exponer un cuerpo malherido y exponerse con el otro y frente al otro.

Como seres humanos insertos en contextos sociales relacionados con otros, vemos que existen diferentes prácticas que se detienen en la idea de fortalecer un espacio limitado y restringido por barreras impuestas por un sistema neoliberal que incentiva el diálogo íntimo del "nosotros los mismos". Este diálogo no tiene como finalidad la meditación o cuestionamiento con el entorno, sino que más bien se refiere a un diálogo con los otros como yo, es decir, con "mis iguales". El resultado es la conformación de la propia "comunidad de los iguales", entendida como una unidad cerrada que se construye sobre un discurso que afirma lo común y determina una finalidad como horizonte hacia dónde dirigirse. Por esto observamos que las políticas actuales tienen como propósito crear afinidades entre los componentes de una comunidad por medio de lo que se conoce como el "consenso", en el sentido que le otorga Jacques Rancière, como la búsqueda de una comunidad saturada, limpia de los sujetos sobrantes

---

Cómo citar la introducción:
Barrientos, M. 2019. *La pulsión comunitaria en la obra de Diamela Eltit*. Pp. 1–6. Pittsburgh, Estados Unidos: Latin American Research Commons. DOI: https://doi.org/10.25154/book1.a. Licencia: CC-BY-NC 4.0

del conflicto político. La "modernidad consensual" entonces muestra la forma en que los modos de legitimación se forman y se expresan en una sociedad. Una de las objeciones hacia la idea de lo consensual radica en que no permite que la figura política del desplazado aparezca en el escenario constituyéndose como "los remanentes de consenso, testigos de la 'ruptura social' de que son víctimas aquellos a los que la modernidad consensual deja al margen" (2005, 60)[1]. Es importante considerar la idea de los "remanentes sociales" que explicaba previamente Rancière, ya que son aquellas figuras que se encuentran en el margen del sistema de globalización y modernización, tan apoyado por capitalismo actual.

Estos remanentes, estos sujetos sin voz ni presencia en el escenario del consenso son precisamente los que adquieren cuerpo en la obra de Diamela Eltit. Por ello, la idea comunitaria de nuestra autora va más allá de una propuesta estética observada en sus obras y de los consensos sociales y culturales legitimadores del *statu quo*; más bien se trata de una postura política que conjuga arte y vida como una opción de posicionamiento diferente a la representación vacía y trivial de lo que se ha llamado "diferencia cultural". Esta postura tiene un diálogo directo con el concepto de *comunismo literario* de Jean-Luc Nancy como una práctica de articulación de diversas voces plurales desde un espacio común que limita con la apertura hacia el otro, conformando un acto de comunicación. Desde este espacio comunicativo, Diamela Eltit, como otra voz dentro de la pluralidad, se une junto a otros sin pretender representarlos, sino para articular un discurso que performatiza las diferencias sociales y las relaciones de poder por medio de una "escritura comunitaria" donde los diferentes tipos, formas, géneros y escrituras se conjugan en una gran obra política, comunista. Este comunismo escritural o escritura comunitaria ha permitido vincular diferentes fuentes teóricas provenientes de la vanguardia, la subalternidad, lo popular, el colonialismo, activismo, entre otras, dentro de un ámbito propiamente latinoamericano. Desde esta postura es que Eltit, como escritora, artista e intelectual, comunica su necesidad de representación del otro, como lo vemos en los personajes marginales y heridos, su fusión orgánica con la escritura y su quiebre con la naturalizada oposición entre intelectual y activista.

Puedo asegurar que el uso de la palabra "comunismo" provocará críticas viscerales en ciertos lectores, pero me parece necesario y urgente retomar una tradición que fue interrumpida bruscamente para releer el término desde su origen radical entendiendo la raíz de la palabra comunismo en el sentido político, subrayando el deseo de estar juntos, en la voluntad de constituir la

---

[1] Para Rancière (1996) el "orden consensual" ha provocado que la política sea solo una negociación donde el acuerdo esconde a los individuos excluidos de este diálogo y sus demandas, por lo tanto, no son escuchadas. Esta distorsión de la política es llamada "policía" porque supone una configuración de lo sensible con identidades fijas construidas previamente, por lo tanto, corresponde al consenso de las colectividades, la distribución y legitimación de los lugares y funciones.

comunidad que nace desde una crisis profunda, a partir de la conciencia de una división. Es por esto que este análisis propone una apuesta política y estética de la obra de Diamela Eltit en la conformación de una *comunidad* que pueda reunir a aquellos excluidos de los grandes consensos de la Historia.

Antes de continuar, es necesario preguntarse ¿qué características tiene esta comunidad? Primero, es preciso señalar que el concepto de comunidad se ha pensado en el sentido de "pertenencia", es decir, un tipo de propiedad que se debe compartir porque existe una identificación común que nos hace pertenecer a esta comunidad específica. Por lo tanto, aquellos "otros" que no tienen las características de *mi* comunidad, no pueden pertenecer a ella. La comunidad entonces se ha entendido como una unidad cerrada que se construye sobre un discurso que afirma lo común determinado por una finalidad única. Como afirma Benedict Anderson (2000), es una "comunidad imaginada" que tiene un ideal proyectado en el que se cruzan diferentes factores elaborados bajo ciertos parámetros que distinguen a un grupo comunitario. Estos parámetros son variados ya que incluyen desde el aspecto físico (la raza, la sangre, etcétera) hasta lo geográfico, como el lugar donde se nace. Cualquiera que sea el punto que se quiera subrayar, el concepto de comunidad se define a partir de la separación del yo con los "otros", donde la idea del "otro" es precisamente aquel que NO es como "yo", entendiendo la comunidad como separación, exclusión y negación del otro para reafirmar una identidad fija.

Sin embargo, ante la arremetida de los nacionalismos reaccionarios y sus consecuentes particularismos, es una responsabilidad ética pensar nuevamente la comunidad desde una crítica política y estética. El cuestionamiento entonces debe replantear eso "común" que compartimos y que todos debemos llevar como una responsabilidad; de allí la obligación de pensar nuevamente ese "ser-en-común" fuera de los cuestionamientos totalizantes. Autores como Jean-Luc Nancy, Giorgio Agamben y Roberto Esposito, Ernesto Laclau,[2] entre otros, han reelaborado el concepto de comunidad desde un espacio diferencial que imposibilita el confinamiento dentro de los parámetros propuestos por la definición tradicional, entendiéndola como un espacio que no permite la identificación única, sino abierto hacia la heterogeneidad sin establecer fronteras como un vacío diferencial. Es un espacio que se resiste a la representación política

---

[2] Los trabajos publicados por estos autores son muchos, pero a modo general nombraremos algunos relacionados directamente con nuestro tema: Jean-Luc Nancy: *La comunidad inoperante* (LOM/Arcis, 2000), *La comunidad desobrada* (Arena Libros, 2001), *Corpus* (Arena Libros, 2003), *Ser singular plural* (Arena Libros, 2006), *¿Un sujeto?* (La Cebra, 2014), *La comunidad descalificada* (Avarigani, 2015), *La comunidad revocada* (Mardulce 2016). Giorgio Agamben: *La comunidad que viene* (Pre-Textos, 2006), *Desnudez* (Adriana Hidalgo, 2011), *Homo Saccer* (todas sus versiones). Roberto Esposito: *Comunidad, inmunidad, biopolítica* (Herder editorial, 2009), *Bios. Biopolítica y filosofía* (Amorrortu, 2006), *Inmunitas. Protección y negación de la vida* (Amorrortu, 2005), *Communitas. Origen y destino de la comunidad* (Amorrortu, 2003).

unitaria, por ello es un espacio de emergencia de la otredad, de lo heterogéneo y lo residual. Es un modo de convivencia comunitario en que la ausencia de identidad, de propiedad y de representación política no intervienen en la preservación de lo múltiple, lo diverso, lo diferente. Uno de los principales teóricos es Jean-Luc Nancy, quien retoma las discusiones en torno a la comunidad para reafirmar que se trata de una preocupación de nuestro tiempo "en cuanto al carácter común de nuestras existencias" (2016, 13), afirmando que lo "común" es aquello básico que todos compartimos y que solo tiene lugar en la relación que tenemos con ella. Por eso, esta relación no se puede plantear como singular, sino que solo plural.

Sobre la base a esta perspectiva, observamos que en todas las obras de Diamela Eltit existe un deseo de comunidad o pulsión comunitaria que expone sus diferencias y que no tiene como finalidad la producción de una "obra" en el sentido teleológico o de clausura identitaria. La singularidad en esta comunidad inoperante o desobrada,[3] siguiendo a Nancy, se emancipa de un Todo homogéneo que la puede cancelar. Singularidad no significa individualidad, sino que remite a un "cada cual" que deviene plural y que no se reduce a un todo; por lo tanto, no es una unión de individuos con tareas y bienes en común, sino que la comunidad es la repartición en común de eso que comparten en un espacio determinado. Su característica más importante es precisamente la resistencia para definirse en un todo y exigirse constantemente la apertura para evitar conformarse en una comunidad orgánica.

La pulsión comunitaria en las obras se produce de diferentes formas que abarcan desde lo más externo hasta lo más íntimo, por medio de un movimiento que se abre más allá de sí misma por la necesidad de sentido total. Para Nancy, la "comunidad *desobrada*" no necesita la realización de un proyecto común ni la consecución de un fin ideal, sino el permanente intercambio creativo, solo posible a través de la comunicación: "La comunidad tiene lugar necesariamente en lo que Blanchot denominó desobramiento. Más acá o más allá de la obra, eso que se retira de la obra, eso que ya no tiene nada que ver ni con la producción, ni con la consumación, sino que tropieza con la interrupción, la

---

[3] Existen dos traducciones acerca de esta obra de Nancy. Una es de Juan Manuel Garrido, traducida como *La comunidad inoperante*, publicado por LOM. La otra es la traducción de *La comunidad desobrada* de Pablo Perera, publicada por Arena Libros. Para efectos de esta investigación, utilizaremos la traducción de Perera debido a las sugerencias de estudiosos de Nancy quienes argumentan que el término "inoperante" no es la más adecuada y prefieren el término "desobrada". Cristina Rodríguez Marciel sostiene que el término "*inoperant*" en francés, al igual que en español, se utiliza para describir algo que no tiene efecto y es, por lo tanto, "ineficaz". "Desobramiento" en cambio es un neologismo francés de "acción y efecto de una 'falta de obra'". Cfr. Cristina Rodríguez. *Nancytropías. Topografías de una filosofía por venir de Jean-Luc Nancy* (2011, 111 nota 13). Entonces utilizaremos el término "desobramiento" cuando hablemos de una obra abierta, inacabada.

fragmentación, el suspenso" (2001, 61-62). Desobrar la comunidad es pensar más allá de toda política, pero desde un más allá que es más bien una fragmentación, desde adentro, de todo intento de poner a la obra el trazado de lo que somos-en-común.

De esta forma, cada una de las novelas, ensayos y entrevistas de Eltit conforman una obra desobrada, con múltiples voces, formas y géneros que no se cierran a una interpretación única, ni como tampoco son una obra única, sino que están en constante movimiento debido a su forma de relacionarse entre ellas, como veremos más adelante. La obra desobrada de Eltit se abre a diferentes interpretaciones, como hemos visto en con la crítica en todos estos años que no se encuentra restringida solo a lo literario, sino que se relaciona con lo social a través de sus ensayos y entrevistas[4] a diferentes medios, mostrando que su compromiso político no queda solo en la letra, sino también en la vida.

En el primer capítulo, titulado "Los márgenes espaciales: las comunidades (im)políticas", analizaremos, desde la categoría de lo impolítico de Roberto Esposito, la crítica al concepto de *propium* de la comunidad clásica que le otorga un valor de pertenencia al espacio común entendido como fijo, estable y propio de un grupo. Si el espacio geográfico utilizado pierde su valor de estabilidad y fijeza ¿puede existir comunidad? Por ello, analizaremos el espacio para sacarlo de esta estaticidad histórica y demostrar que no es estable, sino que está en constante movimiento.

Bajo las ideas de Doreen Massey, Henri Lefebvre y David Harvey, todos ellos pertenecientes a la Geografía Radical,[5] veremos que el espacio es ideologizado, cambiante y se encuentra en constante disputa con el "modo de habitar" el lugar. Por ello, recorreremos las contrageografías de Eltit, entendidas por Saskia Sassen, como circuitos fronterizos enormemente diversos que se encuentran

---

[4] Se propone la entrevista como "diálogos comunitarios" que modifican las "tendencias mediáticas visibilizando temáticas, voces y actores ausentes de la escena pública para entablar alianzas y acuerdos para la conformación de prácticas de lo "común comunitario" (18). Se trata, por lo tanto, de entrevistas abiertas que hacen participar al lector, remeciendo su postura, cualquiera que esta sea. Cfr. Mónica Barrientos. "Entrevistas a Diamela Eltit: hacia un diálogo comunitario", en *No hay armazón que la sostenga. Entrevistas a Diamela Eltit*, 2017.

[5] Corriente o sindicato de geógrafos, estudiantes, urbanistas entre otros. Nace a fines de los 60 y se materializa al alero de la revista *Antipode*, publicada en la Universidad de Clark, Massachusetts. David Harvey, uno de sus fundadores afirma: "La expresión 'geografía radical' apareció a finales de los años sesenta. En esa época, la geografía tradicional estaba aun estrechamente ligada a las prácticas militares e imperialistas. Jóvenes geógrafos, como Doreen Massey en Gran Bretaña, la revista *Antipode* en Estados Unidos etcétera, trataban de fundar una corriente de izquierdas en el seno de la disciplina. Estábamos fuertemente influidos por el discurso anticolonialista, las guerras antiimperialistas y las luchas anticapitalistas, pero nuestras culturas políticas eran demasiado diferentes para quedar englobadas bajo el calificativo de "marxista" o "anarquista". La expresión "geografía radical" se adecuaba más a nuestra diversidad ("Marx and the City", p. 220).

dentro de grandes espacios globalizados, son rentables, pero se encuentran en condiciones precarias, es lo que llama "contrageografías de la globalización" (41). Estos espacios comprenden desde los más íntimos o cotidianos, como la casa y la plaza, hasta los más exteriores, como los no-lugares en el sentido de Marc Augé, tales como supermercados y carreteras. Todos estos espacios son simbólicos porque representan relaciones de poder y disciplinamiento, pero el punto importante es que portan en su forma misma la fractura y la fuga, ya que el movimiento, aquello que impide la fijeza, se convierte en la única forma de insubordinación a las diferentes formas de poder.

Si los espacios son movibles, también lo son los sujetos que los habitan; por ello el capítulo segundo, "Subjetividades marginales y la comunidad desobrada", aborda un tema ya bastante trabajado en las obras de Eltit que es la marginalidad, sin embargo, nos enfocaremos en cómo este concepto conforma diferentes formas de marginalidades, como los excluidos, los "sudacas", los trabajadores, etcétera dependiendo de su forma de habitar el espacio. La ocupación de los espacios forma un tipo de marginalidad que no es estática, sino movible, ya que el espacio que utilizan se transforma junto con ellos para configurar una subjetividad que contiene una pulsión comunitaria en que los personajes se asocian y disocian para fisurar los espacios que intentan normalizarlos. Estos marginales conformarán comunidades en términos de Nancy o Esposito, es decir, comunidades sin categorías de identidad que cuestionan cualquier forma de identificación que quiera mantenerlos dentro de parámetros fijos y definidos.

Finalmente, las subjetividades y los espacios habitados no son entes abstractos cuestionando un espacio opresor o disciplinante, sino que son cuerpos que se ubican y se mueven dentro de determinadas coordenadas. Por ello, en el tercer capítulo, llamado "La comunidad de cuerpos disidentes", se ingresará al análisis del cuerpo en la obra de Eltit como una materialidad en que confluyen relaciones de poder, zonas de resistencia y formas de escritura, preguntándonos ¿cómo se incorporan las escrituras en los cuerpos? Analizaremos el exceso como forma de "salir del marco" por medio de diferentes artificios textuales y de lenguaje; posteriormente veremos que la parodia —bajo los postulados de Linda Hutcheon— como forma de relacionar textos, temas y configurar el juego del espejo o puesta en abismo como hilo conductor de toda la obra de Eltit; y finalmente la relación entre erotismo y palabra como motor que mueve a los personajes y los convierte en marginales no solo por la precariedad, sino también por el exceso de sexualidad y perversión.

I

# Por los márgenes territoriales: comunidades (im)políticas

El orden y la seguridad, en un principio, se lograron mediante grandes murallas que sitiaban la ciudad, pero ahora se han transformado en microcámaras de vigilancia constante[6]. Sin duda, hoy se han derrumbado esos enormes muros que impedían la salida de los ciudadanos y que también protegían la llegada de los llamados "intrusos", extranjeros o bárbaros, es decir, "los otros". Es por estos "otros", quienes representan la fragilidad y la precariedad de la existencia, que se han elaborado una serie de instrumentos defensivos para conservar lo ya adquirido, lo propio, como lo geográfico, económico, cultural, ideológico. La incertidumbre por la posible pérdida de bienes materiales, la falta de seguridad y el miedo al "otro" son temores fundamentales que brotan de formas de violencia, segregación espacial y nuevas tecnologías que permiten mantener la

---

[6] Michel Foucault plantea el concepto de "gubernamentalidad" como "el conjunto constituido por las instituciones, los procedimientos, análisis y reflexiones, los cálculos y las tácticas que permiten ejercer esa forma bien específica, aunque muy compleja, de poder que tiene por blanco principal la población, por forma mayor de saber la economía política y por instrumento técnico esencial los dispositivos de seguridad". Estas tecnologías de seguridad, dirigidas a fenómenos globales, están ligadas a los procesos de la vida misma como la vida, la muerte, la reproducción, etcétera. Por lo tanto, son técnicas de gobierno que se inscriben el ordenamiento de las relaciones de poder en un modelo de "sociedad de seguridad" (2006, 136).

---

**Cómo citar esta parte:**
Barrientos, M. 2019. *La pulsión comunitaria en la obra de Diamela Eltit*. Pp. 9–15. Pittsburgh, Estados Unidos: Latin American Research Commons. DOI: https://doi.org/10.25154/book1.b. Licencia: CC-BY-NC 4.0

seguridad, ya sea económica o geográfica. Por ello se potencia la capacidad de las estructuras espaciales de rechazar, excluir, esconder y resistir aquello que pueda generar algún grado de riesgo, controlando su estructura con la finalidad de garantizar la seguridad en todo momento. La adaptación de los sujetos a este orden social es fundamental porque la vigilancia y el control no son los únicos procedimientos, sino también la generalización de métodos disciplinarios por medio de técnicas e instituciones que cumplen la tarea de medir, controlar y corregir a quienes no se ajustan a estas normas.

La idea de comunidad ha sido central en el pensamiento político moderno porque necesariamente interroga la identidad del *nosotros*. Esta interrogante y sus posibles respuestas no es neutra, sino que depende de una visión de sujeto y una organización interna que interpela a los miembros de esa comunidad para construir teóricamente la base de los conceptos básicos que regirán esa comunidad. Hablar de un *nosotros* en términos comunitarios presupone una organización previa que funda las bases de la comunidad que, muchas veces, se configura como una comunidad nacional basada en la exclusión y en defensa de los particularismos. La comunidad entonces, como primera conformación de la ciudad y la posterior nación, se crea dentro de estos muros para conformar un espacio geográfico seguro, monolítico y homogéneo. Sin embargo, el cuestionamiento a esta fijeza de la comunidad y el espacio que la constituye es uno de los planteamientos que aquí elaboraremos.

Desde una perspectiva antiesencialista[7] se puede entender la comunidad como una estructura constituida en forma heterogénea, positiva, sin la paradoja de conformar límites. Hablamos de paradoja ya que la identidad de la comunidad está constituida por lo que excluye, por su relación con "lo otro". Entonces, si la identidad de una comunidad está conformada por su diferencia con eso "otro", no puede sostenerse en una identidad pura[8]. Por esto que es necesario buscar respuestas a partir de la diversidad como característica identitaria donde "toda estrategia debe considerar, asimismo, la diferencia en tanto componente integral de aquello que sí compartimos (lenguas, historias, tradiciones, etcétera). La identidad, además no es solo lo que somos sino también lo que *no* queremos ser" (Sosnowski 2018, 158), por lo tanto, la identidad es construida y no esencialmente inmutable.

"El ser-en-común" (Esposito 2003) inicialmente nos constituye como subjetividad en relación con otro, pero sin aquellas características que nos definen como un todo, un valor supremo y una esencia. La comunidad es opuesta a lo

---

[7] También llamada postfundacional. Dentro de esta área, con las diferentes propuestas teóricas propias de cada pensador, se incluyen en este grupo a Jacques Lacan, Ernesto Laclau, Chantal Mouffe, Jacques Rancière, Jacques Derrida, Alain Badoiu. Cfr. Marchart: *Post-Fundational Political Thought. Political Difference in Nancy, Lefort, Badiou and Laclau* (2007).

[8] Esta idea de la "identidad como diferencia" es la principal propuesta del postestructuralismo francés, especialmente la obra de Jacques Derrida.

propio, por lo tanto, es impropio porque no hay algo propio en lo común, sino que es lo transitorio entre lo común y lo propio, es un vacío, una distancia. La comunidad entonces se define en torno a un vacío (63) como intensificación y radicalización de la política. No se constituye por sujetos individuales o colectivos, sino que es el espacio que nos impide ser sujetos. La comunidad o *communitas* no es entonces una propiedad de los sujetos, sino que más bien se trata de la experiencia de la desapropiación, es decir, lo que no es propio, lo que es común siendo no propio, o en palabras de Esposito, "es el conjunto de personas a las que une no una 'propiedad' sino justamente un deber o una deuda" (29). Se trata, por lo tanto, de reconocer primeramente la no-propiedad en la medida en que es-en-común y siempre se está en deuda con el otro solo por el hecho de "estar-con" en un mismo espacio habitado. Es por esto que Sergio Rojas (2012) plantea una *escritura impolítica* sobre las obras de Diamela Eltit, ya que se trata de una radicalización de la política en "ese momento brutal de las representaciones acerca del sentido o finalidad del conflicto que permanentemente desborda el mundo de nuestra experiencia" (33). Lo impolítico entonces, es entendido como el vaciamiento del espacio político de cualquier sustancia y el hecho de su finitud radical y no una negación u oposición de la política. Lo impolítico es una forma de interrogación deconstructiva acerca de la política misma que ha mantenido la representación y el gesto fundacional como categorías limitantes, enfrentándose en forma oblicua e indirecta a las categorías políticas. Es en este punto donde interroga al concepto de comunidad como una categoría política tradicional. Para Esposito, solo hay comunidad y posibilidad de convivencia mutua en la aceptación de lo heterogéneo, de lo "otro" y su apertura que es diferente de sí. La comunidad es predisponerse a la exposición de lo diferente y a la existencia de singularidades múltiples que, a pesar del distanciamiento, celebran una convivencia en común sin intención de crear una obra, ya que es una "comunidad de la muerte" (2006b, 255) que no puede ser pensada como:

> producto de una voluntad compartida, y tampoco como una línea de la muerte a la que los sujetos acceden en una suerte de éxtasis sacrificatorio, pues precede a toda voluntad y a todo sujeto como el *munus* originario del cual estos surgen en el modo de una expropiación ininterrumpida. La nada, en definitiva, no puede ser el *telos* de la comunidad, como no es su presupuesto: más bien, es la comunidad misma si ella está pensada no como un nexo [...] sino como el distanciamiento definido por su imposibilidad operativa. (27)

De este modo, frente a esta mirada de la comunidad, es necesario preguntarnos: ¿cómo se configura la comunidad impolítica en la obra de Diamela Eltit? ¿De qué manera los espacios, tan materiales y concretos, se perfilan bajo esta mirada comunitaria? Este análisis trazará la relación entre lo comunitario, la movilidad de los espacios y la construcción socio espacial de ellos entendido como el vacío de la propiedad en diferentes obras de Eltit. El escenario principal es la ciudad como un lugar de operaciones donde los ciudadanos producen espacialidades según sus trayectorias, actuaciones, funciones y afectos. También veremos que detrás de cada estructura física se despliega una trama de presencias y ausencias, huellas y sombras que delatan la incesante actividad de los sujetos y su habitar efímero del lugar. La condición de la ciudad es amplia y compleja, ya que los personajes conviven con otros con los que apenas se relacionan. Sin embargo, esta condición también exige construir imágenes que puedan atrapar esa realidad que muchas veces excede al individuo y que nutren el campo de lo imaginario. En esta identificación entre interioridad y ciudad, el sujeto urbano se levanta frente a un espejo en el cual se mira y comprueba que la ciudad ha dejado de ser solamente un abigarrado complejo semiológico para ser leído y se convierte en una instancia narrativa donde se puede leer su propia historia. Así las calles, las plazas, las casas y bares que cartografían la ciudad, se convierten, al mismo tiempo en espacios que se pueden leer desde la normalización del poder, pero también desde la resistencia de algunos habitantes. Los personajes de las novelas de nuestra autora entablan un diálogo contaminado o perverso, pues mientras habitan esa otra instancia dialógica son, al mismo tiempo, habitados por ella. Más aún, este diálogo es también una posibilidad riesgosa porque en esta indefinible discursividad urbana, la exposición a lo "otro", lo extraño o ajeno y los poderes que la conforman, son la norma general.

Si afirmamos que existe más de una concepción acerca del espacio y presuponemos que este es algo más que una superficie con propiedades físicas, ¿qué es entonces el espacio? Edward Soja (2008) afirma que desde fines de los 90 se ha tomado conciencia que somos seres intrínsecamente espaciales. Esto significa que toda nuestra actividad está comprometida en forma colectiva para producir espacios y lugares, territorios, hábitats y ambientes. Este proceso de creación de espacios comienza con el cuerpo, "con la construcción y *performances* del ser, del sujeto humano como una entidad particularmente espacial implicada en una relación compleja con su entorno" (34). Nuestras acciones modelan los espacios que habitamos, pero al mismo tiempo, estos espacios modelan nuestras acciones, debido a la relación directa que existen entre ellos. Nuestra *performance,* o el modo de habitar estos espacios, se produce a diferentes escalas que van desde los espacios más íntimos, como los dormitorios y viviendas, hasta las ciudades, regiones y naciones. A pesar de la distancia que los cuerpos tienen con los lugares más externos, cada uno de estos espacios es producto de la acción y la intención humana colectiva, por lo tanto, puede ser modificado o transformado, desde lo local hasta lo más global. A este cambio en la mirada del espacio, Soja le llama "el giro espacial interdisciplinario" (35) desde donde se comienza a entender la compleja interrelación de las dimensiones social, histórica y espacial en forma inseparable e interdependiente, pero siempre problemática. Por ello, los espacios en la obra de Eltit se encuentran fuera de las coordenadas de mapas, aunque siempre ubicables, ya que se trata de lugares públicos como la plaza, calles, sitios eriazos, supermercados, barrios marginales, cibercafé; lugares institucionales como hospitales, tribunales, cárcel, casa de gobierno; lugares privados o íntimos como casas, útero materno, habitaciones, moteles. Todos espacios movibles y modificados por el habitar de los personajes.

Si entendemos el espacio como un eje prioritario, podemos comprender las configuraciones de las relaciones sociales, las formas de construcción y la actividad humana en una ciudad y en su esfera geográfica que emerge de la producción social del espacio urbano, tanto como hábitat material y simbólico. Desde la materialidad del hábitat, el espacio puede ser descrito en cualidades relativamente fijas en relación con el entorno construido, como edificios, monumentos, calles, parques, etcétera; los usos pueden ser cartografiados para entender la distribución económica, de clase, de raza u otras prácticas individuales y colectivas. En tanto el espacio como proceso involucra características más dinámicas relacionadas con la construcción social, intencionalidad política y formas de relaciones de poder que están en constante evolución. Por ello, el espacio puede ser conceptualizado en función de tres aspectos: el primero es producto de interrelaciones que se configuran desde lo más global hasta lo más íntimo; el segundo es una "esfera de posibilidad de la existencia de la multiplicidad", en la que coexisten diferentes trayectorias y múltiples voces en que espacio y multiplicidad son constitutivos; finalmente, el espacio siempre está en proceso de formación, abierto, en devenir (Massey 2005, 104–105). Se entiende desde una perspectiva dinámica y fluida que depende de las relaciones que se instalen dentro de este espacio-tiempo. El lugar[9] es entonces un proceso definido por el afuera donde se imbrican muchas identidades e historias dinámicas en su interior por medio de sujetos que habitan en este punto de intersección, construyendo la identidad con una variedad de discursos, de tiempos y de lugares previos.

Desde una perspectiva literaria, es importante considerar la dimensión descriptiva del espacio, ya que puede constituir un puente para el desarrollo de los temas, un fortalecimiento ideológico o el lugar de construcción de los valores simbólicos. Además, la descripción permite dar "movimiento" a la narración porque erige la agilidad de la acción para concretar el "contrato de inteligibilidad" (Pimentel 2016)[10] necesario en toda obra de ficción, pero no solo en modelos de conducta social o individual, sino también, según Pimentel, en *modelos de espacialidad* que interactúan para dar significación narrativa a los

---

[9] El espacio y el lugar no deben confundirse. Tim Cresswell los define de la siguiente forma: "Space, then has been seen in distinction to place as a realm without meaning —as a 'fact of life'— which, like time, produce the basic coordinates for human life. When humans invest meaning in a portion of space and then become attached to it in some way (naming is one such way) it become a place" (2004, 10).

[10] "La creación de un mundo constituye un contrato de inteligibilidad con el lector, inteligibilidad que dependerá del tipo de relación que el universo diegético establezca con el mundo real" (Pimentel 2016, 9).

lugares a través de una propuesta político estética que ubica la voz narrativa en un "modelo taxonómico dimensional" (60) fluctuante, móvil, donde las dimensiones binarias clásicas del espacio —cerca/lejos, dentro/fuera, arriba/abajo— son reemplazadas por dimensiones como horizontalidad/verticalidad/prospectividad, "cuya intersección constituye una deixis de referencia que permite situar, en relación con ella, las diferentes entidades que se encuentran en un espacio dado" (60). Es por ello que, como lectores, debemos preguntarnos ¿cómo se articula esta propuesta política a partir de estos espacios ficcionales construidos?

De este modo, debemos entender los espacios en la obra de Eltit en base a esta movilidad, ya que las características que ellos representan en las obras van mutando en relación con la ocupación de "estar ahí" de los cuerpos. Es lo que se conoce como el *espacio vivido*[11] que "atrae porque concentra "ser" en los límites de la diferencia, y en tanto se experimenta, se convierte en un verdadero sistema de referencias de la crítica artística y literaria de la reflexión filosófica" (Aínsa 2006, 21). El espacio entonces no se impone directamente sobre el cuerpo que lo recibe en forma pasiva, sino que es activamente percibido como una práctica más cercana a la vida cotidiana y a los lugares propios de cada formación social donde cada individuo desarrolla sus competencias en un determinado tiempo

---

[11] Siguiendo esta línea de análisis, Henri Lefebvre plantea que el espacio no es un objeto separado de la ideología o de la política, sino que es político y estratégico, que tiene apariencia de neutralidad, pero que se ha formado a través de procesos históricos y naturales que son conjuntamente procesos políticos. Para ello, el autor presenta una trilogía espacial constituida por tres momentos que están interconectados (1991, 33). El primero son las "prácticas espaciales", que se refieren a las formas en que las personas generan, utilizan y perciben el espacio. El segundo son las "representaciones del espacio" que están unidas a las relaciones de producción y orden de la vida cotidiana en un espacio concreto. Estas relaciones se imponen dentro del espacio a través de formas de conocimiento, codificación y relación frontal íntimamente vinculadas a formas de colonización de estos espacios concretos por medio de saberes técnicos y racionales vinculados a un poder dominante. Sus resultados más concretos son la abstracción y descorporización del espacio, siempre apoyados mediante argumentos científicos y apelando a una "verdad" de la representación. Finalmente, el "espacio representacional" es el espacio vivido por medio de sus símbolos y construcción de imágenes que se vincula con la cultura y el arte; por lo tanto, se producen y modifican a través del tiempo y representan formas de conocimientos locales e informales que son dinámicas, simbólicas y saturadas de significados. Estos espacios están articulados en las vidas cotidianas y constituyen lo que Lefebvre llama "sitios de resistencia". En estos espacios encontramos una gran variedad de "contra-discursos" que se niegan a reconocer y a aceptar el poder hegemónico, agregando además un aspecto interesante al afirmar que el espacio es un producto del cuerpo, y como tal deviene lugar de resistencia en la capacidad corporal que tiene de producir espacio y devolver el poder a la vida cotidiana.

y lugar[12]. Por ello, me interesa subrayar el carácter político —o impolítico para Esposito— del espacio y la posibilidad de resistencia dentro de los mismos procesos, ya que las múltiples formas de resistencia dependen del lugar en que se forman y las experiencias cotidianas de lugar concreto. Por esta razón, el espacio en las novelas de Eltit muestra su proceso de formación, la forma de habitar ese mismo espacio que se entreteje con mecanismos de poder que intentan fijar los cuerpos y formas de resistencia que se oponen mediante los mismos cuerpos.

---

[12] En esta tríada en la producción del espacio, Lefebvre (1991) afirma que las "presentaciones del espacio, son espacios concebidos que se relacionan con el diseño estructural del lugar; los "espacios de representación" son espacios vividos como fuertes cargas emotivas, como celebraciones nacionales; y la "práctica espacial" son espacios percibidos de circulación cotidiana (38–39).

CAPÍTULO I

# Los espacios impolíticos

La ciudad ha sido el paradigma geométrico para la creación de mediciones, distancias y centralidades administrativas que fijaron los límites de las cartografías urbanas, y se conformó en uno de los factores cruciales en la producción social de corporalidad, definiendo la construcción de la imagen territorial, el paisaje y el punto de referencia de las nociones de intercambio económico, social y cultural entregando un orden y una organización que automáticamente se enlaza con los cuerpos. Por lo tanto, los imaginarios basados en la imagen territorial son colectivos, compartidos socialmente pero sin carácter universal. Pueden estar fijados y ser reconocidos en lugares locales o más extensos, pero siempre son el resultado de la interacción social a partir de los discursos y las prácticas. Sus efectos más inmediatos son "efectos de realidad" —imágenes actuantes— que permiten su desciframiento. La ciudad entonces se constituye como el *locus* más concreto de producción y circulación de estos imaginarios y su relación de poder que funciona como una fuerza activa al constituirse con los cuerpos y dejar siempre huellas en la corporalidad de los sujetos. Es un lugar para ser sobre todo habitado pero también constituido por imágenes: "La ciudad se vuelve densa al cargarse con fantasías heterogéneas. La urbe programada para funcionar, diseña en cuadrícula, se desborda y se multiplica en ficciones individuales y colectivas" (García Canclini 1997, 109).

La ciudad es el *topos* de la literatura en América Latina[13] por antonomasia, por ello existen diferentes construcciones literarias dependiendo de la cosmovisión

---

[13] Muchos críticos han sostenido la idea que el escritor siempre ha sido urbano, aunque el tema rural haya sido fundamental: *Latinoamérica: La ciudad y las ideas* de José Luis Romero (1976); *La ciudad letrada* de Ángel Rama (1984); *El espacio en la ficción* de Luz Aurora Pimentel (2001). *Del topos al logos. Propuestas de geopoética* de Fernando Aínsa (2006). *Espacio, identidad y literatura en Hispanoamérica* de Alicia Llarena (2007). *Ciudad, género e imaginarios urbanos en la narrativa latinoamericana* de Lucía Guerra (2014), por nombrar algunos.

**Cómo citar este capítulo:**
Barrientos, M. 2019. *La pulsión comunitaria en la obra de Diamela Eltit.* Pp. 17–24. Pittsburgh, Estados Unidos: Latin American Research Commons. DOI: https://doi.org/10.25154/book1.c. Licencia: CC-BY-NC 4.0

de la época, debido a que "la relación entre la institución literaria y la vida urbana es efectiva y cambiante [...] La ciudad es, siempre, escenario, metáfora, agente o formante de motivos literarios que se estructuran en la representación de una imagen de mundo" (Cisternas 2009, 15). En un rápido recorrido literario, las llamadas "novelas de la tierra", con sus desiertos, pampas, montañas y selvas se movilizan hacia el empedrado citadino del *topoi* de la gran ciudad. En este desplazamiento, los cuerpos ingresan hacia las marginalidades de estas grandes urbes porque los campesinos oprimidos de las novelas de la tierra comienzan a habitar los conventillos, las pensiones y barriadas. Es el lado oculto de las ciudades[14] que muestra las contradicciones de proyectos utópicos fracasados de urbanistas visionarios y modernizadores mientras afloraban las barriadas en sus márgenes. Estas ciudades intentan disfrazar la incómoda relación de la élite intelectual y la pobreza en que se encuentra rodeada, proclamando la derrota urbanista y sus proyectos modernizadores al exponer sus barrios marginales espontáneos y destruyendo así la supuesta planificación urbana. Por ello la obra de Eltit desestructura esta visión jerarquizada y hace surgir puntos "deconstruidos"[15] en los barrios marginales, villas miseria, favelas, callampas, etcétera, que forman cinturones de pobreza en la propia ciudad. Los imaginarios urbanos de sus obras contienen una fuerza externa de poder que intenta "cercar", "sitiar" y "alambrar" los espacios por medio de un discurso que narra el entorno y establece un nexo directo que refleja la situación política. En una entrevista hecha por Leonidas Morales, Eltit afirma que para ella la ciudad tiene dos caras "una ciudad que no es la oficial, que te ofrece saberes, una ciudad mucho más subjetivizada, una ciudad más de grietas" donde es posible leerla desde la contraparte de la oficialidad, ya que exhibe "signos sociales, signos eróticos, signos políticos, signos familiares en la plaza [...] Y por otro lado esta ciudad ya [es] doblemente intensificada por la cuestión dictatorial" (1998, 136). Se trata de observar a los personajes que habitan territorios liminales, espacios de movilidad y dislocamientos que poseen diversas experiencias, intentando constituir sus identidades en base a los estados emotivos que afectan sus acciones y no solo de la construcción discursiva o la materialidad de sus experiencias. De ahí que resulta fundamental entender la comunidad como una expropiación

---

[14] Son muchas las novelas que muestran a la ciudad fagocitando a sus personajes. Buenos Aires con Roberto Arlt (*Ciudades porteñas, Los siete locos*), Leopoldo Marechal (*Adán Buenosayres*), Ernesto Sabato (*Sobre héroes y tumbas*). La ciudad de Lima con Julio Ramón Ribeyro (*Los gallinazos sin plumas*) y Mario Vargas Llosa (*La ciudad y los perros*); Santiago con Juan Godoy (*Los angurrientos*), Manuel Rojas (*Hijo de ladrón*), solo por nombrar algunos.

[15] Diamela Eltit reconoce la influencia de muchos autores latinoamericanos como Severo Sarduy, Manuel Rojas, José Donoso, Juan Rulfo, Roberto Arlt, entre otros. En ellos, prima la mirada de los barrios y personajes marginales que habitan las grandes urbes. Cfr. entrevista "Iluminada en sus ficciones. Conversaciones con Diamela Eltit" en *No hay armazón que la sostenga. Entrevistas a Diamela Eltit* (Barrientos 2017, 291).

de la nada donde "lo común" es precisamente ese vacío (Esposito 2003) que se comparte por esa relación que depende de la localización de los personajes. Este vacío no es la probabilidad de algo que puede ser, sino que la falta, el vacío son el único modo posible del ser de la comunidad. Así y todo, la comunidad sin *sí-mismo*, cruzada por una ausencia, denota un aspecto positivo de la falta: la presencia de una ausencia. Esta falta es *constitutiva*, es decir, no prohíbe o tacha una totalidad previa, sino que es la falta de su constitución misma. La comunidad impolítica entonces se conforma alrededor de este vacío, de esta falta constitutiva de la comunidad donde "no puede tener "sujetos" porque ella misma construye —deconstruye— la subjetividad en la forma de su alteración" (63). Se trata de la imposibilidad de representar, ya que esto significaría dar un orden o imponer una norma. De este modo ¿Cómo se representa los espacios (im)políticos en las obras de Diamela Eltit? ¿De qué manera se configuran los personajes que habitan estos espacios? Esta comunidad (im)política se presenta de forma más clara en la organización de emergencia de los trabajadores del supermercado en *Mano de obra* (Eltit 2002)[16] donde vemos que las huellas de un capitalismo perverso van mermando los cuerpos de los trabajadores, espacio en el cual, para Raquel Olea:

> se alegoriza el poder del consumo como demiurgo que construye, conduce y determina las subjetividades de la lógica laboral; articula lenguajes y proyecciones de los cuerpos; sustituye la significación ideológica que en otro momento histórico condensó la fábrica o el taller como centros de lo laboral, articuladores del poder y convivencia de la clase obrera (2018, 310).

El espacio en la novela mantiene una tensión entre el afuera del supermercado y el adentro de la casa de los trabajadores. En ese punto de tensión, en ese vacío, es desde donde se construye esta comunidad "de emergencia". La fragilidad laboral, la falta de relaciones humanas, la imposibilidad de expresar la rabia chilena[17] es por medio de vulgarismo, permitiendo que esta comunidad comparta el espacio como un modo de sobrevivencia. La segunda parte de la novela muestra una casa que no es un hogar, sino un lugar donde comparten un techo, labores y comida, pero que sus lazos son tan efímeros como el puesto de trabajo que tienen en el Súper. El sentido de comunidad como una organización con un plan en común, se encuentra completamente fracturada. Sus lazos se construyen por medio del intercambio de algunos objetos como ver televisión en el cuarto de alguien o cuidar el bebé de una de las trabajadoras a cambio de algún

---

[16] La crítica literaria ha realizado diversas interpretaciones de esta obra.
[17] Por eso los trabajadores se comunican solo con malas palabras. El vulgarismo chileno es el mecanismo que se utiliza por la falta de palabras que puedan expresar las condiciones precarias, la posibilidad del robo y a la amenaza constante de la pérdida del trabajo. Ellos viven alrededor de un vacío absoluto.

regalo de las promociones. Sus historias están construidas en la cotidianidad de acciones sin un significado trascendente y celebran como un gran acontecimiento los pequeños logros laborales como la mayor venta de un producto, más propina recibida o algún pequeño ascenso. La permanencia en el lugar depende absolutamente de su puesto en el supermercado, ya que los personajes han naturalizado las normas de la empresa en la casa que comparten, por lo tanto, el fracaso personal está directamente relacionado con el fracaso laboral. Por ejemplo, Isabel, la promotora más bella y con más productos, comienza a perder su hermosa figura y con ello se inicia también la perdida de productos para promocionar. Posteriormente Sonia, la cajera, que siempre tiene sus manos hinchadas y rojas por contar el dinero, es denigrada a la sección de la carne, donde pierde su dedo trozando pollos. Este espacio laboral precarizado corresponde a lo que Saskia Sassen (2003) ha llamado "contrageografías" para referirse a un circuito fronterizo, principalmente habitado por mujeres, que se caracteriza porque

> están profundamente imbricadas con algunas de las principales dinámicas constitutivas de la globalización: la formación de mercados globales, la intensificación de redes transnacionales y translocales y el desarrollo de tecnologías de la comunicación que eluden fácilmente las prácticas convencionales de control (41).

Estos espacios fronterizos son necesario para que el gran mercado pueda funcionar de manera legal, mientras en los bordes se desarrolla todo un movimiento alterno de ilegalidad y abuso.

Los trabajadores de *Mano de obra* hablan constantemente de los "cortes" del personal, figura además que significa el despido, la rebaja salarial. Ellos, frente a los diferentes "cortes" se sienten sobrevivientes porque mantienen sus trabajos a pesar de la catástrofe que los amenaza día a día. Sin embargo, el "corte" es inminente hasta que un día llegan a su casa y les han "cortado" los suministros de luz y agua por no pagar las cuentas. Justamente ese día Sonia ha cortado su dedo y han despedido a muchos trabajadores:

> La noche que ponía fin al día más crítico de la historia del Súper, el mismo día en que habían despedido al contingente más grande de trabajadores del que se tenía noticia. Ese exacto día en que sacaron a todas las cajeras, a un equipo casi completo de empaquetadores, despidieron a los aseadores y, ese mismo día inconcebible, las pesadoras de frutas fueron expulsadas de sus puestos de trabajo (Eltit 2002, 150).

Este corte a los suministros y a la fuente laboral es un paralelo a los cortes corporales que reciben los trabajadores, como el dedo de Sonia, indicando la relación directa entre empleo y cuerpo para metaforizar el terror y la precariedad de los cuerpos y las vidas de estos trabajadores, como lo explica uno de ellos: "el miedo había sido infernal y corría vertiginosamente a lo largo de cada uno de nosotros el pavor a la lista, al nombre, al apellido" (150). El corte también augura la traición de uno de ellos que, al sumir una mejor posición administrativa en el Súper, como primera medida, despide a todos sus compañeros de casa. Al producirse el despido, la comunidad se disuelve, pero la pulsión se mantiene por Gabriel, el más joven, porque "el ojo le late a este concha de su madre porque todavía está vivo, respirando" (137). Esta latencia y exposición del ojo hacen de Gabriel un individuo que tiene conciencia de su finitud, único requisito para conformar una comunidad. Él comprende que ese sistema mercantil los puede dañar en cualquier momento al despedirlos, de eso depende su supervivencia. Por eso, al disolverse la primera comunidad reaparece otra inmediatamente con Gabriel como líder momentáneo, ya que la comunidad de *Mano de obra* reconoce su constitución en el vacío y la precariedad, consciente absolutamente de esa falta. Por ello no poseen un sentido de unidad o fraternidad, tampoco un plan de organización para recuperar la antigua comunidad sindical de los trabajadores, sino simplemente comparten la rabia y la consciencia de ese vacío que profundiza la carencia que los une: "vamos a cagar a los maricones que nos miran como si nosotros no fuéramos chilenos" (175). Entonces tenemos una comunidad de emergencia que tiene como característica el vacío, la carencia, ya sea de trabajo, de vivienda, de ciudadanía; ellos son realmente los excluidos a pesar de ser trabajadores que aportan al "progreso del país", pero esto no le importa al sistema, ya que son vistos como objetos desechables y expulsables. De ahí la violencia verbal en improperios de Gabriel, quien formará otra comunidad llevándose con él, así como el resto de los trabajadores, este cúmulo de furias y carencias para armar otra comunidad a su alrededor.

La sobrevivencia de esta comunidad de emergencia a pesar del maltrato, del abuso laboral, de la expulsión de la vivienda es también es uno de los temas principales en *Jamás el fuego nunca* (2007a), donde vemos la huella de la Historia y sus fracasos en los cuerpos de una pareja de ex militantes que, por medio del monólogo de la protagonista, conocemos la vida que padece una pareja que, con reminiscencias de la dictadura chilena, aún mantienen el esquema de la clandestinidad dentro de una habitación donde viven el encierro absoluto, pero que intentan sobrevivir a pesar del tiempo y los fracasos de la Historia. El espacio impolítico de esta obra es una habitación básica, constituida solo por un mobiliario básico para la subsistencia. Se trata de dos cuerpos arrojados en una cama en su condición más biológica, "entregados a la legitimidad de un descanso que nos merecemos [...] La curva es la forma que mejor nos acomoda porque podemos armonizar y deshacer nuestras diferencias" (11). La pareja ha perdido todo rasgo de sexualidad y sus cuerpos enfermos han soportado el fracaso de los acontecimientos históricos en un tiempo que se ha detenido:

> Estamos en un estado de paz cercano a la armonía, tú ovillado en la cama, cubierto por la manta, con los ojos cerrados, entreabiertos, yo en la silla, ordenando con parsimonia y lucidez los números que nos sostienen.

> Una columna de números que recogen la dieta estricta a la que estamos sometidos, una alimentación rutinaria y eficaz que va directo a cumplir la demanda de cada uno de los órganos que nos rigen (17).

Esta pareja es la expresión máxima de representación de una comunidad que se expone al otro en toda su amplitud biológica. Este otro es quien constituye, expropia y altera, todo a la vez, a la subjetividad. Es una herida a la totalidad del sujeto que muestra la finitud e incompletitud exponiéndonos la alteridad y la alteración. La comunidad entonces es la transformación, la anomalía originaria del sujeto y su contagio. La comunidad, por ello, no puede ser ni en el sentido objetivo ni en el subjetivo, la comunidad de los sujetos, es de los no sujetos, de los "sujetos de su propia ausencia, de la ausencia de propio" (Esposito 2003, 31). Estamos frente a una mirada biopolítica de una comunidad impolítica,[18] ya que evita definirse desde la contaminación exterior. Por ello los personajes se mantienen habitando ese espacio cerrado.

La idea del "paradigma inmunitario" que plantea Esposito nos permite dialogar con esta obra en el sentido de conservar la vida y la comunidad para protegerse de la autodestrucción: "La inmunidad no es únicamente la relación que vincula la vida con el poder, sino el poder de conservación de la vida" (Esposito 2011, 74). Por esto que la pareja se reconoce a sí misma como una célula, ya sea la última célula del partido, ya sea una célula biológica. Ambas definiciones tienen como pulsión comunitaria la supervivencia y para ello, la pareja mantiene una rígida y disciplinada de organización cotidiana de vida: "Una columna de números que recogen la dieta estricta a la que estamos sometidos, una alimentación rutinaria y eficaz que va directo a cumplir la demanda de cada uno de los órganos que nos rigen" (Eltit 2007a, 17). La protagonista es la única que tiene acceso a la salida de la casa para realizar uno que otro trabajo. Él, en cambio, se queda en casa padeciendo de una enfermedad que le agarrota las piernas y le permite muy poco desplazamiento dentro de la pequeña pieza que comparten. La atmósfera de la novela está centrada en el encierro optativo que esta pareja decide mantener. La clandestinidad y el aislamiento son una decisión voluntaria, no una situación obligada. De ahí la paradoja, ya que la única salida posible para ellos es el encierro, y la decisión voluntaria de no participar en los hechos actuales.

---

[18] Es lo que Roberto Esposito llama "el paradigma inmunitario" para referirse a la relación vida y política como intrínsecos. Para ello diferencia dos términos fundamentales, *communitas* e *immunitas* como dos polos en un *continuum* que no se contraponen. Uno es positivo y otro negativo. Estas categorías que provienen del término latino *munus* y se deben entender se forma inseparables. Por lo tanto, no significa que por un lado esté la comunidad y por otra la inmunidad, lo que existe es su pura relación constitutiva. La comunidad es siempre inmunitaria, así como en la corporalidad de un ser vivo con su sistema inmunológico le permite vivir (2003, 25).

Las relaciones de poder ya no se presentan en forma de sometimiento, sino que dentro del cuerpo mismo por medio de un bio-poder que controla los cuerpos a través de la medición de la comida, la disciplina del movimiento, la sincronización del uso de la cama al dormir, la alimentación y la limpieza son las únicas actividades que tienen sentido en ese encierro. El momento de comer ciertos alimentos básicos está narrado de manera detallada, como si se hiciera un seguimiento experimental de observación. El arroz, el pan, algo de líquido "[…] era un estado que profundizaba el rigor y nos permitía un trabajo concreto y sostenido" (Eltit 2007a, 21). Por otro lado, la carencia de deseo se sustenta en una cama en mal estado que pierde toda su función erótica, porque los personajes duermen malamente acosados por el hambre y el dolor. No existe en ellos el más mínimo atisbo de deseo, ya que la pareja ha perdido el carácter sexual que la sociedad disciplinaria tanto normalizó y que ahora se presentan enfermos, hambrientos: "me da asco esa tos y me da asco el pequeño atisbo de vómito, o decirte, qué te pasa, o qué te pasa con el arroz, pareces un niño desdentado o pareces un perro enfermo" (18). Son una pareja reducida solo al componente biológico, una "célula inmunizada"[19] que intenta disciplinadamente sobrevivir en una cápsula de habitación y de tiempo. Los cuerpos muestran precisamente el desgaste que la historia ha producido en ellos y se han convertido en los que fueron por tantos años, una célula carente de militancia. Ellos pertenecieron a una célula, la del antiguo partido que ahora no existe, ya que la mayoría ha tomado cargos de importancia en este nuevo orden, y ahora ellos dos son una célula política clandestina enclaustrada y con salidas programadas convertida en una célula biológica que no responde al deseo, su única arma de lucha contra el capitalismo. Por esto ellos se niegan a dejar de ser una célula porque, a pesar de que se odian y no soportan el acercamiento de sus cuerpos, hay solidaridad y compromiso en ellos. El cuidado, la protección de la salud, la forma de alimentación demuestra que son una célula comunitaria que se niega a la extinción, por eso son la última célula rebelde. La protesta ya no es callejera, sino corporal por medio de la porfía por obedecer, a normalizarse y a desaparecer. A pesar de la mínima alimentación, siguen funcionando mientras los miembros de la antigua célula ya han tomado cargos importantes en el actual sistema, ellos no se suman a este nuevo modelo. Como célula comunitaria (im)política, no tienen intención de reorganizarse, ni un plan futuro de restructuración, sino que su misión es negarse a desaparecer. Por eso la voz femenina afirma que "despierto, esta vez, con una misión que consiste en desalojar el caos para retomar una estructura igualmente ruinosa, pero al menos,

---

[19] La categoría de "inmunidad" se inscribe en ese preciso cruce entre bíos y política: "En efecto: así como en el ámbito biomédico se refiere a la condición refractaria de un organismo vivo, ya sea natural o inducida, respecto de una enfermedad dada, en el lenguaje jurídico-político alude a la exención temporal o definitiva de un sujeto respecto de determinadas obligaciones o responsabilidades que rigen normalmente para los demás" (Esposito 2011, 73).

más comprensible" (101). Por lo tanto, la búsqueda militante de esta comunidad-célula no existe; lo que simplemente los une son sus cuerpos maltrechos y el pasado de una historia común ya fracasada que revisitan mentalmente cada cierto tiempo, negándose a desaparecer, obstinados en la pervivencia. Sus cuerpos permanecen expuestos en la vida, aunque sea clandestinamente, como único resquicio de rebeldía utópica que alguna vez tuvieron. Por ello su unión, su "com-parecencia" es precisamente en ese vacío de lo que alguna vez fueron: una célula militante. Siguen siendo una célula, pero ahora son una unión biológica con conciencia de las limitaciones corporales por medio del dolor. Y allí están ellos, la ex célula militante, arrojada a una cama deshecha, asediados por una historia que los exilió de su propio tiempo y les dejó quiebres físicos... pero allí están, expuestos, respirando.

# CAPÍTULO 2

# Espaciamientos comunitarios

Hemos afirmado que los espacios en la obra de Eltit son múltiples, cambiantes, movibles, alegóricos, y comprenden principalmente lugares abiertos y/o institucionales como la plaza, el barrio, el hospicio, el hospital, aunque todos ellos se muestran como espacios cerrados, vigilados o alegóricos. Estos espacios se configuran de forma heterogénea, con matices y contradicciones semánticas y simbólicas entre las obras o dentro de una misma obra. De este modo, la experiencia de la ciudad en la obra de Eltit genera un espacio de cruce entre lo sexual, lo marginal y lo económico que mantiene una tensión entre lo que se oculta, es decir, la marginalidad, la perversión, la sexualización y lo que se exhibe. La lectura entonces que realizaremos de estos espacios coincide con un proceso de meta-construcción debido a que los lugares se repiten en las obras, pero el modo de habitarlos cambia en el proceso de elaboración espacial. Este proceso responde a cuerpo(s) que intentan huir de las diferentes formas de fijación que los mecanismos de poder intentan imponer en los personajes, pese a que cada uno de estos espacios o lugares son intentos de control, sometimiento y definición de una identidad.

Por todo esto debemos entender que el espacio y el cuerpo no son elementos independientes, sino que relacionales, es decir, se constituyen conjuntamente. No podemos pensar el espacio y el cuerpo separados y subordinados, sino completamente imbricados el uno al otro. Nancy propone la idea de "espaciamiento del espacio" como "contacto" o relación que expone al tacto. Entonces lo primero que debemos destacar es establecer un espacio para el cuerpo y para el pensamiento del cuerpo, no solo *acerca de* "el cuerpo". Esta aproximación es siempre un acercamiento a aquello que permanece fuera del alcance, pero que "se toca" saliendo de sí, es decir, desbordando los límites. Se trata, por lo tanto, de una apertura que elimina las fronteras topográficas para dar paso al pensamiento mismo: "No es comunión que fusione los *mí-mismo* en un *Mí-mismo* o en un *Nosotros* superior. Es la comunidad de los *otros*" (Nancy 2001, 35). De ahí

---

**Cómo citar este capítulo:**
Barrientos, M. 2019. *La pulsión comunitaria en la obra de Diamela Eltit.* Pp. 25–33. Pittsburgh, Estados Unidos: Latin American Research Commons. DOI: https://doi.org/10.25154/book1.d. Licencia: CC-BY-NC 4.0

que Nancy propone un pensamiento en "el aquí y el ahora" en el cual el espacio pueda impedir que la existencia siga estando sometida al dictado del tiempo lineal, continuo, sin espacio (de tiempo) y siempre pensando en un "después", por eso se necesita un espacio para liberar el pensamiento que es instantáneo. El espaciamiento entonces disloca los lugares para producir otros, no solo por la dislocación misma del espacio, sino por el tiempo que penetra y se extiende para dejar de ser lineal y convertirse en intersección o pulsación.

Para Hanna Arendt es fundamental "entender la decisiva división entre las esferas pública y privada, entre la esfera de la *polis* y la de la familia, y, finalmente, entre actividades relacionadas con un mundo común y las relativas a la conservación de la vida, diferencia sobre la que se basaba el antiguo pensamiento político como algo evidente y axiomático" (2005, 42). Sin embargo, Arendt no subraya la posición de y desde la mujer en esta esfera privada, por lo que Celia Amorós, coincidiendo con las descripciones de lo público y lo privado de Arendt, agrega que existe "una invariante estructural que articula las sociedades jerarquizando los espacios: el espacio que se adjudica al hombre y el que se adjudica a la mujer" (1994, 24), que a pesar de las evidentes diferencias históricas, esta distribución de los espacios tiene como característica reiterada que las actividades más valoradas y prestigiosas las realicen los hombres. Arendt inicia su análisis de lo público y privado desde las antiguas *polis*, pero ¿de qué manera se configura esta división hoy en día cuando los límites de lo público y lo privado se hacen más porosos? ¿qué sucede con "lo privado" cuando es considerado por el capitalismo como un bien máximo? En este sentido, lo privado tiene connotaciones distintas asociadas a la idea de individualidad, o sea, el precio que cuesta ser individuo. Si este espacio tan valorado se asigna a las mujeres habría algo que refutar. Amorós afirma que la mujer no es la beneficiaria de esta privacidad, sino que ella debe elaborar las condiciones para que ese espacio de intimidad lo disfrute otro. Por lo tanto, lo privado es una forma añadida de plenitud para quien ha estado en el ámbito público y lo utiliza como una ganancia de realización personal y emocional, "pero no puede tener este mismo sentido de plenitud para quien es el lugar del límite y del confinamiento" (48). Este quiebre de lo público y lo privado es precisamente lo que presentan las obras de Eltit, ya que los espacios "públicos" son asumidos por los personajes como espacios íntimos, a la vez que los espacios tradicionalmente privados funcionan como una alegoría de lo nacional o lo latinoamericano, produciendo una dislocación en las categorías tradicionales que los han definido. Por ejemplo, la plaza es un espacio tradicionalmente público, ya que es el lugar que convoca la antigua comunidad —lo que antes fue el *ágora*, la platea, la cancha, el foro, etcétera— y que desde su fundación mantiene a su alrededor los edificios institucionales desde donde el ciudadano establece una relación directa con el Estado y el pueblo. También la plaza, sobre todo en América Latina, es el lugar de "escape" del tiempo lineal del trabajo y la calle, ya que produce el quiebre del descanso o la retirada de la labor cotidiana. En *Lumpérica* (1983) se observa el quiebre a la plaza, símbolo de esta *civis* nacional. En este espacio —cuadrante muy reducido y que además corresponde a una vivienda de noche— se mueve la protagonista, L.Iluminada, habitante desarrapada de este espacio, lo utiliza para elaborar diferentes poses, movimientos y atentados corporales como ritos frente a un grupo de indigentes que la acompañan como testigos mudos. La acción sucede durante una sola noche bajo un ambiente agobiante y saturado por la constante vigilancia. El espacio está externamente controlado por mecanismos tecnológicos, como son un luminoso que arroja su haz de luz en el cuerpo de la desarrapada, una cámara de vigilancia que intenta grabar sus movimientos y unos personajes externos que cuestionan las escenas grabadas. El tiempo no transcurre, sino que se mantiene suspendido mientras la protagonista se encuentra allí, exponiéndose al luminoso y a la cámara. Es un tiempo circular, como un eterno presente, que se rehace constantemente, ya que, al llegar el amanecer, la plaza se llenará de público. Al anochecer, sin embargo, L.Iluminada y los desarrapados tomarán nuevamente el espacio para exponer su presencia. Por esto que los cuerpos de los desarrapados en la novela están allí como elementos de mercancía iluminados por el recurso tecnológico de un "luminoso":

> El luminoso rige sus movimientos para otorgarles identidad y darles un valor comercial:
> Aunque no es nada novedoso, el luminoso anuncia que se venden cuerpos.
> Sí, cuerpos se venden en la plaza.
> A un precio no determinado. Es más bien el placer que emana en lo profundo de su compromiso. Sus palabras caen en el vacío ampliando sus moléculas para petrificar lo eterno de la producción (1983, 13).

Estamos frente a una plaza que sirve como soporte a un espectáculo de represión y violencia, tanto física como comercial, que metaforiza una nación cualquiera que expone a los ciudadanos a una identificación obligatoria por medio de la imposición de nombres propios para ir a la venta. La plaza es entonces el lugar que permite que diferentes elementos condicionen la estadía de la protagonista en la plaza. El luminoso trata de abarcar la plaza completa y con ella a los que la habitan. Es por la luz que los personajes se exponen en la plaza, y aunque nadie los ve, ellos resplandecen en la noche. Pero el luminoso los retira del anonimato para exponerlos y para actuar sobre ellos: "Porque el frío en esta plaza es el tiempo que se ha marcado para superponerse un nombre propio, donado por el letrero que se encenderá y apagará, rítmico y ritual, en el proceso en que en definitiva les dará la vida: su identificación ciudadana" (8). Vemos que la intención del letrero es identificar, es decir, insertarlos dentro del conjunto social a través de un nombre propio. No solo se necesita nombrar cosas, sino también personas; se etiquetan o nombran para ser reconocibles dentro del conjunto cultural.

Junto con la identificación ciudadana, el letrero intenta crear una "representación del espacio" que, para Henri Lefebvre, es "conceptualized space, the space of scientists, planners, urbanist [...] all whom perceived with what is conceived" (38-39), un espacio de dominación por medio del lenguaje del signo. Por ello la plaza es un lugar planificado por el luminoso donde "se conjugan dos tipos de engranajes eléctricos: por una parte, el asignado al cuadrante y por otra, el que se desliza del luminoso; esa luz que se vende" (*Lumpérica* 11). Además del "luminoso" que le da nombre, también el ojo de una cámara intenta grabar cada uno de sus movimientos. Así tenemos un panóptico que domina todo el cuadrante de la escena de la plaza por medio de tres elementos, como son la cámara fílmica, la fotografía y un "otro" que comenta y rehace las escenas filmadas de la protagonista. La cámara fílmica logra grabar cuatro escenas que L.Iluminada ha provocado en la plaza: la construcción estética de la pose, la producción del grito; quema de su mano en la fogata y la escena del interrogatorio. En la primera, ella ha comenzado su *performance* dentro del cuadrante —la plaza— y la cámara trata de atrapar su constitución estética. Así se observa una descripción muy técnica del movimiento que las cámaras realizan para retener la pose perfecta, incluyendo comentarios y errores de la toma. La segunda escena registra cuando ella estrella su cabeza contra el árbol y se presenta a su "público" con la cabeza dañada. En la tercera escena, L.Iluminada y el resto del lumperío han recogido restos de desechos en la plaza y han encendido una fogata, mientras ella se acerca e introduce su mano en el fuego. La cuarta, un poco más distante de las anteriores, es un interrogado que habría evitado la caída de la protagonista en la plaza. Es un sujeto anónimo que intenta responder preguntas vagas acerca de lo que L.Iluminada hizo o dijo en el momento de la caída. Cada una de estas filmaciones falla, ya que la cámara no logra encontrar el ángulo perfecto o enfocar el momento preciso. El error se reproduce constantemente y la obsesión de la toma se vuelve más violenta, introduciendo la cámara en cualquier momento dentro de la plaza que intenta aprehender a la protagonista sin cometer un error: "Ahora sí, a ciencia cierta afirman que el error no se reiterará" (18). La toma utilizará diferentes formas para atrapar a la desarrapada y para ello usa también la fotografía que muestra la imagen en blanco y negro de L.Iluminada quien se halla sentada con sus brazos quemados y con cortes, colgando sobre las rodillas. Así, la fotografía es otro elemento similar a la cámara ya que ambos poseen un lente —un ojo— para captar la situación, pero a diferencia de la cámara, la fotografía intenta congelar la escena que el ojo del lente solo capta desde una perspectiva obligando a leerlo de una determinada manera. Sin embargo, L.Iluminada, a pesar de encontrarse sola en la plaza pública, se expone frente a otro que es la cámara, la fotografía y el resto de los pálidos que son los excluidos, para conformar una comunicación con los otros no una intención de comunión o identificación. Este punto es fundamental para entender esta comunidad que se configura en las obras, porque lo que la comunidad comparte en común es la ausencia de una esencia en común. La sujeto frente al letrero no logra definirse porque no es un sí-mismo cerrado y homogéneo, sino una falla estructural (Esposito 2003), una cadena de alteraciones que nunca se fija en una identidad nueva. Lo propio de esta comunidad de desarrapados es el vacío, la distancia, el extrañamiento que los hace ausentes de sí mismos, y por ello, esta falla perfora lo social y es "percibida como el peligro constitutivo de y en nuestra convivencia: el peligro del que esta debe protegerse" (33).

Las subjetividades son cambiantes, nómadas, excluidas del consenso y ellas *com-parecen*, es decir, se presentan frente a una audiencia en toda su singularidad (Nancy 2001, 57)[20]. Por ello la identidad de L.Iluminada se arma y desarma en múltiples presentaciones y formas: desde el primer capítulo donde se presenta como una desarrapada, para luego en el tercero "de animal modo obtiene la estadía" (Eltit 1983, 61) mutando de vaca a yegua y a potranca elaborando diferentes sonidos que se pierden en esa noche y que la cámara y el luminoso intentan atrapar de todas las formas posibles. Sin embargo, fracasan en su intento, porque "ella se ha rebuscado una multiformidad animalesca cuando ha llegado a superponer bramido sobre rugido y los relinchos" (71); pero esta multiformidad no se mantiene sino que cambia en el siguiente capítulo a una "situación ahora no fílmica, sino narrativa, ambigua, errada" (99). Todo el proceso de subjetivación de L.Iluminada es precisamente evadir la "obra" como finitud completa, la identidad fija, la pose estática. L.Iluminada desobra la obra. Esta es la clave de la comunidad que es entonces "la representación del desprendimiento (o la supresión), de la distinción que no es la individuación sino la finitud com-pareciente" (Nancy 2001, 59). Los personajes eltianos *com-parecen* frente a la comunidad desobrada porque su esencia misma es la exposición constante de la finitud de sus cuerpos lacerados.

De la plaza pública, nos movemos hacia el barrio, otro espacio entendido tradicionalmente como público. En la primera parte de la novela *Por la patria* (1986, 2007b), al igual que en *Lumpérica*, el escenario principal es político y militar dominado por un ambiente de marginalidad, opresión, miedo y muerte con extrema vigilancia. El barrio y su degradación se refleja en las características mismas del lugar y en la cadena de semas negativos que circulan alrededor del significante "barrio": erial, eriazo, ladera, barriadas, alusivos a lo infértil, lo que se encuentra en declive de barrio, fonéticamente, lodo o barro. Las cualidades mismas del lugar hacen que este se presente al borde, no solo social, sino también físico, donde el constante acoso y el miedo atraviesa a cada uno de sus habitantes que se patentiza obsesivamente con la amenaza frecuente de la redada, la figura militar que llegará tarde o temprano a interrumpir el curso de sus vidas implantando la "oficialidad" de un sistema ajeno a ellos:

> Transformada, cerré la puerta y el desorden se hizo pasado recuerdo cuando rompí todos los papeles, las fotos, las cartas, la montonera de

---

[20] "El ser *en común* significa que los seres singulares no son, no se presentan, no aparecen más que en la medida en que com-parecen, en que están expuestos, presentidos u ofrecidos unos a otros. Esta comparecencia no se añade a su ser, sino que en ella su ser viene al ser" (Nancy 2001, 110).

cosas ardía en la fogata y más allá otra y otra en cada casa, en todo el barrio se sabía que mi padre cruzaba el atajo y que los camiones venían como materia ensordecida (2007b, 33).

La protagonista ha llegado a su casa para tratar de ordenarla por miedo al ejército que se acerca; el orden implica romper los objetos personales íntimos, como fotos, cartas, papeles; el acoso militar los obliga a romper con su intimidad para implantar un orden. La inminente redada llegó mientras los vecinos se encontraban en el bar en una de sus celebraciones y se instaura la irracionalidad militar:

> Camiones, tanquetas, instrumentales variados, unidos por operación unitas criollas, con soldados rasos, paquitos, piquetes de boinas negras imitando, copiando desenfrenadas potencias y ya se siente el ejército nacional que dilapida sus proyectiles, tirando sobresaltados cuando volados, drogados se animan (155).

El barrio es la metonimia de la nación que ha provocado la herida en el cuerpo de una historia de robo, fuga y violación. La violencia que recae en el lugar tiene como objetivo normar los cuerpos morenos y delincuenciales que atentan contra esa otra ciudad blanca y oficial. Por eso el título de la novela, *Por la patria*, responde al nombre que justifica la violencia para mantener un orden en el espacio geográfico de un campo de batalla donde hay vencedores y vencidos y a la barriada, en particular, le tocó nacer en el sector de los vencidos.

La violencia es uno de los hilos conductores en la obra de Eltit. En un texto muy poco conocido titulado "La invitación, el instructivo" escrito en 2006 y publicado en la compilación *Dos guiones* (2017a), nos encontramos con un texto que pretendió ser una obra dramática y terminó como un mediometraje dirigido por Lotty Rosenfeld[21]. Aquí encontramos a seis personajes en una especie de bodega que tiene como fondo el ladrido constante de unos perros, mientras ellos conversan sobre trámites y los muertos. En la escena dos aparece una mujer que les anuncia la invitación a "la comida oficial", por lo que deben dar sus nombres para completar la mesa. Diamela Eltit vuelve a pensar en la violencia y las desapariciones durante la dictadura, preguntando "cómo se jerarquizaron las víctimas durante la dictadura, de qué manera existían muertes de primera, de segunda, de tercera hasta llegar a poblar el anonimato de los derechos humanos en crímenes de lesa humanidad (2017b, 37). Sin embargo, es una obra que, a pesar de situarnos en la dictadura, mantiene la latencia de la transición y el presente, ya que la cena oficial es quizás la última cena de estos personajes que se aterran por la invitación y por sus nombres: "Tienen que

---

[21] Más adelante analizaremos el cortometraje. Ahora nos focalizaremos en el guion escrito.

asistir a la comida porque di sus nombres ¿qué más podía hacer? Me sacaron nombres desde el fondo de la boca, se me revolvía la lengua" (Eltit 2017a, 21). El terror, la búsqueda de los muertos y la somatización de los miedos, se refleja en la Mujer 1 que no puede contener la micción y se orina en todas partes convirtiéndose en la metáfora de la herida viva de una violencia que no cesa: "el rencor y el pesar por los años que vivimos los que vivimos desde el 73 al 90 que no termina. Todavía no termina de escribirse. No termina. No" (Eltit 2017b, 40).

La vigilancia y la violencia en el barrio vuelven a ser un tema fundamental en la novela *Fuerzas especiales* (2013), que tiene dos escenarios principales: un barrio en forma de bloques y un cibercafé. A diferencia de *Por la patria*, el barrio en esta novela está conformado por una serie de edificios que llaman "bloques" donde viven las familias y por un cíber donde la protagonista se prostituye por hora mientras observa la pantalla del computador que la conectará con la última moda de Europa. El barrio de antaño de *Por la patria* y su sentido de identidad comunitaria es reemplazado por estos bloques de cuatro pisos, de treinta metros cuadrados, sitiados constantemente por fuerzas especiales manteniendo las carencias propias de la marginalidad. La violencia ha sido naturalizada ya que asumen que están siendo vigilados a través de sus propios vecinos, de cámaras de vigilancia o teléfonos celulares: "En este tiempo ya nadie cierra los ojos en los bloques porque ya no sabemos cómo vivir o cómo dormir sin la ira de la policía y sin la acústica destructiva de sus balizas" (43).

¿Por qué Eltit retoma este tema años después de *Por la patria*? Creo que uno de los puntos fundamentales es la vigilancia y la violencia policial en una época tecnologizada que disimula una falsa libertad. Jacqueline Adams (2012), quien realizó un hermoso trabajo acerca de la experiencia visual durante la dictadura chilena, afirma que existen dos formas de represión, una "represión física directa y una represión no violenta" (29). La represión física directa afectó principalmente los barrios marginales durante la dictadura, incluyendo la presencia constante de soldados en las calles, las redadas y el "toque de queda" que obligaba a los habitantes a permanecer encerrados en sus casas a partir de cierta hora. Cada una de estas acciones eran derivadas del régimen de Doctrina Nacional de Seguridad que afirmaba que los partidarios de izquierda —asociados a los barrios marginales porque apoyaron entusiastamente el proyecto del derrocado presidente Salvador Allende— eran una amenaza para la seguridad nacional. Aunque *Por la patria* y *Fuerzas especiales* tienen muchos años de distancia, la violencia física en las zonas periféricas ha mantenido las mismas prácticas del programa de Seguridad Nacional que se inició en dictadura, con la diferencia que ahora no se les llama "izquierdistas" o "upelientos",[22] en aras de la "seguridad", sino que la premisa actual es que todos los habitantes de los sectores marginales son delincuentes. De ahí que la forma de habitar el

---

[22] Se refiere a los que apoyaron el programa de la Unidad Popular, UP, de Salvador Allende.

barrio en ambas novelas tiene sus diferencias. En *Por la patria*, los personajes esperaban la redada como una forma de acontecimiento, es decir, hacen sus vidas "normales" con la amenaza constante, hasta que se produce la redada. En *Fuerzas especiales*, la violencia se halla completamente naturalizada al vivirla diariamente y no se cuestiona: los protagonistas han aprendido sus signos, que son sirenas, balazos y balizas, como música en fin de semana: "Estoy segura que estamos vivos pues el aullido de las balizas de los autos policiales nos obligan a taparnos la cabeza con las almohadas" (35).

Todo el espacio en la novela tiene forma de cuadrante:[23] los bloques, el cíber, los cubículos del cíber, la pantalla del computador, el carrito que vende la frica, etcétera, tienen la misma forma geométrica. *Fuerzas especiales* contiene dos espacios fundamentales, los bloques y el cibercafé. En los bloques o viviendas se desarrolla la vida familiar de la protagonista, que es su orgullo e incentivo para salir de esas paredes asfixiantes. El cíber es una especie de prostíbulo donde la protagonista paga una módica suma de dinero para arrendar un cubículo y prostituirse. Este espacio, igual de asfixiante que los bloques, funciona como un elemento de fuga para la protagonista porque crea una ilusión de libertad que no posee en su cotidianidad:

> El cíber es todo para mí, milagroso, gentil. Yo venero la neutralidad de la computadora que me protege hasta de los crujidos de mí misma: el cursor, el levísimo sonido del disco duro, la pantalla es completamente indescriptible y su borde, un poco maltratado, no me desanima porque su prestigio salta a borbotones en medio de la luz titilante (14).

El cíber es la reapropiación sexual del espacio del bar en otras novelas de Eltit (*Por la patria*, *Los trabajadores de la muerte*) el cual tenía por función convocar a los comensales, celebrar el ritual del vino y compartir los sueños o pesadillas. Sin embargo, aquí las conversaciones cara a cara se reemplazan por el chat y los sueños por la compra, habitada por un acoso comercial y un comercio sexual. La paradoja de *Fuerzas especiales* son los personajes que se encuentran conectados con el mundo por medio de la internet, pero mantienen las mismas conexiones con la violencia, la cárcel y la muerte. El espacio del cíber es entonces lo que podríamos llamar un ambiente virtual donde los espacios se abren a otros espacios más allá de la corporalidad, ya que este cubículo de intercambio sexual se abre a su vez a otro espacio cuadrado, que es la pantalla del computador que mueve a los personajes a un espacio virtual donde se desincorporan hacia una realidad construida desde el lenguaje visual de la pantalla. Además, el cíber tiene la habilidad de imitar perfectamente las relaciones espaciales reales que permiten a los usuarios sentir "como si" se pudiera trascender la distancia

---

[23] "Cuadrante" también se refiere al sistema que utilizan los carabineros para organizar la vigilancia en toda la ciudad de Santiago, conocido como "El plan cuadrante".

física y material entre ellos y los objetos de deseo. Así, la protagonista de *Fuerzas especiales* define al cíber como un espacio alterno de evasión: "Tengo que olvidarme de mí misma para entregarme en cuerpo y alma a la transparencia que irradia la pantalla" (39). El cíber y las antenas de los celulares son las únicas formas de contacto con el exterior que tienen los habitantes de los bloques, tanto es así que la caída familiar y del barrio coincide con el derrumbe de las antenas que deja a todos los habitantes incomunicados provocando la visión de una catástrofe completa:

> Mi mamá, mi papá y mi hermana están desesperados y yo misma no sé qué hacer. Todos los habitantes de los bloques hemos caído en un estado de estupor ante la crisis de los celulares. La ausencia de las llamadas que nos alegraban la vida con su diversidad de estilos, ahora nos empujan a un silencio anormal (124).

El asedio al barrio y la destrucción de las antenas se produce a través de la irrupción sorpresiva de la policía a los bloques, aunque ya las balas han sido parte de la existencia cotidiana de los habitantes: "Escucho risas y música y balas. Gritos. La policía se ha retirado. Descansa los sábados y abandona los bloques. Permite cada sábado que se expresen la música, las risas, las balas y los gritos [...] Quisiera salir a recorrer las balas y los gritos. Salir a la música y bailar tropicalmente la calle mientras sorteo las balas" (41). También las balas irrumpen en el texto en forma azarosa: "Había dos mil Webley-Green.455", "Había un rifle Taurus M62", "Había treinta y cuatro mil Astra M1021", convirtiendo el tejido textual en un espacio ocupado por la vigilancia.

Volviendo a la pregunta de por qué *Fuerzas especiales* retoma nuevamente el barrio como un lugar asediado por la fuerza policial es porque, aunque finalizó la dictadura, los sectores marginales siguen padeciendo la vigilancia constante solo por su ubicación en la periferia. Ya no hay opositores a una dictadura, pero la marginalidad geográfica los identifica como delincuentes que deben ser vigilados en este momento posdictatorial; por lo tanto, el esquema no ha cambiado, tan solo cambia la clasificación de su marginalidad: de "opositores" a "delincuentes".

CAPÍTULO 3

# Los "no-lugares" o la construcción socio-espacial de la ciudad

Hace más de un siglo un pensador nos alertaba acerca de un fantasma que recorría Europa mientras se encendía la mecha de un movimiento que expresaba el rechazo a las condiciones de vida de los trabajadores impuesta por el capitalismo industrial que emergía efervescentemente. En estos tiempos deberíamos considerar nuevamente aquella alerta y reconocer que "un fantasma recorre el mundo": es el fantasma de la globalización. David Harvey (1998) afirma que el capitalismo no se entiende sin un análisis de los espacios que han sido un pilar fundamental en el proceso de la globalización en el cual el aceleramiento y expansión se produce por medio de "la compresión espacio temporal" (288)[24] para referirse al movimiento y la comunicación a través del espacio, a la extensión geográfica de las relaciones sociales y a nuestra experiencia de todo ello. Por ello que las cámaras de vigilancia que anteriormente molestaban al ciudadano, como sucede con *Lumpérica*, ahora se han vuelto habituales y casi no llegamos a cuestionarlas. Al mismo tiempo y lentamente hemos construido una sociedad que se centraba en el trabajo, pero que ahora está mediatizada por el consumo. Una sociedad con jornadas flexibles que permiten la alternancia del trabajador, pero con un mercado de consumo que puede llegar a todas partes y a cualquier estrato social para formarlos como consumidores. Ya no se necesita disciplinar cuerpos para un mercado de trabajo con necesidades de mano de obra para la producción estable de bienes de consumo, sino que es necesario crear necesidades específicas porque cualquier ciudadano es un posible consumidor. Sin embargo, ¿todos podemos acceder a esos productos que se movilizan libremente a través del mercado global? Es más, ¿podemos movilizarnos igual que esos productos tan fácilmente de un país a otro? Sabemos que

---

[24] Cfr. Harvey: cap. 3. "La experiencia del espacio y el tiempo" (1998, 223).

---

**Cómo citar este capítulo:**
Barrientos, M. 2019. *La pulsión comunitaria en la obra de Diamela Eltit*. Pp. 35–47. Pittsburgh, Estados Unidos: Latin American Research Commons. DOI: https://doi.org/10.25154/book1.e. Licencia: CC-BY-NC 4.0

la respuesta es negativa, ya que la compresión espacio temporal no es igual en todas partes y es diferente para todos. Doreen Massey afirma precisamente que los grupos sociales e individuos se sitúan de diferente forma ante los flujos o movimientos: "Esto tiene que ver no solo con quien se mueve y quien no, aunque eso ya es un elemento importante del asunto; tiene que ver también con el poder con relación *a* los flujos y al movimiento" (2012, 117). Hay grupos que están a cargo de esa compresión, pero hay otros, los que realizan una gran cantidad de movimiento, que no lo están y que han contribuido a esta compresión, pero han quedado atrapados en ella.

El cuerpo entonces no se puede analizar en sí mismo, sino que en relación con otras dimensiones, como las emociones (Lindón 2009), para comprender la construcción social de la ciudad a través de los sujetos que la habitan corporal y emocionalmente. Así, el sujeto habitante[25] es entendido como un cuerpo teñido de sentimientos y afectos asociados a la espacialidad de la práctica que lo impulsa a realizar otras prácticas concretas y particulares. Lo interesante de la propuesta de Lindón es que reconoce que estas prácticas no son aisladas, sino que se encuentran entretejidas en secuencias orientadas a alcanzar algo:

> Al mismo tiempo, las prácticas de un sujeto se relacionan con las de otro. En esos quehaceres encadenados de múltiples sujetos que convergen por un instante en ciertos lugares y en ciertos fragmentos de tiempo, y luego se distancian y protagonizan nuevas convergencias espacio-temporales con otros sujetos y en otros lugares, se va desarrollando la construcción socio-espacial de la ciudad, de manera permanente, fragmentada y al mismo tiempo, interconectada (2009, 13).

Este es entonces el sentido comunitario del espacio, ya que entendemos al sujeto que lo habita en constante movimiento por la intención de alcanzar algo. Es una construcción fragmentada que sucede en forma singular en cada lugar y va marcando los tiempos y momentos de la ciudad, denominado "micro-situaciones" que se caracterizan por su constante desplazamiento de un lugar a otro en espacios exteriores. Sobre estos grupos en constante movimiento que acceden a la globalización, pero desde otros ángulos nos muestra la novela *Los trabajadores de la muerte* (1998). El prólogo de la novela, titulado "A las puertas del albergue", nos ubica en estos espacios movibles o de transición, como son la taberna y el albergue, lugares donde llega la protagonista y voz constante del relato, llamada la niña del brazo mutilado. En este lugar pernoctan los parroquianos del bar, por lo que son espacios que carecen de identidad propia y se utilizan como refugio. El prólogo de la novela afirma: "Ahora la tarde cae,

---

[25] Este análisis de Alicia Lindón (2009) está basado en diferentes disciplinas, como la Teoría Social, interesada en el espacio y la espacialidad; Estudios Urbanos y Geografía Humana con relación a la corporeidad y emocionalidad, así como las Geografías de Género y Vida Cotidiana.

se viene encima con su acostumbrada velocidad rigurosa. Se viene cayendo encima esta tarde arrastrando una considerable nube calurosa que tiñe de irrealismo al albergue más solicitado con que cuenta la ciudad" (13). Es en este espacio surrealista donde la niña y el hombre que sueña comienzan a competir por el vaticinio y la interpretación del sueño. Aquí finaliza el prólogo para luego retomar la narración en el epílogo de la novela donde los vendedores exhiben su mercadería en las calles: "pequeños utensilios, objetos estridentes e inútiles, saldos rescatados de un incendio, ropas, juguetes, cosméticos, relojes, anteojos, pañuelos, perfumes, cajas de música, se multiplican a lo largo de las veredas" (189), y los ofrecen a gritos en la calle vistiendo la camiseta de algún líder revolucionario. Lo que aquí es expuesto en las aceras en forma caótica es la antítesis del supermercado de *Mano de obra*: no hay pasillos limpios y ordenados, sino imitaciones de productos baratos que se desparraman en las calles mientras, desde la acera como lugar de exhibición, muestra, en el fondo de las vitrinas de las tiendas establecidas, el esplendor del producto original en el espacio reluciente de la tienda de moda. El reflejo de las vitrinas deforma los productos por la mala imitación de los modelos importados, parodiando el sistema de la mercancía que está aflorando en la sociedad, pero que se ha mantenido en forma paralela como un negativo del Súper. Este es el mundo neoliberal de los "desagregados",[26] de aquellos que no tienen acceso al producto exclusivo de marca, pero que buscan otras formas de imitarlo y adquirirlo. Los "príncipes de las calles", como se titula el epílogo, son "los trabajadores de la muerte" que hacen el trabajo sucio, porque para que existan los súper y los *malls* es necesario un incesto y un asesinato, representado en la pareja de la novela. Ellos constituyen el *ethos* neoliberal de la nueva clase obrera; son "los otros" de la noche que deben existir para que se construya, desde abajo, el nuevo sistema que pueda crear una buena "mano de obra" al servicio de la mercancía. Sin embargo, estos "otros", esta multitud que vende sus mercancías alternativas, no son agentes pasivos que desean adquirir el producto original, sino que desean fracturarlo, porque no han participado históricamente como sujetos políticos. Por ello, en esta antítesis de trabajadores en la novela, se observa una acumulación excesiva de mercancías y el movimiento constante de compradores y vendedores alternativos, "piratas", reciclados, copiados. Todos son parte del capitalismo, pero mediante una circulación alterna de los productos. La importancia de estas mercancías es que parodian la moda oficial y "las vitrinas de las tiendas duplican los objetos que se tienen en el suelo" (190) haciendo uso de ellas por medio del comercio callejero, burlándose del mercado oficial que les prohíbe la

---

[26] En una entrevista con Paola Berlin, Diamela Eltit explica el concepto de "desagregados" como aquellos que "Están desagregados de lo hegemónico, de los sentidos dominantes y se re-agregan a sí mismos desagregados, aunque estén la ciudad o en la propia ciudad, porque las codificaciones para vivir esos espacios, habitar esos espacios, transitar esos espacios, son otras, son distintas a las codificaciones oficiales" (Barrientos 2017, 382).

adquisición oficial debido al alto costo de los productos. Es una multitud activa que "se hacen uno con su cuerpo y vestido también por una camiseta en cuya frente está impreso un gran signo monetario" (190) o puede ser de un héroe popular a quien ya no siguen. Ellos actúan en grupo, en multitud, en un espacio abigarrado de productos, música, gritos, bailes que es tomado por estos "príncipes de las calles" para parodiar el *mall*. Y aquí permanece la niña del brazo mutilado como una constante molestia, recorriendo las calles, recordándonos el asesinato, "custodiando la entrada del paseo principal. Por su cara impávida, por la altanera recurrencia de su pose, se desliza la potencia con la que encubre el legendario enigma" (205).

La mercadería copiada, parodiada y vendida en la calle es representada por los vendedores ambulantes en *Sumar* (2018), la última novela de Diamela Eltit, donde los "príncipes de las calles" de *Los trabajadores de la muerte* se toman la avenida principal para unirse a una gran marcha general hacia La Moneda[27]. Los ambulantes se agregan a esta marcha en el último minuto, por lo tanto, son los más rezagados de ese movimiento que espera torcer el tiempo para disponerse a vivir: "Después de nuestro arribo alcanzaremos las últimas migajas de un sustento más benigno para nosotros" (19).

El grupo recorre 12.500 kilómetros en 370 días exactos, recordando el pasillo eterno de las bicentenarias en *Impuesto a la carne* (2010), "pero que iba a precipitar en una realidad ambigua y hasta paradójica sobre nosotros, pues pese a disponer de los (custodiados) espacios en las calles, ahora solo contábamos con un sitio semejante a un túnel carcelario" (17). El escenario de *Sumar* es la metonimia de las últimas novelas de Eltit donde "el espacio público parece haber desaparecido, dejando paso a escenarios heterotópicos en serie como el supermercado, el cibercafé, el hospital, el bloque de viviendas" (Scarabelli 2018, 197) como "escenas del nuevo milenio" donde los diferentes personajes que se encuentran en constante movimiento de una marcha nunca cesa. El título, *Sumar*, es un verbo de adición, por lo tanto, se refiere a la suma de fuerzas que se unen a esta marcha monumental pero, además, se relaciona con las características mismas de la obra por su forma de cuadrante, al igual que plaza pública, el cíber y los bloques de *Fuerzas especiales*.

El espacio principal es la calle, espacio heterotópico, ya que es el territorio de trabajo y vivienda de los ambulantes que no cesa de moverse, al igual que los personajes que la habitan. Es una marcha constante para conquistar la moneda:

> Despierta y lúcida. Incremento la marcha a la que nos sumamos, nosotros, los vendedores ambulantes (chilenos). Una marcha múltiple, la más numerosa del siglo XXI. Una gesta inusual de nosotros, los ambulantes,

---

[27] El término tiene varias significaciones. La marcha se dirige hacia La Moneda, casa de gobierno de Chile, pero también se refiere a la moneda como dinero. Los sujetos más desagregados marchan por su derecho a conquistar la moneda, en todas las significaciones que ella contiene.

porque tomamos la decisión radical en nuestras vidas, avalada solo por nuestro ingenio. Es que ya estamos absolutamente cansados de experimentar toneladas de privaciones. Hastiados de los golpes que nos propinan las oleadas de desconsideraciones y de desprecio (Eltit 2018, 18).

Se puede observar en la cita que no es una marcha cualquiera, de esas que acostumbramos a frecuentar en Chile, sino la más "numerosa del siglo XXI", una gesta monumental que ha reunido a los más precarizados. Es necesario recordar que para Lefebvre, el espacio urbano funciona como circuito del capital elaborado por profesionales y tecnócratas ligados a "la relación de producción y al 'orden' que esas relaciones imponen" (1991, 33). La ciudad entonces representa el espacio de producción y circulación de un orden social y político implementado por una estructura de poder. Es un espacio de lo heterogéneo que, por un lado, exhibe sus símbolos oficiales, pero por otro, muestra transgresivamente esos símbolos que perturban el modelo. En *Sumar*, la urbe está constituida por una serie de trazos simétricos y líneas paralelas que representan la organización neoliberal de flujo de los cuerpos y sus mercancías. La forma estructural de la novela asemeja a una suma vertical, donde tenemos en la cima una nube (*cloud*) que sigue el movimiento de la marcha, la calle, espacio que ocupan los ambulantes, las veredas, lugar de breve descanso. Entre la nube y la calle se encuentran los edificios que, en perfecta lógica con el mercado y la moneda, se alzan sobre las cabezas de marchantes para exponer su grandeza y poderío: "Los edificios ofrecen a un precio considerable la parte de la altura que les pertenece. El espacio inmediatamente superior ya está disponible a un precio elevado en el mercado por un nuevo decreto edilicio" (12). En la sima se encuentran las veredas, los bordes de las calles que reciben los cuerpos de estos ambulantes, "las mismas veredas que nos convertían en seres ínfimos, solo necesarios para incentivar el murmullo humano por el que se definen las ciudades" (27), como afirma la voz narradora. La materialización de esta sumatoria se patentiza en la simetría vertical de una triangulación urbana que presenta en la cima una nube todopoderosa, acompañada de satélites y drones, para luego "bajar" hacia los altos edificios y finalmente llegar a las veredas, lugar de linde con la calle donde habitan y trabajan los ambulantes. Este escenario sumatorio conforma a su vez un cuadrante, similar al paño de tela que ponen en las orillas de las veredas para exhibir sus productos. El contraste desde abajo (las veredas con los ambulantes en la calle) hacia arriba (la nube, los satélites que se esconden, los grandes rascacielos), nos hace reflexionar sobre lo que se ha llamado "globalización popular" o "desde abajo"[28] para referirse a un "proceso desigual de bienes económicos y culturales del mundo globalizado por parte de los sectores subalternos" (Lins Ribeiro 2012, 37). Se trata del movimiento

---

[28] Cfr. *La globalización desde abajo. La otra economía mundial* (Alba Vega, Lins & Mathews 2015).

de mercancías que llegan a muchas personas que no pueden darse el lujo de adquirir el producto en su forma original[29]. Se trata de un sistema formado por nudos y redes que operan en forma paralela a la globalización oficial, por lo que no se puede analizar en forma clásica, sino por medio de un estudio de campo multisituado. Se trata precisamente de estos "desagregados" que ya veníamos observando, como afirma Scarabelli, "bajo el prisma de las transformaciones socioeconómicas determinadas por el golpe de Estado, [...] las dinámicas del mundo convertido en mercado, un mundo condicionado por flujos de dinero y productos, más que por saberes e ideas, un mundo donde todo se vende y se compra" (2018, 19). El movimiento es, por lo tanto, la característica principal del escenario de la novela, ya que los cuerpos ambulantes son el medio para el desplazamiento, orientando lo emocional para dejarlo subordinado al logro del desplazamiento buscado, como suplica uno de los ambulantes: "Dios castiga, dice y, en algunas oportunidades, cierra los ojos y entra en un tipo muy marginal de éxtasis mientras dice: Dios castiga. Padre, dice, castígame de nuevo, porque Dios Padre castiga. Dios, castígame. Castígame, dice. Sí, Dios Padre, por favorcito castígame hasta la hora de mi hora" (Eltit 2018, 140). El único enlace que tienen los personajes con el espacio es el reconocimiento de ciertos eventos y la ubicación que tienen como consecuencia la repetición cotidiana, que también se refleja en la escritura, como hemos visto en la cita previa: castígame, castiga.

Este recorrido tiene como finalidad alcanzar La Moneda, símbolo de Estado chileno y reconocidamente histórico, relacionado con una memoria colectiva. Es un lugar que forma parte de lo que Fernando Aínsa (2006) llama "sistema celebratorio" que institucionaliza la visión oficial de la historia en la que estamos integrados como forma de reordenamiento de una autoridad para determinar el futuro y reordenar el pasado. Estos espacios históricos, debido a la dialéctica del tiempo y la memoria para configurar subjetividades, ya sea individuales y colectivas, van más allá del sistema celebratorio porque muestran su propia individualidad, como sucede con el ejemplo de La Moneda, que es un espacio histórico en el que se superponen las representaciones de lo visible y lo recordado. De ahí que La Moneda también se refiere al dinero que, como símbolo, es una huella de una microsituación que habla de otras situaciones, como ya lo hemos explicado. Por ello, produce diferentes códigos de comportamiento de los ambulantes. Van hacia La Moneda dispuestos a recorrer todos los kilómetros necesarios a pesar de la desesperanza, de la "emoción realista o resignada que nos indica que nuestra gesta no es posible, que no, pero que a pesar de todos nos debemos a la marcha, porque nuestra vida ya no se puede tolerar" (Eltit 2018, 66). Alcanzar la moneda conlleva en este desplazamiento la aparición de diferentes hitos en este trayecto que hacen estallar el símbolo, como la imagen de la moneda incendiada que se repite en el sueño de la voz

---

[29] Al igual que "los príncipes de las calles" en *Los trabajadores de la muerte*.

narrativa una y otra vez, la moneda bombardeada, en memoria del horrible día del golpe de Estado (15); la moneda reconstruida como símbolo de esperanza, pero no de olvido (107) son los eventos fragmentarios relacionados al espacio-tiempo del recorrido.

El nudo de enlace con la memoria histórica es la carta de Santiago Villarroel, con fecha de octubre de 1973, que abre la novela. Como padre de Ofelia Rebeca Villarroel, detenida en la industria SUMAR y asesinada en esa misma fecha, solicita al jefe de la Guarnición Militar el permiso de recoger sus restos que fueron enterrados en el patio 29, junto a un desconocido de sexo masculino, para separarlos y darle sepultura en un nicho del mismo cementerio. La selección de esta carta no es solo por la terrible petición de este padre sobre el cuerpo de su hija, sino que ella era trabajadora de SUMAR,[30] empresa textil ubicada en el sector Sur de Santiago, específicamente en la población La Legua. Fue una de las fábricas recuperadas en el gobierno de Salvador Allende para ser traspasada a los trabajadores como cooperativa, por lo que fue uno de los símbolos del trabajo colaborativo del gobierno de la Unidad Popular[31]. La fábrica SUMAR es ahora un *outlet* llamado precisamente "La Fábrica"[32] que mantiene ciertos recuerdos de la antigua cooperativa como vestigios de un pasado glorioso entre medio de la oferta de la última moda de segunda selección para el consumo de la gente de los sectores poblacionales. La oferta de consumo ya no se encuentra en las calles, como en *Los trabajadores de la muerte* y paródicamente en *Sumar*, sino en un establecimiento que vende sus productos en un espacio ícono del neoliberalismo, como es el *outlet mall*. Asimismo, la moneda extiende su significado hacia el intercambio a nivel global, pero es una moneda esquiva que no se encuentra fácilmente, sino que hay que mendigarla. Por eso, en esta marcha aparecen aquellos desagregados que están más a la periferia de los ambulantes (quienes son los últimos en la fila) y que mendigan con voces que parecen "(una especie de retorcida plegaria sinfónica) [...] Tío, tía, por favor, una monedita no más. [...] una moneda, una monedita, tía, una moneda, por favor, qué te

---

[30] Cfr. "Memoria Chilena" para ver fotografías de SUMAR y el traspaso a los trabajadores: https://bit.ly/31pTyYa.

[31] La forma de trabajo de SUMAR previo al golpe "será un fenómeno común a los diversos sectores laborales, que los llevaron a una creciente y constante movilización y que tomará forma en protestas, concentraciones, marchas, asambleas y participación en los sindicatos y Cordones Industriales (San Joaquín en el caso de SUMAR), generándose paulatinamente una doble imagen respecto a este sector social y sus espacios de organización: por una parte, para la izquierda, los obreros y sus respectivas organizaciones territoriales se fueron transformando en uno de los principales espacios donde se jugaría la suerte de la UP y donde, en caso de golpe, se podría desarrollar la defensa del gobierno; por otra parte, para los militares, conscientes de la imagen anterior, se reconocía la necesidad de neutralizar rápidamente a estos espacios y de esa forma asegurar la suerte del golpe" (Garcés y Leiva 2005, 44).

[32] Ver: https://www.lafabricapatioutlet.cl/

cuesta darme una moneda, tía, tío, tiecita, por favor" (Eltit 2018, 53). Por esto La Moneda es inalcanzable, porque ella está allí, como la define la voz narrativa: "monolítica, esquiva, abstracta, malévola, sobreviviendo a las últimas llamas, a las perforaciones de las bombas, con su inigualable habilidad camaleónica, gracias a la usura descarada de sus conversiones rentables que atraviesan los siglos y los milenios" (32).

Los no-lugares son espacios completamente movibles donde no hay sentido de identidad o comunidad, sino más bien son espacios donde se refuerzan las redes multinacionales y se amplifican las individualizaciones, "los no lugares son tanto instalaciones necesarias para la circulación acelerada de personas y bienes (vías rápidas, empalmes de rutas, aeropuertos) como los medios de transporte mismos o los grandes centros comerciales, o también los campos de tránsito prolongado donde se estacionan los refugiados del planeta" (Augé 2000, 41). Los no-lugares, aunque son espacios de tránsito, los individuos viven atrapados en ellos, ya que son lugares de acceso cotidiano, e incluso algunos, como los grandes centros comerciales, se han transformado en espacio de vivienda, recreación, trabajo y consumo cotidiano. Es precisamente este encierro "globalizado" lo que nos muestra *Mano de obra* (2002) en el supermercado, aquel establecimiento comercial en el que se vende todo tipo de artículos donde el cliente se sirve a sí mismo y paga a la salida. El supermercado es el lado oficial del mercado informal que nos muestra *Los trabajadores de la muerte*, el cual ahora se presenta como la consecuencia deseada del capitalismo.

Uno de los símbolos más importantes de la globalización han sido los centros comerciales, llamados también *malls*, los cuales se han ido reproduciendo en forma acelerada en casi todos los países. La aparición de los *malls* se produce en los momentos de la Guerra Fría, los cuales, además de simbolizar la libertad y la democracia estadounidense, servía como propaganda contra el comunismo[33]. La autosuficiencia se destaca en que el centro comercial no necesita nada más que compradores, ya que en este encontramos entretención, atención médica, servicios, comida, etcétera. La arquitectura de los centros comerciales encarna la visión de protección —con la vigilancia necesaria para ello— del consumo. Expresa la utopía de un espacio que contiene en sí mismo un absoluto, es decir, sin un afuera, tanto en el sentido temporal como espacial.

Los centros comerciales fueron incorporados a una utopía social en la cual la idea de libertad resulta de la elección del consumo en un espacio sumamente controlado. De ahí que se transforma en el signo y símbolo que Diamela Eltit utiliza para mostrar la degeneración de los sujetos, la penetración del poder en los cuerpos y la permeabilidad de los espacios íntimos y laborales. La novela comprende dos capítulos, el primero "El Despertar de los Trabajadores

---

[33] En esta lógica de la Guerra Fría, Timothy Mannel (2004) afirma que la unión entre economía y patriotismo fue esencial para la "vision of the shopping center self-sufficient" (123) que satisficiera todas las necesidades de los consumidores incluyendo diversas formas de servicio.

(Iquique, 1911)" y el segundo, "Puro Chile (Santiago, 1970)", títulos que nos recuerdan la publicación de los titulares de grandes hazañas históricas acaecidas en Chile en que los trabajadores tuvieron participación directa y activa en los acontecimientos sociales e históricos. Sin embargo, la paradoja o el quiebre, se produce en la historia narrada, ya que no son grandes hazañas, no existe un gran héroe y el pueblo no eleva su puño para demandar injusticias, sino que introduce la mano en su bolsillo para pagar el producto o someterse a la mansedumbre del jefe de turno. Esta dicotomía que se presenta entre Historia e historia es la constatación de la ausencia de un sujeto de trabajo que no posee un discurso, que no pertenece a una clase definida ni posee una historia que lo identifique. La compra, por lo tanto, se ha convertido en un rito de carácter mundial que produce un cambio urbano y social en que las estructuras de la ciudad están ingresando en el espacio de los grandes centros comerciales y que a su vez están ocupando las antiguas simbolizaciones espaciales: la plaza como lugar de reunión ha sido reemplazada por "el patio de comidas", el paseo con la familia se realiza entre las vitrinas de las grandes marcas comerciales y la salida familiar del fin de semana se produce en los "malls". Estos espacios se encuentran completamente controlados, la temperatura y la ornamentación generan una especie de falsa seguridad que los convierte, en términos de Augé, en no-lugares. El tiempo queda suspendido en un eterno paraíso donde el presente solo se activa con la compra —el eterno consumo— y el ruido, la pobreza y la violencia externa quedan completamente fuera de este espacio. Este desplazamiento de las utopías al mercado provoca que el sujeto histórico-político sea *reificado* en objeto de consumo y bajo este concepto es que debemos situarnos para abordar la obra.

El escenario principal de *Mano de obra* es el supermercado, que es:

> el magistral escenario que auspicia la mordida. Oh, sí, los pasillos y su huella laberíntica, la irritación que provoca el exceso (de mercaderías por supuesto), los incontables árboles (artificiales pues) con sus luces inocuas. La música emblemática y serial. Un conjunto armónico de luces (de colores) correctamente conectadas a sus circuitos actuando de trasfondo para abrir el necesario apetito que requiere la fiera (Eltit 2002, 72).

Se presenta como un lugar artificial y laberíntico en que se pasea la voz narradora de la primera parte: un empleado que debe mantener los productos en perfecto orden para los clientes. El orden y la repetición son dogmas que deben ser ante todo respetados, por eso los árboles, la música y el exceso de productos son los elementos que constituyen la repetición como característica fundamental de esta obra. Por esto, la voz de la primera parte también mantiene un sistema de clasificación de los clientes del súper, como son los buenos, los malos, los niños, los ancianos. Cada una de estas categorías funcionan de determinada manera dependiendo de la relación con el producto, es decir, si conservan o no el orden su orden: los buenos clientes, "esos sí acuden al súper a adquirir lo que tanto necesitan: la harina, el café, el té, la mermelada, el azúcar, el arroz, los tallarines, los porotos, la fruta, la sal, los garbanzos, los refrescos, la verdura y la carne" (Eltit 2002, 20). La voz se pasea por los pasillos laberínticos del súper vigilando a los malos clientes que desordenan los productos y escupen el piso, atentando contra el orden y la limpieza. Estas cualidades del espacio se traspasan al cuerpo del empleado quien afirma que "Yo formo parte del súper —como material humano accesible— y los clientes lo saben" (21), por eso luce resplandeciente, bien arreglado y con su nombre prendido en el delantal para estar siempre dispuesto a los clientes que necesiten su ayuda o consejo. La limpieza y blancura son elementos centrales que permiten una mejor exposición de las mercancías por medio de una luz que cae vertical sobre los productos. Se ha creado un ambiente purificado que no da cabida a la pobreza ni la fealdad. Cuanto más se empobrece la ciudad, más resalta la ilusión de pureza y armonía social que se respira en los centros comerciales mediante una falsa ilusión de perfección. Sin embargo, la vigilancia que realiza el vendedor respecto a los malos clientes es subvertida en este mismo espacio, ya que, escondidos tras los productos expuestos para la venta, los empleados y los clientes son constantemente vigilados por cámaras de seguridad. Recordemos que el panóptico tenía como foco principal disciplinar los cuerpos evitando el castigo físico "para expresar en una sola palabra su utilidad esencial, que es "la facultad de ver con una mirada todo cuanto se hace en ella" (1989, 37). Por esto, en el súper "La sala de grabaciones contiene la evidencia de una imagen congelada destinada a esclarecer la manera exacta y el instante justo en que se le podría entregar al cliente un producto por el que no iba a desembolsar un centavo" (Eltit 2002, 34). La voz trabajadora, que en un principio se muestra como un profesional comprometido con su trabajo, a medida que avanzan las horas y el cansancio por culpa de la rutina, va modificando su discurso que coincide con la pulcritud del lugar hasta mostrar la falsedad del lugar, sobre todo en relación con los productos, ya que "entre la transparencia del plástico, está escondida la certidumbre de una carne de segunda que se presenta como si fuese de primera. Claro que se trata de un fraude" (2004, 28). Este aspecto es muy importante para la conformación misma de la obra, ya que no se trata solo de mostrar la forma en que el capitalismo, por medio del comercio globalizado, maltrata a sus trabajadores, sino la fractura de dos momentos históricos que se incorporan en los personajes y en la configuración estructural de la novela: el quiebre, la fractura entre los periódicos de lucha social en contraposición al trabajador que se limita "a cultivar una notable impasibilidad para conseguir una presencia neutra" (21), entre el lenguaje pulcro y formal de la primera parte con la vulgaridad de la segunda, con los productos que parecen de primera calidad y son de segunda. Este quiebre es precisamente lo que simboliza el súper donde la voz narrativa también lo afirma: es un fraude. El espacio prístino tiene un patio trasero, que veremos en la segunda parte, en una casa habitada por los trabajadores del súper donde, a pesar de mantener la limpieza, la suciedad de las palabras y los cuerpos muestra el fraude neoliberal de su propio símbolo.

En esta misma línea de análisis, *Impuesto a la carne* (2010) muestra en los pasillos de un hospital, una nación que ha sido violentada. La conmemoración del bicentenario de la república chilena (año en que se publica esta novela) es un acontecimiento que recuerda la memoria heroica y masculina de los fundadores de la nación. Sin embargo, en esta obra de Eltit nos presenta una contramemoria que no alza su voz, pero sí el cuerpo para dar testimonio de la "otra" historia: la no oficial, la de los rezagados de la fiesta patria. Esta celebración nacional es el gatillo de una crítica que sobrepasa la localidad, como afirma Scarabelli, ya que "propone dibujar un poderoso fresco de las complejas relaciones de subalternidad y poder, de construcción de la alteridad e intervención de Estados Unidos sobre los 'cuerpos' de sus ciudadanos que se da tanto en Chile como en todas las latitudes de América Latina" (2018, 144).

La obra está estructurada en capítulos breves. El tiempo es imperceptible o se ha detenido en los cuerpos de estas mujeres bicentenarias que no responden a los tratamientos que la medicina y la ciencia les aplican con una ferocidad obsesiva, es "el castigo interminable de un territorio que me saca la sangre, me saca la sangre, me saca la sangre. Que me saca la sangre" (Eltit 2010, 80). En los pasillos de ese hospital-nación, deambulan dos mujeres bicentenarias, una madre y una hija, que no responden a las prescripciones que, casi con ensañamiento, les aplican los médicos de turno. Ahora ya no encontramos a esos seres y espacios marginales como L.Iluminada de *Lumpérica* o Coya/Coa, la protagonista, reina-inca de la barriada coa de *Por la patria*, sino más bien con personajes que están atrofiados dentro de un sistema de biopoder que intenta normalizar esos cuerpos anormales[34]. Los cuerpos previamente analizados sometidos a la tortura, como de Coya/Coa o la autolaceración de L.Iluminada, ahora se convierten en cuerpos al servicio de un sistema moderno y tecnologizado. En este lugar de saneamiento se pretende configurar a estos sujetos dentro de parámetros tradicionales y racionales para convertirlos en exhibición del bio-poder.

El espacio del recinto hospitalario es una alegoría de la patria o la nación donde dos mujeres bicentenarias se movilizan marginalmente mientras "[l]a patria se ríe (con carcajadas ominosas) ante nuestras heridas históricas que no cesan de sangrar y la nación no va a reconocer nunca la magnitud de las infecciones que se deslizan por los metales de las camas" (186). La intención de la nación es intensificar las técnicas disciplinarias para penetrar en la cotidianidad de los ciudadanos "enfermos". Los doscientos años representan la historia patria de este cuerpo que deambula por el hospital-nación que tiene como finalidad curar estos cuerpos rebeldes. El hegemónico hospital-nación mantiene el

---

[34] "La política penetra directamente en la vida, pero entretanto la vida se ha vuelto algo distinto de sí misma. Y entonces, si no existe una vida natural que no sea, a la vez, también técnica; si la relación de dos entre *bíos* y *zoé* debe, a esta altura, incluir a la *téchne* como tercer término correlacionado, o tal vez debió incluirlo desde siempre, ¿cómo hipotetizar una relación exclusiva entre vida y política" (Esposito 2006a, 25).

sistema a través de su funcionario principal, el médico, "blanco, frío, metálico, constante" (13) quien representa un poder técnico especializado en la "inmunización" que conecta la vida con el derecho que "alude a la exención temporal o definitiva de un sujeto respecto de determinadas obligaciones o responsabilidades que rigen normalmente para los demás" (Esposito 2006a, 73) que intenta regular los cuerpos de los pacientes que no son reconocidos como personas, sino como objetos de estudio: "El médico primero o el médico fundador (del territorio) [...] quiso que naciéramos (él tenía el poder o la gracia de permitir la vida y decidir la muerte) para favorecerse a sí mismo e imponer antes que nada su presencia médica [...]" (Eltit 2010, 25), por lo tanto, representa "una figura literaria que encarna el saber técnico, la clase dominante, el derecho absoluto de disponer de los cuerpos de quienes han buscado cura a sus males" (Rojas 2012, 214).

Cuando hablamos de territorio, nos referimos a ese espacio físico y geográfico en que los cuerpos transitan y se desenvuelven, el lugar en que se crean las identidades, por ello, depende de las articulaciones entre el sujeto político y el lugar. En esta novela, el hospital aparece como un espacio público, pero también se puede entender como privado, ya que corresponde al "hogar" de las mujeres bicentenarias. Este espacio alberga al individuo en su forma más aislada, personal y solitaria, ya que no se destina a la reunión o el encuentro, al contrario, anula dicha posibilidad. En segundo lugar, el hospital se abre a la nación o la patria, porque se entiende como una doble articulación, ya que provoca múltiples significaciones: "Dos mujeres solas, ancianas, condenadas a vivir en el hospital, a caminar por los pasillos de la patria o de la nación, dos enfermas que se desplazaban por un pedacito de pasillo nacional, mientras esquivaban la ansiedad de los fans" (Eltit 2010, 77). Por ello que este espacio contiene las fracturas haciendo que en la vigilancia e intervención de los cuerpos encuentren un punto ciego que permita el desorden y el descontrol de los órganos de las bicentenarias. Sus cuerpos entonces se materializan en diferentes alternativas de poder y fisuras que construyen un cuerpo historizado que contiene las cicatrices y heridas de la historia en donde "cuántos secretos después de una infinidad de tiempo, un tiempo impresionante que puede leerse desde nuestros órganos (siempre colonizados, nunca independientes)" (121).

De este modo, hemos observado de qué manera la conformación de la identidad de un lugar se atiene al dinamismo de las relaciones internas; las subjetividades al interior de estos espacios se construyen en ese punto de intersección entre el espacio, el tiempo y el cuerpo. Por lo mismo, la plaza, el barrio, la casa, el útero, el hospital son espacios vigilados, pero permiten el desencadenamiento de las múltiples subjetividades que cuestionan esa misma vigilancia posibilitando el movimiento y la movilización[35] en el interior mismo. Su característica

---

[35] Por "movimiento" me refiero al desplazamiento corporal. Por movilización, a la irrupción social.

principal es que rompen con la dicotomía público/privado, ya que pueden ser públicos y abiertos, como la plaza, el barrio, el hospital, pero funcionan como espacios privados de albergue y cobijo: la plaza es la casa de L.Iluminada, el barrio es la gran familia marginal, el hospital es el hogar y la patria de las bicentenarias. Todos ellos son espacios simbólicos, ya que representan formas de poder y disciplinamiento, pero también contienen la fractura y la fuga. El movimiento de los cuerpos que lo habitan como aquello que impide la fijeza, se convierte en la única forma "real" de insubordinación a las diferentes formas de poder, ya sea el movimiento espacial, corporal y escritural, pues los personajes se mueven constantemente por medio de poses, frotaciones, signos y estilos. Nada permanece fijo y todo es inestable, provocando lo que Jacques Derrida llama la *solicitación*, como un "estremecimiento que tiene que ver con el todo" (1989, 13)[36]. Es precisamente esta solicitación la constante en todos los niveles de las obras de Eltit para que la rigidez, el canon, la norma sean parodiados por un devenir constante mediante el flujo y reflujo de poses, letras, cuerpos. El movimiento permanece, por lo tanto, todo es cambiante y se *re-hace* para provocar la fractura en la superficie lisa de los lugares y de los cuerpos. Esta fractura también es movible, ya que se ramifica hasta la letra y la página, provocando en la línea continua de la frase y su sintaxis, un atentado al cuerpo impoluto para mostrar que "el terror y el deseo de la propia blancura y sanidad se manifieste como errata" (Eltit 1983, 16). Es necesario destacar que esta errata no es sobre cualquier cuerpo, es sobre residuos de cuerpos que intentan hacerse espacio en un contexto desencajado porque conforman subjetividades que permanecen en constante crisis, ya que contienen en su estructura, en su composición misma, la grieta que permitirá su fractura.

---

[36] De "sollus", en latín arcaico: "el todo" y "citare", empujar; es decir "hacer temblar en su totalidad" o "estremecer mediante un estremecimiento que tiene que ver con el todo".

II

# Subjetividades marginales y la comunidad desobrada

*No me quejo de todo porque te has perdido cosas lindas aquí;*
*el honor, el orgullo y el hábito que cada día nos apunten,*
*como si de nosotros, por nosotros no más, estuviera de acabo el mundo.*
*La maldad nuestra es ahora inconmensurable.*

Diamela Eltit, *Por la patria.*

En sus cuadernos personales, José Donoso escribe: "Edmundo Palacios me habló de los sitiales de una catedral en España [...] que por la parte de los asientos muestra un mundo angélico y santo, y por el revés, escondido de todos los ojos, y recién descubierto, un mundo totalmente demoníaco" (1951–1967, folio 26). Esta imagen es una de las inspiraciones de los personajes donosianos como la Peta Ponce, el Mudito, las viejas, ya que son el reverso de un poder luminoso que se encuentra solapado, escondido en los oscuros rincones de las casas, en los estrechos pasajes de las ciudades... en una fractura del inconsciente. La ciudad que intenta homogeneizar a los sujetos mediante la mercancía, escondiendo la otra faceta de estos otros ciudadanos que se toman los espacios desde otras formas de habitar; siempre están al acecho y reaparecen a lo largo de la historia, por más que se intente clasificarlos, esconderlos o encerrarlos. Estamos hablando no de aquellos personajes que se ubican al margen por su "naturaleza subalterna" provocando un sentimiento de piedad paternalista, como ocurría

---

**Cómo citar esta parte:**
Barrientos, M. 2019. *La pulsión comunitaria en la obra de Diamela Eltit.* Pp. 51–55. Pittsburgh, Estados Unidos: Latin American Research Commons. DOI: https://doi.org/10.25154/book1.f. Licencia: CC-BY-NC 4.0

con aquellas novelas del realismo de fines del siglo XIX, sino de aquellos sujetos que por decisión propia habitan esos márgenes y se definen desde ellos.

En una entrevista con Michael Lazzara, Diamela Eltit se pregunta: "¿Cómo tratar de limar, hasta donde se pueda, todo este proyecto burgués que intenta modelar de una manera asimétrica al sujeto popular?" (2017, 245). El problema entonces radica en cómo representar al sujeto subordinado, marginal, periférico, desde su localización misma y no desde una mirada paternalista o a partir del concepto de "el otro". La marginalidad atravesada por la violencia, la transgresión, la psicosis y la desintegración de la sociedad, son algunos de los temas transversales en la obra de Eltit, donde la intención es eliminar la mirada desde el centro para hablar de aquellos que habitan (en) el margen. Por ello cabe preguntarse ¿de qué forma surgen estas nuevas figuras de discurso, de "hacer hablar" en la obra de Eltit? Algunas formas, las que veremos en este capítulo, surgen asociadas al sujeto de la enunciación, a su identidad social, cultural, psicológica y biográfica, donde los personajes son también narradores que se instalan sobre la ruina del sujeto, del discurso y del relato. Son subjetividades —voz y cuerpo— que trascienden los espacios que habitan y que abren, desde este paisaje ruinoso, intersticios de nuevas formas de sentido comunitario desde la precariedad y los bordes de la literatura.

Hemos afirmado que para Jean-Luc Nancy, la comunidad es entendida no como algo que se comparte, no como un "ser-en-común" sino como un "estar-en-común", es decir, ser parte, pero con diferentes individualidades: "La comunidad es lo que tiene lugar siempre a través del otro y para el otro. No es el espacio de los "mí-mismos" [...] sino aquel de los *yoes*, que son siempre otros (o bien no son nada)" (2000, 35). Entonces la "comunidad" es un "estar-en-común" que no tiene un valor en sí, ya que no es algo deseado o perdido, ya que la mera existencia solo tiene que ser "compartida", de lo contrario, no hay existencia. Se trata de entender la comunidad en su forma más pura y no bajo una esencia, sino el estar-en-común con el otro donde debe revalorizarse constantemente esa misma relación que no es un valor primordial o primigenio. Nancy afirma que *estar-en-común* es ser *plural/singular*, un lugar donde la inclinación hacia el otro[37] se produce no por sus características en común, sino por lo que les falta, lo que carecen. Así, ser es exponerse y estar abierto al otro, es un co-estar donde los sujetos singulares "comparecen" en un espacio en común la experiencia de la propia radicalidad, pero esta comparecencia no tiene como finalidad una obra, sino "desobrar" esa obra que se creía inmutable porque la exposición produce la desgarradura al exponer nuestra finitud y reconocer que no hay destino, obra o proyecto, sino "estar-en-común" dentro de un espacio específico.

---

[37] Nancy llama a esta inclinación "clinamen": "No hace falta un mundo con simples átomos. Es necesario un *clinamen*. Hace falta una inclinación o una disposición del uno hacia el otro, del uno por el otro o del uno al otro. La comunidad es al menos el *clinamen* del "individuo" (2001, 17).

Para Nancy la comunidad *es* lugar, ya que es en un lugar desde donde compareceremos y nos exponemos al otro. Sin embargo, es necesario recordar que este espacio, como lo vimos en la Introducción, no está construido armónicamente sino que está intervenido, abierto y dislocado, por lo que se convierten en espacios móviles (Massey) de circulación y traslación donde el tiempo deja de ser lineal. Por lo tanto, para Nancy, al igual que Harvey y Massey, el espacio no es fijo, pero fija su mirada en el paso de un espacio a otro, es decir, en ese lugar que produce el "síncope" del cambio o movimiento. A esta apertura le llama "espaciamiento" que se produce por la *praxis*, es decir, la acción que provoca el cambio constante que nunca se convierte en obra. Entonces, si la comunidad *es* lugar por medio del espaciamiento o abertura, ¿cómo los espacios en Eltit se relacionan con el desobramiento de la comunidad? La comparecencia y el *climanen* nancyniano lo hallamos en todos los personajes de la obra de Eltit, ya que la pulsión comunitaria por el deseo de exposición frente al otro es una obsesión constante, pero es necesario situarnos nuevamente es esos espacios dislocados que analizamos previamente, y que están siendo ocupados por personajes marginales que también se encuentran fracturados, al igual que el espacio que habitan, y que comparecen en estos lugares desde su absoluto vacío.

Bajo estas premisas, debemos preguntarnos, ¿quién habla en la obra de Eltit y desde dónde? Ya sabemos que estamos frente a personajes precarios, por ello, la marginalidad es un tema fundamental que ha sido estudiado desde muchas perspectivas, principalmente en América Latina. Ahora bien, cuando decimos marginalidad ¿estamos hablando de sujetos pobres, sometidos, violentados, subalternos, populares? Muchos han sido los análisis de lo popular, marginal o subalterno desde el último tiempo, pero ha sido románticamente visto como una comunidad pura con afiliaciones folclóricas o indigenistas desde un análisis metafísico del pueblo y el espacio. Como muestra de ello, Néstor García Canclini plantea la "hibridación" entendida como "procesos socioculturales en los que estructuras o prácticas discretas, que existían en forma separada, se combinan para generar nuevas estructuras, objetos y prácticas" (2001, 14). Para el autor, el capitalismo se apropia de las culturas tradicionales y las clases dominantes para desestructurarlas y refundarlas en un sistema de producción simbólica que responda a las lógicas del mercado, por lo que llamamos "culturas populares" es un carácter construido. En esta misma línea de análisis, el Grupo de Estudios Subalternos en los 90 se centra en "la cuestión latinoamericana" desde la academia norteamericana, declarando que los paradigmas de conocimiento social se habían relegado a una mirada elitista, por lo tanto, para representar la subalternidad en América Latina es necesario encontrar el espacio en blanco donde sujeto social y político pueda hablar desde los márgenes del estado (Beverley, Oviedo & Aronna 1995, 144). Por ello, John Beverley sostiene que el punto central del trabajo intelectual es la dificultad de representarlo en el discurso disciplinario y en la práctica dentro del mundo académico (2004, 1–20). Por último, la mirada poscolonial reconstruye el debate latinoamericano sobre lo "otro" y los márgenes desde una perspectiva de liberación eurocéntrica.

Santiago Castro-Gómez (1998) argumenta[38] que la "colonialidad del poder" en la sociedad moderna se refiere a estructuras de dominación de las poblaciones nativas de América Latina a partir del Descubrimiento[39] (58) que no solo las sometían físicamente sino que la finalidad principal era crear un "imaginario de blancura" (60), donde el "otro" conquistado sintiera la pulsión de ser/hacer(se) blanco, imaginario que más ha predominado en América Latina. Asimismo, en la etapa de la globalización y el post-fordismo, el autor plantea el concepto de "(pos)colonialidad del poder" (77) para referirse al "capital humano"[40] y no a los bienes materiales, como eje del capitalismo temprano. Se produce un cambio de representación del "otro" donde este no es visto a partir del paradigma moderno como "enemigo de la civilización" con rasgos de pasividad e indisciplina que habría que corregir. El "otro" ahora está segmentariamente incluido mediante una tolerancia "políticamente correcta", pero se le mantiene como un anecdótico objeto de estudio. El indígena, el mestizo y el latino forman parte del sistema, pero bajo la mirada científica, académica y empresarial. Según dichos enfoques acerca del "otro" y el sujeto marginal, todos coinciden al reducirlo a la situación de subordinación, ingresando al sistema productivo como elementos funcionales al servicio de las demandas y el desarrollo. Son subjetividades constantemente intervenidas por diferentes formas de disciplinamiento, técnicas y procedimientos que aseguran su "normal" desempeño en la sociedad, relegadas a los márgenes geográficos y simbólicos que los condenan a vivir en situaciones de precariedad económica, moral, física y psíquica.

Sin embargo, bajo la mirada académica de estos estudios, el sujeto ya no está solo en crisis, sino que es movible y fragmentario. Esta fragmentariedad se materializa en la construcción de la voz o las voces narrativas de los diferentes relatos. En este escenario ruinoso, el filósofo Paul Ricoeur (1996) intenta reconstruir un nuevo sujeto por medio de una nueva forma de subjetividad,[41]

---

[38] Sigue algunos argumentos de Said sobre el Orientalismo, pero modificados por Walter Mignolo y Aníbal Quijano acerca de la relación modernidad/colonialidad.

[39] En este punto es donde difiere del análisis de poder de Foucault ya que, para el pensador francés, las técnicas de poder, ya sea disciplinarias o biopolíticas, se inician después del siglo XVIII. Castro-Gómez afirma que durante el Descubrimiento "No se trataba tan solo de someter militarmente a los indígenas y destruirlos por la fuerza sino de *transformar su alma*, de lograr que cambiaran radicalmente sus formas tradicionales de conocer el mundo y de conocerse a sí mismos, adoptando como propio el universo cognitivo del colonizador" (1998, 58).

[40] "La promoción de los conocimientos, aptitudes y experiencias que convierten a un actor social en sujeto económicamente productivo" (1998, 80).

[41] Para el pensador, el sujeto está quebrado y sin un anclaje producto de la exaltación del *cogito* cartesiano como sentido final de la realidad y de la muerte de Dios de Nietzsche. "Intelectual o no, ningún ser humano viviente en Occidente de fin del siglo XX escapa a esta angustia de pérdida de todo sentido, al desvanecimiento de la vida privada, de la capacidad de ser Sujeto, por obra de las propagandas y publicidades, por la degradación de la sociedad en masas y del amor en placer ¿Podemos vivir sin Dios?" (Jameson 1995).

y para ello señala "la supremacía de la mediación reflexiva sobre la posición inmediata del sujeto" (XI) diferenciando dos nociones de identidad: la identidad-*idem*, parte sustantiva de la identidad que corresponde a los atributos concretos de una persona y que permanece en el tiempo; y la identidad-*ipse*, que configura el "yo" por medio de la narración (ser uno mismo), pero también en relación a "otro" (él mismo). La tesis se centra en el *ipse* "como el otro" asociado a "sí mismo" como una complementariedad, no solo comparativa —el "como"— sino de implicación interlocutora de "sí mismo en cuanto a otro". Este nuevo enfoque propone una subjetividad que construye un discurso y se autodesigna como locutor que puede narrar y accionar en la historia creando su propia identidad para hacerse responsable de sus acciones en ese contexto. Esta nueva subjetividad es interesante para nuestro análisis, ya que desmonta la separación entre un sujeto de la enunciación y del enunciado como entidades diferentes. Ahora el sujeto narra, actúa, se construye como otro y, lo más importante, asume responsabilidad respecto a las acciones, es decir, tiene conciencia política. La identidad personal y narrativa son fundamentales, ya que no se ajustan a la primera persona del singular, sino que recurre a una mediación reflexiva que se interesa por todas las voces del discurso. La identidad narrativa se basa, por lo tanto, en la diferencia entre estas dos identidades por medio de la interlocución con el otro que se configura en la estructura de una narración permeable que debe admitir los cambios constitutivos de la identidad.

La mirada hacia las subjetividades marginales en las novelas de Eltit intenta una lectura en ese intersticio donde los sujetos, sus cuerpos y sus energías estéticas se perciben profundamente politizados y provocan un quiebre epistémico con la ubicuidad y la experiencia de lo que se ha concebido como marginal o periférico. Además, sin querer generalizar, no todos los personajes que habitan el borde, sufren de problemas económicos o son perseguidos. Por esto que hablaremos de "marginalidades" en plural, para referirnos no solo a la ubicación en el borde social, sino también a una "pulsión de marginalidad" que poseen.

Retomando la pregunta que hicimos en un comienzo ¿qué identidad social tienen los sujetos de enunciación en las obras de Eltit bajo este escenario fragmentario, pero siempre tensionado por las relaciones de poder? Podemos decir que los narradores-personajes son todos sujetos populares que, a diferencia de los personajes definidos como subalternos, no son vidas ejemplares, no son portadores de una "verdad" que merezca ser contada; más bien son personajes perversos sujetos a un sistema de dominación que se construyen bajo la forma de la marginalidad extrema, en relación directa con los lugares que habitan. En este capítulo nos ocuparemos de las subjetividades en las obras de Diamela Eltit y de qué forma se insertan en estos espacios movibles y fisurados que hemos analizado dentro de esta experiencia común y compartida de la marginalidad.

CAPÍTULO 1

# *Zonas de dolor* o la comunidad periférica

Una de las características más importantes de la obra de Eltit es el carácter exhibicionista que hace a los personajes presentarse y representarse ante un público-lector y tener conciencia que es una representación. Por esto que la obra de Diamela Eltit tiene como denominador común su carácter performativo, ya que no solo es la representación de un espectáculo o exhibición de personajes en el plano narrativo, sino también un discurso que se excede del lenguaje para llevarlo al plano corporal en escenarios de la periferia. Los personajes, por medio de una performance, muestran orgullosamente las heridas auto inferidas en el proceso de subjetivación, es decir, en la búsqueda de algún punto de fuga donde el cuerpo y el texto se tornan fragmentados y abyectos, ya que son cuerpos autoflagelados, sudacas, incestuosos, lacerados y fragmentados.

La performatividad es uno de los ejes principales en la obra de Eltit, como se observa en sus primeras acciones de arte conocidas como *Zonas de dolor*, que Diamela Eltit elaboró en la década de los 80. En las *Zonas* observamos la exposición de un cuerpo que se convierte en espacio crítico que elabora de la puesta en escena de la exhibición de cuerpos heridos una postura no solo artística o estética sino también política. En una entrevista acerca de esta acción de arte, Diamela Eltit afirma: "Mi performática es una forma de estetizar la escritura. Nunca he estado fuera de esto que la escritura tiene, por lo tanto, es natural. Por otro lado, es la construcción de una escena que se va deshaciendo, es una zona de riesgo" (Barrientos 2017b, 29).

La periferia de Santiago es el espacio y el lugar en el cual se desarrolla esta acción, acompañada por los habitantes de esta periferia que observan o participan como invitados importantes en la escena. Así, para ser testigos de esta performance, debemos evitar la mirada victimizada que generalmente se le ha

---

**Cómo citar este capítulo:**
Barrientos, M. 2019. *La pulsión comunitaria en la obra de Diamela Eltit.* Pp. 57–67. Pittsburgh, Estados Unidos: Latin American Research Commons. DOI: https://doi.org/10.25154/book1.g. Licencia: CC-BY-NC 4.0

otorgado a esta acción de arte[42] y proponer observarla desde la acción, es decir, de ser espectador de esa acción misma que abre la posibilidad de sacar al observador de la pasividad que clásicamente lo ha definido.

*Zonas de dolor* es un trabajo realizado en paralelo al Colectivo Acciones de Arte (CADA), pero no ha tenido la misma recepción crítica, ya que existen pocas referencias de esta performance. Nelly Richard, en *Márgenes e Instituciones* (2007), texto fundador de la Escena de Avanzada que incluye al CADA, le otorga solo una pequeña mención en el capítulo "Las retóricas del cuerpo", donde enlaza el trabajo de Raúl Zurita con el de Eltit llamándolos "contenidos concretos del dolor", afirmando que es "una práctica abnegatoria de identidad que apunta a la comunidad nacional como substrato mítico" (2007, 82) basado en una subjetividad sacrificial que apela al dolor como forma de acercamiento que une lo individual con lo colectivo por medio de la tradición primitiva de los sacrificios comunitarios. Por otro lado, Robert Neustadt es uno de los primeros críticos que rescata este trabajo elaborando una lectura desde *Lumpérica* para leer desde allí los referentes de "Maipú", afirma que "It is crucial to interpret Eltit performatively —to read not only what she 'says' but what her work 'does'" (1999, xvi) por medio de la técnica del *mise en abyme*.

*Zonas de dolor* es un trabajo personal, mucho más íntimo que tenía como intención salir a la calle a recoger cierta "energía cultural y artística y estética" (Morales 1998, 164) donde también tiene su primer encuentro con el Padre Mío. Este trabajo todavía un poco desconocido dentro de las obras de Eltit se caracteriza por incluir fotografía, música y video, con una duración aproximada de tres a cinco minutos, grabado por Lotty Rosenfeld y editado por la misma Eltit (164–171). El uso del video fue novedoso y cumple la función de registrar "una situación de arte efectuada en y sobre la realidad" (Neustadt 2012, s/n)[43] Por lo tanto, no se intenta documentar, sino construir, por lo que "una totalidad (video-obra) pasa a ser fragmento de otra obra no solo como cita, sino como presente del presente de ese trabajo" (s/n). De esta forma, la acción de arte no tiene un fin representacional, sino que son fragmentos que se unen para crear un todo que se desintegrará posteriormente.

Otra obra poco conocida de Eltit fue recogida en *Dos guiones* (2017a), gracias a la editorial Sangría. En este texto se recogen dos guiones escrito por Eltit que fueron pensado para teatro o cortometraje y fueron llevados a la pantalla como videoinstalación por Lotty Rosenfeld. Uno de ellos se titula *Cuenta regresiva*

---

[42] Mara Polgovsky (2012) elabora una lectura basada en la crítica al cristianismo: "I therefore revisit Eltit's *Zonas de dolor* in order to problematise these interpretation by interrogating the gesture of self-sacrifice in the light of the dissident Christian tradition of mysticism and its possible rendering into a practice of parody" (518).

[43] "La función del video", texto fotocopiado y repartido en la Bienal de Video 1980, Instituto Chileno Francés de Cultura (Neustadt 2012).

(2006),[44] llamada por Eltit como "La invitación, el instructivo" y escrita en el 2000 mientras residía en Argentina. En esta instalación, Eltit ingresa al terreno de "la memoria trágica, aquella anclada en las víctimas de la dictadura chilena" (Eltit 2017b, 37). La trama de esta tragedia nos vuelve la memoria de nuestros muertos en la dictadura y la búsqueda de los nombres. La invitación a la cena es recibida con horror pero no se puede eludir, ya que deben asistir porque han recibido una orden directa de hacerlo "con las manos limpias y vestimentas impecables, sentarse en el asiento que se les ha asignado y no hacer el menor comentario" (24). Aunque los personajes se niegan alegando enfermedad, son obligados por el Hombre 2 y el Hombre 3 a punta de amenazas e insultos, recordando las sesiones de tortura durante la dictadura. Los nombres no se conocen, solo se habla de los nombres, los nombres, los nombres, mientras la Mujer 1 se orina de pie reiteradamente, de miedo, de rabia, de impotencia por la serie de trámites que le impiden llegar a los nombres. Es una obra que, a pesar de mantener la memoria viva para nunca olvidar, también es presente, ya que "Al interior de la ilusión proyectada en la pantalla hay otras pantallas donde se proyectan hitos que se relacionan con la historia de Chile y que anclan —al igual que el lenguaje— a esos personajes anónimos a una historia común" (De los Ríos 2009, 267).

La otra obra es *¿Quién viene con Nelson Torres?* (2001)[45] y se presentó en el Museo de Arte Contemporáneo de Santiago en 2001. El guion fue escrito por Eltit en 1985 como una práctica literaria: "Una obra que viajaba desde lo prelingüístico hasta el aprendizaje y la inclusión social, pero que también escenificaba lo opaco y la estela represiva de la pasión por clasificar, dominar y, especialmente, la necesidad de generar normativas naturalizadas a partir de la 'verdad' de las codificaciones" (Eltit 2017c). El cortometraje recoge personajes marginales como Nelson Torres, un joven adicto al neoprén y su madre, junto con fragmentos de una bailarina nudista ya mayor, imágenes de saqueos, segmentos de la ecografía de una mujer en estado de embarazo avanzado, una mujer sorda que lee frente a un micrófono fragmentos de *Kaspar* de Peter Handke.

En estas dos obras-instalaciones y en *Zonas de dolor* nos encontramos con piezas de videos de montaje artesanal donde la fragmentación es precisamente el hilo conductor de una obra mayor. En *Zonas de dolor*, al ser una de las primeras instalaciones, podemos ver el inicio de lo que será la puesta crítica, teórica y estética que Diamela Eltit desarrollará hasta hoy desde diferentes formas de exhibición de esa parte de la realidad que no desea ser mimética, sino creativa. Por lo tanto, estamos frente a una acción de arte en dos niveles: la acción misma en la calle y la elaboración del video testimonio como una obra en devenir. *Zonas* corresponde a la acción de arte realizada en 1980,[46] llamada tam-

---

[44] La obra se encuentra en el siguiente enlace: https://vimeo.com/46079010.
[45] Se puede ver en el siguiente enlace: https://vimeo.com/46068776.
[46] Se puede acceder a parte del video en Hemispheric Institute. Digital Video Library. New York University: https://bit.ly/2K4NeQ8.

bién "Maipú", donde Eltit elabora una performance en prostíbulos de barrios marginales mientras lee "De su proyecto de olvido", fragmento de *Lumpérica*, que en ese entonces estaba en proceso de creación. Posteriormente hay una segunda parte que corresponde a la acción de arte del año 1982 llamada "Trabajo de amor con un asilado de la Hospedería de Santiago", conocida como "El beso". Frente a estas acciones, nos preguntamos: ¿de qué forma contribuyen al proceso de formación de una subjetividad que se resiste políticamente a la individualidad y deviene comunitario? Es importante advertir que la dictadura como contexto de la época es importante, pero las *Zonas de dolor* exceden ese horroroso momento para cuestionar no solo la dictadura en Chile, sino toda forma de autoritarismo. La pregunta se dirige, por lo tanto, a la relación entre dolor y lenguaje, el cuerpo textual, la estética de la marginalidad y el sentido comunitario como una posición política de "hacerse en las periferias". Lo que observamos en *Zonas de dolor* son rostros marginales y un espacio residual que otorga un encuadre al paisaje derruido, pero también la concentración de sus rostros, la cooperación entre ellos y un lenguaje visual neobarroco donde ya no hay cabida para la victimización.

El ingreso al análisis lo haremos desde el concepto de *performances*, que es un término muy complejo debido a que la palabra no tiene una aceptación general y algunos prefieren usar el término *happening*, *live art*, acción de arte, *body art*, entre otros. Es un término ambiguo, pero se reconoce transversalmente que tiene como elemento primordial el comportamiento en vivo que puede surgir en cualquier lugar o cualquier momento. Diana Taylor entiende el performance, "como acción, va más allá de la representación, para complicar la distinción aristotélica entre la representación mimética y su referente 'real'" (2012, 9), afirmando que no se limita a la repetición mimética, sino que "incluye también la posibilidad de cambio, crítica y creatividad dentro de la repetición" (17). Las acciones de arte que realizó el CADA durante la dictadura tienen este componente político, pero *Zonas de dolor* problematizó mucho más la relación de personaje y autor. El fragmento seleccionado para ser leído, dificulta aún más esta división entre actor y personaje, ya que la actriz o "performancera", que es también la autora, se identifica con el personaje, L.Iluminada. La distancia entre autor/a, personaje y el narrador/a es grado cero, ya que está completamente anulada. La acción de arte se convierte en texto, pero en un texto que provoca, que actúa en sí mismo y que tiene al cuerpo como su materia prima. El cuerpo de Diamela Eltit (quien representa), de L.Iluminada (el personaje encarnado), de L.Iluminada (personaje de la obra escrita) y diamela eltit (personaje invocado y autor/a implícita), rompen precisamente con las distancias entre el sujeto de la enunciación y el sujeto del enunciado que habíamos visto en *Lumpérica* y también *El cuarto mundo*. Diana Taylor también destaca que el performance "viene a constituir una provocación y un acto político casi por definición, aunque lo político se entienda más como postura de ruptura y desafío que como posición ideológica o dogma" (7). Es este punto de quiebre, esta exacerbación de las voces, actores y personajes que mezclan y confunden acción de arte y texto lo que produce el acto político, no como dogma sino como desafío y ruptura que, restando propiamente la acción, nos deja con lo sensible. Lo poético provoca una hendidura en esa puesta en escena que es la distancia necesaria de la que nos habla Jacques Rancière (2010) y permite que el espectador emancipado se convierta en un sujeto activo. Y es aquí, en este punto, donde se encuentra la parodia en la construcción estética de la escena, ya que sus rostros no producen lástima, sino indignación frente a una injusticia para provocar la emancipación que Rancière propone para el espectador. Aquí mirar es también actuar, ya que al eliminar la mediación, el espectador se transforma en actor y el escenario se traslada a la calle. La performance, por lo tanto, se hace en el cuerpo que es su primera herramienta. En este sentido, la existencia carece de esencia, siendo el cuerpo el lugar donde dicha existencia acontece: "un cuerpo es estar expuesto. Y, para estar expuesto, hay que ser extenso" (Nancy 2003, 109), es decir, pensar la extensión en su tensión de modo que ser-cuerpo es una forma de estar en el mundo.

Siguiendo esta misma idea, Jacques Derrida (1998) plantea la performatividad del enunciado sobre los actos de habla de Austin, quien usaba este concepto para referirse a aquellos enunciados capaces de "hacer" cosas por medio de la misma palabra[47] que son capaces de producir un cambio en el contexto. Si bien los actos de habla coinciden con la función representativa del lenguaje, los performativos se asocian con la eficacia con que irrumpen en el contexto, provocando transformaciones. En esta irrupción, la acción no es posterior a la enunciación, sino que coincide con ella. Por ello, Derrida elabora una distinción entre el lenguaje común de la comunicación que constituye a los actos de habla con los usos de carácter "citacional" o "estéticas" de lo performativo, que serían los textos literarios y las representaciones teatrales excluidas por Austin porque no son comunicables. Derrida centra su atención en el carácter citacional o iterable porque cuenta con su propio significante:

> Un enunciado performativo podría ser un éxito si su formulación no repitiera un enunciado "codificado" o iterable, en otras palabras, si la fórmula que pronuncia para abrir una sesión, botar un barco o un matrimonio no fuera identificable como conforme a un modelo iterable, sino fuera identificable de alguna manera como "cita" (Derrida 1998, 368).

La relación entre iterabilidad y performatividad explicaría todo efecto de comunicación, toda producción de sentido y no solo la comunicación dialógica, sino aquello que no se habla, pero que produce ruido en la comunicación.

---

[47] Austin distingue tres formas de "actos": 1) acto locucionario, que es el acto de emitir los sonidos y las palabras. 2) acto ilocucionario, que asocia lo dicho con cierta fuerza convencional o fuerza ilocucionaria como, por ejemplo, preguntar, responder, informar, anunciar, etcétera, seguridad, advertir, anunciar un veredicto o un propósito), y 3) acto perlocucionario, que acto que se consigue decir algo. Cfr. Austin, *Cómo hacer cosas con palabras*.

Como habíamos descrito previamente, *Zonas de dolor* corresponde a una acción de arte realizada en prostíbulos de la comuna de Maipú, lo que también le otorga el nombre a la obra. El video está compuesto por lecturas en dos lugares diferentes que mantiene un formato similar. El primer video, que se encuentra en la web, contiene tres momentos; el primer momento se inicia con una fotografía en primer plano de un personaje similar al que aparece en *Lumpérica*, pero en colores. Inmediatamente la cámara se mueve hacia el cuerpo mostrando las manos y luego los pies con los cortes, deteniendo el movimiento para crear una pose. En este punto es donde existe la continuidad de la estética neobarroca que difumina los límites del arte desde el cuerpo a la página, desde el discurso a la imagen. Si *Lumpérica* narra el proceso de conformación de la obra por medio de un discurso que se abre con la fotografía en el capítulo "Ensayo General", en las *Zonas* nos encontramos con una obra donde el carácter visual predomina por sobre el lenguaje escrito. El video comienza con la fotografía del personaje y luego fragmentos de sus manos y pies cortados. Por ello, debemos cambiar la forma de observación de la imagen, ya que aquí se nos otorga la visibilidad de los textos que hemos leído, por ende, lo que nos invita la imagen es a ver no solo aquello que se expone, sino lo que también esconde. Para Nancy, la imagen da forma a algún fondo, a alguna presencia referida donde nada es presente, "la imagen separa, difiere, desea una presencia de esta procedencia del fondo según la cual, en el fondo, toda forma puede ser retenida o huida, originariamente escatológica, informe tanto como informulable" (2006a, 11), por lo tanto, la imagen es el efecto de un deseo, es la apertura que está unida al placer no como tensión, sino como alivio. Comienza con la imagen de ella sentada en lo que puede ser una escalinata o la acera, en un plano inclinado se toma el rostro que muestra una parte de la cara y la otra permanece en la oscuridad, la cámara baja y se detiene unos segundos creando un plano de detalle en las manos con los cortes que descansan sobre sus rodillas y posteriormente con otro plano de detalle baja a los pies descalzos. Lo que podemos ver en la pose no es precisamente la muestra del dolor provocado por las heridas, sino una imagen provocativa por el uso de la luz, ya que el ángulo tomado hacia el rostro es inclinado, por lo que muestra solo una parte del rostro mientras el otro permanece en la oscuridad. En este juego de luz y sombra, muy común de la estética barroca,[48] domina la luz artificial que ilumina lo que se quiere mostrar. Es una "luz conceptual porque, sin dejar de conformar la composición, potencia el mensaje del autor (Triadó-Tur, Viñal & Alonso 1999, 674). Este juego de claroscuro también lo vemos en la siguiente escena que muestra una proyección de la cara del personaje sobre las paredes externas de la localidad donde se realiza la acción de arte. El contraste de la luz en estas dos secuencias provoca una conmoción en el observador quien inmediatamente entiende que este juego de

---

[48] La luz en las realizaciones barrocas es un elemento primordial. El claroscuro se utiliza para "crear un foco de atención que inicia el recorrido visual" (Triadó-Tur, Viñal & Alonso 1999, 675).

Imagen 1. *Zonas de dolor*. 1980.

luz y sombra pretende iluminar algo que no habíamos visto antes, mientras la fealdad de la periferia permanece en el fondo, no con la intención de ocultar la pobreza, sino de iluminar esa fealdad para transformarla en una belleza marginal. Lo oscuro es el fondo del escenario donde, como lectores/observadores, debemos distinguir que existe en ese fondo que se extiende hacia fuera. Es lo que Nancy llama "la resonancia de las formas" (2006a, 13) que emergen como una especie de vibración que resuena en el silencio de esa noche oscura y que la imagen reivindica. Lo que observamos no es la imagen como representación, es decir, la pobreza, la carencia, la prostitución, sino esa resonancia que se ha movido hacia fuera junto con la cámara y que me "con-mueve" como espectador. Esta conmoción, que me mueve, es el placer de gozar de ese movimiento que me produjo en el momento de la observación donde el fondo surge y se disemina en diferentes formas y zonas, provocando ese "ruido de fondo". La cámara siempre está en movimiento, al igual que la cámara de *Lumpérica*, e inicia el recorrido con una vista panorámica del prostíbulo en la noche para hacer ingreso al interior del recinto.

Mientras la cámara no cesa su movimiento, en el fondo escuchamos una voz que recita un extracto de lo que puede ser la *Apología de Sócrates* porque habla acerca de las acusaciones de pervertir y depravar a los jóvenes. Es interesante que se haya seleccionado este fragmento para iniciar el video porque, recordemos, que Sócrates fue acusado de pervertir a los jóvenes y no creer en los dioses de la *polis*.

El segundo momento se inicia con una pausa en la voz mientras la cámara se centra en las manos con un plano de detalle para dar inicio a la lectura "De su proyecto de olvido" que pertenece al capítulo 4, "Para la formulación de una imagen en la literatura", en *Lumpérica*, donde la voz de L.Iluminada se encarna en el personaje de Eltit para conformar una "puesta en abismo" creando una relación especular entre el personaje de *Lumpérica* y la voz de su autora por medio de un símil corporal que en el video se centra en diferentes partes del cuerpo, destacando algún aspecto que se relaciona con la belleza de su singularidad, el entorno de la plaza y el placer:

> Sus dedos de los pies son a los míos gemelos en la hundida sobre el césped, en esa decoración a color en que el placer se manifiesta embozado. [...]
> Las plantas de sus pies son a mis plantas gemelas en su ocultamiento y en la resistencia, que aminorada por el césped, únicamente allí permite el roce diferido con la tierra. [...]
> Dilucidando el abandono, sus ojos son a los míos el sostenimiento de los pálidos que cruzan la plaza y que cuando ya no necesiten de sus ojos gemelos, conducirán a los suyos particulares hasta el mismo irreversible fracaso. [...] (Eltit 1983, 87–88).

Mientras continúa la lectura, la cámara, siempre en movimiento, elabora un contraste entre los observadores y oyentes que están atentos a la lectura y a Eltit que lee en forma apasionada sentada en una silla roja. El tercer momento es "la limpieza de la acera" mientras la voz de fondo continúa con la lectura, la cámara sale hacia la calle y Eltit comienza a limpiar la acera durante la noche mientras unos escasos transeúntes se cruzan en el fondo de la escena. En toda la escena hay dos elementos importantes, el claroscuro como soporte que otorga profundidad y hace surgir ese ruido del que hablamos anteriormente, y el movimiento de la cámara que es un pilar fundamental en toda la obra de Eltit. Por eso a *Zonas de dolor* no hay que entenderla dentro del encuadre de la imagen, sino del movimiento que hace desencuadrar sus zonas: la inclusión de la fotografía con los cortes, el montaje del video en las paredes, la voz extremadamente aguda, la limpieza en la noche silenciosa que contrasta con la voz de fondo. Todos estos elementos contienen los cortes imperceptibles que coinciden con la imagen que está siempre en movimiento y deja entrever lo escondido de la escena a través de esos mismos cortes que se exhiben en los brazos. Allí están nuevamente los pálidos, aquellos que permanecen en las periferias de la ciudad oyendo la voz aguda del personaje que contrasta con ese un silencio respetuoso. El trabajo cotidiano del prostíbulo ha sido trastocado por una acción que los saca, por un instante, de esa cotidianidad normalizada del uso comercial de sus cuerpos. El cuerpo que plantea Eltit en su lectura es personal, pero es el mismo de aquellos que la observan, que tienen uñas, dedos, manos, ojos, cintura, por lo tanto, son gemelos en esa conformación. Y es aquí donde encontramos la conjunción entre arte y vida.

Esta conjunción la vemos también en el cortometraje *¿Quién viene con Nelson Torres?* Nelson Torres y su madre fueron entrevistados por Eltit y algunos fragmentos se utilizan como testimonio de la madre sobre la adicción del hijo. En esta producción observamos la yuxtaposición de diferentes planos y sonidos sin un hilo conductor aparente. Cada cuadro funciona en forma independiente, unidos solo por la lectura de los fragmentos de la obra *Kaspar*,[49] por lo que la relación mimética estalla por completo dejando solo fragmentos residuales donde las imágenes del baile nudista, el testimonio de la madre, la mujer y el lenguaje de señas van creando un contrapunto con la música de fondo, el texto en coro de los fragmentos de *Kaspar* y los cambios de color de cada una de las escenas, produciendo lo que Patricia Rubio (2005) llama una estructura rizomática "que se genera y mantiene de acuerdo a los principios de conexión, heterogeneidad, multiplicidad y ruptura" (51).

Si la imagen es movimiento, quisiera hacer una "inversión de escena". En una segunda parte de *Zonas de dolor*, vemos otra lectura del mismo fragmento previamente trabajado, pero con algunos cambios que nos parecen muy interesantes por la calidad artesanal del montaje. La cámara muestra inmediatamente al público en primer plano por medio de un *travelling* de cada uno de los espectadores, mientras el personaje de Eltit lee el fragmento y de fondo escuchamos la canción "The Cold Song" de Klaus Nomi. En este video, el centro es un público más activo que interactúa entre ellos, incluso un niño se cruza en la cámara para sentarse en las faldas de un hombre que hace el gesto de hacerlo callar, mientras vemos claramente sus rostros, gestos y risas. La cámara solo se acerca a Eltit a través de un ángulo inclinado superior para exhibir la cabeza agachada mientras lee. El segundo momento es el lavado de la acera, pero a diferencia del video anterior en que Eltit se encontraba sola en la calle de noche y solo algunos transeúntes cruzaban por el fondo de la imagen, ahora no hay silencio, sino que escuchamos las conversaciones de los espectadores que preguntan, hablan y garabatean entre ellos, preocupados si el video gasta o no electricidad. Ya no están estos espectadores pálidos que escuchan respetuosos la lectura, sino son aquellos individuos que se comunican por medio de un lenguaje vulgar preocupados por detalles cotidianos, pero fundamentales en su vida diaria. La singularidad por contraste entre la lectora y el público se produce por lo que Nancy llama "ser singular plural", donde el "ser" tiene sentido en relación con el otro para hacer un "nosotros" sin un sentido en común. Es probable que la lectora no sepa de los problemas cotidianos de la gente, como tampoco la gente entienda qué se está leyendo, pero en ese momento de congregación, este "nosotros" conforma una comunidad que es singularmente plural o pluralmente singular: "Ser singular plural quiere decir: la esencia del ser es, y solo es, como coesencia" (Nancy 2006b, 46). Se trata entonces de pensarnos en modo

---

[49] Obra de Peter Handke estrenada en Frankfurt en 1968. Esta obra está inspirada en Kaspar Hauser, un joven abandonado que aparece repentinamente en una ciudad alemana, sin poder hablar ya que, al parecer, fue criado sin contacto con los humanos.

distinto a lo que se entiende por sujeto clásico, sino en nosotros de una forma paradójica, ya que ese "con" no significa buscar un sentido último a la comunidad, sino en la repartición de ese lugar común por medio de la cercanía de los cuerpos. El video muestra precisamente esas singularidades en común sin un fin teleológico, sino solo compartiendo un lugar en común en el momento en que se desarrolla la obra produciendo un corte en la cotidianidad plana, tanto de la lectora como de los espectadores, eso es lo único común entre ellos, el espacio compartido. Por esto, volvemos nuevamente a la idea de comunidad que Nancy nos plantea como "La comunidad de estar —y no el ser de la comunidad— de eso debe tratarse desde ahora. O si se prefiere: la comunidad de la existencia y no la esencia de la comunidad" (2001, 139). Se trata de pensar la comunidad como pura performatividad de su existencia, no como un dato que compruebe su existencia —raza, idea, oficio, etcétera— sino como la (ex) posición de su existencia:

> [La existencia] es "la mera posición" de la cosa. Allí el ser no es ni la sustancia ni la causa de la cosa, sino que es un ser-la-cosa donde el verbo "ser" posee el valor transitivo de un "poner", pero donde "poner" no pone sobre otra cosa (ni en virtud de otra cosa) que sobre (y en virtud de) el estar-ahí, el estar-arrojado, entregado, abandonado, ofrecido, de la existencia. (El ahí no es un suelo para la existencia, sino que su tener-lugar, su llegada, su venida, vale decir, también su diferencia, su retirada, su exceso, su excripción) (2001, 141).

Por ello, la comunidad que se forma en el momento de la lectura es desobrada porque expone y exhibe su cuerpo para tener una experiencia en ese espacio en común y momentáneo que es el prostíbulo, como afirma Eltit en una entrevista:

> Llegó bastante gente de ahí porque no solo era un prostíbulo, sino los vecinos que eran parte de ese espacio, era su espacio. No sé cómo, pero comenzaron a llegar y a llegar toda la gente de este barrio que era prostibulario, pero que era un lugar que les pertenecía, por lo tanto, no era raro que llegaran. A ellos los involucró el texto, el fragmento que se leyó (Barrientos 2017b, 28).

Esto es lo que propone *Zonas de dolor* al producir un corte —los mismos que presenta el personaje— en ese espacio que separa a los actores de los espectadores. El teatro es llevado a la calle, la casa, el prostíbulo, sin la mediación propia del drama clásico, pero para ello se necesita un cambio en la mirada del espectador. Rancière propone "enseñar a los espectadores los medios para cesar de ser espectadores y convertirse en agentes de una práctica colectiva" (2010, 15) que no sea la creación de una comunidad en sí, sino de transformar la vida en arte. Por ello, Eltit afirma: "Mis mejores 'performances' las he realizado en los espacios comunes, a través de gestos primarios o de complejas elaboraciones; como una caminata o el pestañeo perfecto, la levantada de una de mis manos, en la cruzada de mis piernas" (1982, 6). Se trata de producir una energía para la acción, pero fuera de la lógica de transmisión de un saber donde el sujeto, que es singular plural, traduce lo que observa para unirlo a su experiencia intelectual de vida que los vuelve semejantes a los otros, aunque perciban diferentes. Por ello nuestra propuesta de lectura a las *Zonas de dolor* se aleja de la mirada victimizada porque la Eltit, personaje del video, aunque corte sus brazos, no se puede equiparar a una víctima porque el dolor de la tortura es incomparable, incomunicable y sobrepasa al gesto de arte. Se trata de cambiar la mirada de esos cuerpos marginales —torturados, hambreados, abyectos, locos, deformes— hacia un cuerpo creador, con ideas y no a la víctima esclavizada por el sufrimiento como objeto de consumo. Alain Badiou (2007) propone separar la víctima al cuerpo herido de la víctima y llenarlo de su historia en forma activa al "ponerse de pie" y hacer de ese sufrimiento un acto de creación. *Zonas de dolor* convierte al espectador en actor dentro su propio entorno, haciendo que esos cuerpos que portan una idea se conviertan en un cuerpo político, porque son parte de la vida. Son cuerpos políticos como lugar de apertura y creatividad, no solo de sometimiento, ya que pudimos ver sus rostros, sus risas y sus placeres como actores y espectadores, como "personajes más humanos, más humanizados, en el sentido que no son gloriosos, pero tampoco vencidos, sino que están en el borde de todo: en el borde de la gloria, en el borde de estar vencidos" (Barrientos 2017b, 30).

CAPÍTULO 2

# "Una obra sudaca terrible y molesta"

La aproximación estética a los márgenes en la obra de Eltit se relaciona con la ubicación de los sujetos en la periferia de la ciudad. Son personajes que deambulan por las noches en una ciudad vigilada y asediada por mecanismos de poder. El correlato es la dictadura con sus prácticas de violencia extrema y los dispositivos de control y disciplinamiento de los cuerpos que intentan borrar cualquier forma de pensamiento contrario al sistema. El inicio de las políticas neoliberales activa el libre mercado creando una serie de necesidades antes desconocidas por los ciudadanos, pseudo-necesidades que les dirige y manipula el deseo. Así objetos, vestuario, tecnologías, como novedad o moda, comienzan a transformarse en la vara de medida del ser humano que, a su vez, se convierte en un ser alienado y regido por un sistema autónomo de consumo. A continuación, analizaremos algunos personajes en la obra de Eltit que alegorizan estas cualidades marginales, además de tener ciertos elementos en común, como el haber sido escritos durante la dictadura y habitar físicamente el margen: una plaza pública, el eriazo y el barrio marginal, un lugar de encierro. Los sujetos periféricos proceden de diferente raíz o condición, pero todos están cruzados por las diferentes "minorías" y responden a lo que se conoce como "clases populares". Son sujetos que se encuentran en el margen social y que deambulan por rutas urbanas construidas a la intemperie; se encuentran arrojados por su condición económica, social, sexual o subversiva frente a los haceres y poderes de un sistema que intenta someterlos y, a su vez, mantenerlos en este mismo margen.

En la historia de la literatura latinoamericana, los desposeídos han estado presentes como personajes en muchas obras, desde la figura del bandolero en *Facundo* de Sarmiento hasta la literatura indigenista con *Raza de bronce* de Arguedas, existe una tradición acerca de la representación del marginal en la literatura. El *ethos* particular de América Latina es el mestizaje, no solo racial sino también cultural que, siguiendo las raíces hacia sus inicios genéricos, se

---

**Cómo citar este capítulo:**
Barrientos, M. 2019. *La pulsión comunitaria en la obra de Diamela Eltit*. Pp. 69–76. Pittsburgh, Estados Unidos: Latin American Research Commons. DOI: https://doi.org/10.25154/book1.h. Licencia: CC-BY-NC 4.0

basa en la unión de la madre india y el padre español que conciben un hijo "huacho"[50] (Rodríguez 1985): "La noción de huacho se desprende de ese modelo de identidad, de ser hijo o hija ilegítimo, gravitará en nuestras sociedades —por lo menos los datos para Chile así parecen indicarlo— hasta nuestros días" (Montecino 1993, 50). Este sello de ilegitimidad tendrá como consecuencia la conformación de una identidad basada en la carencia de uno de los progenitores, generalmente el padre y, por ende, de apellido. Es por ello que la identidad latinoamericana se basa en esa carencia cuyas ramificaciones se hallan en una identidad que, por un lado, se identifica con el padre ausente (español) por medio del blanqueamiento (45), y por otro, con el mestizo que habita en los lupanares de la ciudad.

Bajo este escenario del "huacho" —hijo ilegítimo—, que ha sido marginado históricamente y que tiene el sello del vagabundaje, es desde donde resurgen los pálidos desarrapados de *Lumpérica* que se constituyen desde la periferia de la periferia. El frotamiento[51] con otros cuerpos es lo que permite una de las características más importantes de la protagonista: sus múltiples identidades. Los personajes son subjetividades que se construyen a retazos de una memoria ciudadana donde el lumperío de "vencidos en vencedores se convierten resaltantes en sus tonos morenos, adquiriendo en sus carnes una verdadera dimensión de belleza" (Eltit 1983, 13), provocando así la incomodidad en el centro mismo de la ciudad moderna. La exclusión en la plaza es lo que origina la trama, que es la búsqueda de un nombre propio y el intento de fijación de una identidad ciudadana, pero la desarrapada junto a los pálidos se apropia, o mejor dicho, se "toman" la plaza, por lo que la luz del luminoso que intenta definirlos es apropiada —tomada— por L.Iluminada: "Ella misma ha tomado su lugar, se va lentamente hasta su imagen y se pone bajo él para imprimirse" (31). Así desmonta el discurso del luminoso —cartel publicitario— para regocijarse ante esa luz, subvirtiéndose en una pluralidad de identidades que se confunde con los diferentes apodos que ella posee: la iluminada, la desarrapada, la lumpeniluminada, la rapada, la quemada, la mafiosa, etcétera; es una serie de nombres y de identidades, cambiando las leyes de la descendencia civil. El capítulo tres de la

---

[50] La palabra no tiene una grafía definida. Para Zorobabel Rodríguez en aimará *huajcha* que es huérfano; en quechua *huaccha*, pobre, huérfano y en araucano *huachu*, el hijo ilegítimo, los animales mansos, domesticados. Afirma que "las acepciones que damos a *guacho* guardan perfecta consonancia con las etimologías que acabamos de apuntar. Su significación más conocida, fundamental, por decirlo así, es *bastardo*: terrible palabra con que la sociedad echa en cara a los hijos el pecado de los padres" (1985, 235).

[51] El frote, el corte y la mutilación son las técnicas que usa L.Iluminada para provocar el quiebre a la norma, al sistema, a lo común, es decir, al poder. *Lumpérica* es una novela inaugural no solo porque es la primera, sino porque en ella encontramos todas las pautas que se profundizarán en las obras posteriores. Así estos atentados al cuerpo serán cualidades intrínsecas en las obras. Más adelante veremos cómo esos atentados producen el quiebre en la escritura.

novela transgrede completamente los límites de la identidad produciendo una serie de mutaciones animalescas: "muge en verdad como una vaca se recoge en sus marginaciones, la yegua se sosiega, la cosa que ha llegado a ser detiene en pleno [...] el árbol que la nutre, su hocico se refriega para alcanzar las ramas, mancha dirime su hocicada forma, marca la punta de pezuñas ritmo, enaltece el anca/se mama" (59). Estamos, por lo tanto, ante una exacerbación de la subjetividad que ha explosionado no solo la identidad personal, sino también la fisiológica, que goza de múltiples nombres, apodos y formas donde "cada uno es desmentido por su facha" (12). L.Iluminada se presenta vaciada de toda categoría de legitimidad calificable, moviéndose entre dos bordes, ya que el vacío producido por la carencia de nombre o identidad fija suscita un exceso de nombres, apodos y formas. Carencia y exceso hacen que L.Iluminada se presente de forma incierta, "sospechosa", frente al luminoso y frente a la cámara que intenta fijar su pose. Esta teatralidad de apariencias provoca un juego de representación en la plaza donde la protagonista, con el resto del lumpen, "reapropiados constituyen el escenario" (12), el boceto, el borrador bajo una luz fantasmagórica. Los personajes se mueven como una comunidad desobrada para mostrar todas sus formas posibles, hechos y deshechos como un ensayo premeditado para provocar constantemente "erratas conscientes" (102) y la pose se tenga que rehacer nuevamente.

Esta misma multiplicidad del sujeto aparece en forma dual en *Por la patria* y *El cuarto mundo*. Coya/Coa y los mellizos son personajes que, al igual que L.Iluminada, no aceptan una categorización de nombre, raza o género. Coya es Coa, es decir, reina india y reina del barrio periférico en *Por la patria*, mientras los mellizos destrozan el discurso que intenta atribuirles parámetros de género, ya sea literario o sexual en *El cuarto mundo*. Es por esto que en estas dos obras se agrega otro componente de la marginalidad que es "el estigma comunitario sudaca" para referirse a la categoría de lo latinoamericano. En ambas obras el término "sudaca", peyorativo de sudamericano, se utiliza para referirse al moreno o al mestizo recreando la dicotomía conquistador/conquistado en los personajes y en su forma de relacionarse con el poder. Recordemos que Montecino afirma que la cultura latinoamericana se basa en el mestizaje bajo la categoría del bastardo, donde "el problema de la ilegitimidad/bastardía atraviesa el orden social [...] transformándose en una marca definitoria del sujeto en la historia nacional" (1983, 45). Producto de esta ilegitimidad surge el "huacho", sin reconocimiento "cristiano" ni legal. Por esto en el imaginario mestizo latinoamericano surge el padre que se convierte en un sujeto colectivo representado por figuras masculinas del caudillo, el guerrero, el militar, que son una "presencia que llena el espacio que está afuera de la casa; pero que impone un hálito fantasmático de su imperio, aunque solo sea por evocación o visión fugaz" (33). Debido a este estado de vergüenza permanente, el mestizo sudaca optó por dos modalidades: blanquearse o "aindiarse", es decir, adoptar las "cualidades propias" del indígena, según el paradigma civilizador, que es ser borracho, porfiado, flojo y proclive a las "bajas pasiones". Es por ello que en las novelas se rescata este "llevar sangre india" porque se convierten en signo y símbolo de transgresión de una normativa civilizadora, masculina, blanca y europeizante.

En *Por la patria* encontramos una protagonista que intenta reconstruir una identidad por medio de una narración femenina latinoamericana mestiza y degradada. Es por ello que para algunos críticos, esta es la novela de la dictadura chilena, pero también una épica de resistencia a la Conquista, como afirma Sergio Rojas, porque "narra también la historia no contada de las clases populares, la historia imposible de América Latina" (2012, 63). Coya, reina indígena mestiza, se convierte en líder por una herencia autóctona que se intenta reinscribir políticamente por medio de lenguajes periféricos donde el coa, lenguaje marginal chileno utilizado en las cárceles, iniciará la explosión de la mala lengua: "Se levanta el coa, el lunfardo, el giria, el pachuco, el caló, calinche, slang, calao, replana. El argot se dispara y yo" (Eltit 2007b, 282), ya que el alzamiento de la mala lengua colectiva se produce para mostrar las dos marginalidades más representativas como son la femenina y la sudaca. El correlato de la novela es el golpe de Estado en Chile, pero también alude a la fundación del continente. En ambas acepciones se refiere a la violencia que la Conquista y el golpe propinaron a los habitantes, ya sea chilenos o latinoamericanos. Por ello, *Por la patria* es la novela de las clases pobres y populares que históricamente han resistido diferentes formas de violencia a lo largo de la historia.

El problema identitario de la protagonista, cruzado con la violencia, aparece en los inicios de la novela cuando afirma "Mi mami, mi padre / mi trío que soy machi" (16) donde se asume el carácter mestizo al celebrarse como machi que conlleva una superioridad dentro del grupo, por la responsabilidad de transmitir conocimientos a las generaciones futuras acerca de las prácticas de la comunidad. Coya es también madre, machi y generala que lidera a esta comunidad en la resistencia:

| Madre Generala | Coya |
|---|---|
| – ¿Ama? | – ¿Hampa? |
| – ¿En qué estilo? | – De lo mejor |
| – ¿Desde cuándo? | – De procreación |
| – ¿Quiénes intervienen? | – Madre, padre, ambos […] |
| – ¿Origen? | – Nobleza quechua |
| – ¿Nobleza quechua? | – decadencia aimará |
| – ¿Decadencia? | – Caída urbana |
| – ¿Urbana? | – De Coya a Coa (Eltit 2007b, 262). |

La protagonista elabora un itinerario de la violencia chilena y latinoamericana, identificándose con el sometido, el indígena y el marginal urbano. La violencia fundacional se homologa a la violencia del golpe en la mirada hacia los militares donde se describe el ingreso violento al barrio a través de la imagen del alacrán, un organismo que funciona contra su propia gente: "A través de la vela se multiplicaban los muchos alacranes viriles extenuados. Por encima de la mesa se movían subiendo, trepando los vasos y resbalando la superficie. ERAN OSCUROS, MORENOS, CHILENOS ESCURRIDIZOS Y TRAIDORES" (88). Esta tropa de "virilidad extenuada" marcha "copiando desenfrenadas potencias" que están "unidos por operación unitas criollas". Lo anterior tiene como referente la ayuda prestada por Estados Unidos al golpe militar cuando se encontraba la Operación Unitas en Chile. El sometimiento en que vive la gente del barrio cuenta con una extensión de poder que incluye la violencia, las armas, el dolor y la humillación, como lo afirma la narradora: "Con fecha agosto caen barriantes cesantes: uno, diez, quince expiran, 24, entre gañanes, mujeres y demás seres humanos y no hermanos en principio sanguíneo. Y la sangre sí, que roja, que muge, que moja, que toca y ya no se sabe si están heridos los salpicados" (155). La crueldad del hecho se resalta a través de la sangre de las víctimas, sangre roja "que muge y que moja" a hermanos no solo de sangre sino a una comunidad latinoamericana. Esta novela traspasa la violencia local de la dictadura chilena, ya que cruza la temporalidad para indagar en la fundación misma de la violencia en América Latina, alojada en los procesos de producción de subjetividad donde esta se normaliza. Coya narra la travesía de la violencia que se ha inscrito en su cuerpo, memoria de un continente que ha producido hijos catalogados como delincuentes:

> Han parido, han parido hasta el cansancio, hasta llegar a la perversión incestual como enamoradas, como engañadas, como enardecidas.
> Han emigrado:
> Portando, llevando en las espaldas los vástagos. Han cruzado altiplanos, cumbres moderadas, huyendo de la invasión y acurrucadas sobre los arenales con las piernas abiertas y la sangre: el niño, la niña bañada con agua fría en el río al alba [...]
> Reductas al fin pariendo y mezclando la sangre con blancura, cayendo siempre en la huida, al servicio necesario y civil: han opuesto a ustedes extranjeras arrogantes, insinuantes y banales [...]
> Tupidas, enrarecidas, habrán huido de nuevo de la reducción, acomodándose en el barrio la herida.
> El tajo del barrio y el surco que ustedes aran piernas abiertas y luto de la viudez repentina.
> De la nobleza perdida llegan al delito incipiente, paren:
> monreros
> cogoteros
> lanzas y escaperos (263).

En *El cuarto mundo* (1988), los personajes se presentan como una familia que reconoce y rinde homenaje a la estirpe sudaca. Ellos habitan, como en un cuarto mundo, los márgenes de una ciudad asediados de mendigos y pandillas. Los mellizos, en el primer capítulo, intentan mantenerse alejados de "esas" personas, pero la melliza, quien porta en su cuerpo la pulsión marginal, tiene su primer encuentro sexual con uno de ellos. El hermano, por su parte, describe a los sudacas afirmando que "su raíz popular formaba un cuerpo único, diseminado en distintos movimientos individuales. También era común entre ellos, precisamente, la eficacia de sus movimientos, muy acentuados en el límite de la provocación" (68). Poco a poco, esta familia que niega su origen irá reconociendo su condición comunitaria heredada del deseo, la violencia y el incesto. Esta pulsión sudaca de los hermanos es obtenida por la estirpe materna, que ya portaba en sus sueños la condición perversa. Recordemos que la caída de la familia se produce por la infidelidad de la madre, por lo que se encierran en la casa para ocultar la vergüenza del padre y el oprobio de una ciudad entera que se burla de ellos. El encierro gatilla el reconocimiento de su naturaleza hacia las perversiones propias de la raza y comunidad sudaca: "En ese tiempo atroz e inaugural la familia se permitió todos los excesos salvo la penumbra, que a mi hermana melliza la horrorizaba. Mantuvimos vigentes, neones candelas fluorescentes para espantar la oscuridad que podía arrastrarnos a prácticas solitarias censuradas por el orden" (79). Estas prácticas contrarias al orden se desarrollan en el segundo capítulo narrado por la hermana melliza después de la caída de la familia. Los mellizos siempre se sintieron atraídos hacia los sudacas por sus cuerpos sudorosos, sus idiomas extraños, sus olores, relacionándolo con lo prohibido y lo perverso. Es así como la segunda parte de la novela elabora un homenaje a la raza sudaca que tiene primacía y superioridad. Los personajes se someten a rituales para rendir culto a esta estirpe comunitaria perversa por medio de tres formas: el engendramiento, la danza y el sexo. Recordemos que, en esta parte de la novela, los mellizos, más la hermana menor llamada María de Alava, se han quedado solos en la casa rindiendo homenaje a la raza, mientras los padres han abandonado el hogar horrorizados por las perversiones de sus hijos. La hermana melliza espera un hijo de su hermano, María Chipia, quien se ha travestido en virgen (83). María de Alava juega un papel interesante en esta segunda parte, ya que no abandona el hogar, sino que se transforma en una especie de cuidadora del futuro bebé, una partera medio ciega que debe guiar a los remanentes de la familia. Se le describe con rasgos de guía espiritual, una especie de *machi* a quien se le confiesan los sueños y los dolores: "Decidí entregar a María de Alava la custodia del niño que acabábamos de gestar. Lo decidí en ese mismo instante original como ofrenda y perdón por las culpas familiares" (83). Así, la gestación del niño se produce por una razón sagrada y ritual, que es pagar las culpas de la familia, ya que el niño se engendra para ser una "obra sudaca terrible y molesta" (88) que esta familia brinda como ofrenda a la supremacía de la raza sudaca. Como digno ejemplo de su comunidad, el niño será un engendro, un ser físicamente anormal que contendrá todas las perversiones que la familia, como se ha vaticinado desde antes de su nacimiento:

(El niño venía ya horriblemente herido) (83).

(El niño venía con la paz cetrina de su mal semblante) (84).

(Supe que el niño venía con el cráneo hundido) (85).

María Chipia murmuró en mi oído que el niño nacería malformado (90).

Hacia el final de la obra, los hermanos quedan solos en la casa para la espera del nacimiento: "Lejos, en una casa abandonada a la fraternidad, entre un 7 y un 8 de abril, diamela eltit, asistida por su hermano mellizo, da a luz una niña. La niña sudaca irá a la venta" (128). El hijo profetizado ha nacido. Es una niña y es la novela que hemos estado leyendo. La gran obra monstruosa, gestada por el *alter ego* de la autora, diamela eltit (así con minúscula) viene a fracturar la narrativa oficial porque ha sido concebida por las perversiones de una familia que se siente orgullosa de su comunidad sudaca. El bebé, es decir, la novela, es el homenaje monstruoso que se rinde a esta raza. La monstruosidad se encuentra en la aparición de un lenguaje no oficial que circula por la ciudad, en la exaltación de los deseos reprimidos y en el carácter discursivo de esta "gran obra" que han gestado los hermanos.

La deformidad se constituye en la fractura corporal que estos personajes encarnan por medio de la monstruosidad que representa la resistencia y la transgresión en una sociedad disciplinaria, haciendo de la marginalidad una decisión política, una acción que incorporan en sus discursos y sus cuerpos. De ahí que estas figuras siempre provoquen un golpe a la mirada, ya que su apariencia estética y sus comportamientos sociales están completamente *anormalizados*. Con esto queremos afirmar que los personajes no son subordinados inactivos; ellos portan, en la conciencia de la subordinación, las herramientas que les permiten crear una grieta en ese sistema hegemónico que intenta marginalizarlos. El desafío a la organización social, la fisura al cuerpo y al lenguaje, el torcimiento de la lengua, son algunos de los puntos de fuga que utilizan para instaurarse porfiadamente en el escenario de la Historia por medio del orgullo sudaca. L.Iluminada, Coya/Coa y los mellizos son personajes que asumen su condición sudaca y crean una estirpe comunitaria desobrada que reniega del "blanqueamiento" fundamentando su poder precisamente en aquellos aspectos que la cultura oficial ha tratado de ocultar o invalidar: Coya utiliza los conocimientos ancestrales para sanar a su padre herido, L.Iluminada y los mellizos elaboran un ritual como homenaje a la comunidad marginal, perversa y desobrada. Por ello María Chipia afirma que "soy un digno sudaca, soy un digno sudaca" (87), porque la perversión, el maquillaje desgastado, el homenaje a través de la procreación, los erigen como orgullosos representantes de la comunidad sudaca. Por otro lado, Coya, digna reina indígena, y Coa, reina del lumpen, se alzan como representantes de un habla torcida indígena y marginal, completamente exiliada del habla oficial de las academias. Por ello, en la marginalidad social del barrio y de la ciudad, es donde se produce un traslado hacia una etapa superior: un nuevo circuito en la literatura. Se ha producido un quiebre en el juego de las relaciones de poder, ya que la comunidad desobrada a la que pertenece el mestizo y el sudaca no "blanqueado", no se la observa desde la perspectiva del desposeído o del que padece del poder, sino que se levanta desde su propio poder resaltando las cualidades mismas que se le han atribuido en forma repetitiva. Así, el poder es fisurado desde su interior con las mismas armas que este utiliza. El mestizo, el sudaca, el latinoamericano, han re-creado su propia resistencia y gozan dentro de las cualidades que posee: L.Iluminada desde la plaza pública vigilada, Coya/Coa dentro de la barriada logra ser "reina" y los mellizos realizan su gran "obra sudaca" terrible y molesta. La marginalidad se ha manifestado desde su centro, con todas las formas en que se puede representar: han producido una obra sudaca terrible y molesta.

CAPÍTULO 3

# Marginalidades precarias o anormales

Como hemos visto, los personajes de Eltit tienen como común denominador una errancia de la subjetividad que hace imposible elaborar una definición de cada uno de ellos. Si anteriormente observamos que existen personajes marginales porque habitan geográficamente la periferia y contienen una carencia principalmente económica, ahora veremos otros personajes que no necesariamente habitan el margen, pero observan otra forma de carencia más íntima y personal que los hace moverse a zonas límites. Llamaremos a estos personajes *marginalidades precarias* porque deambulan por zonas oscuras de una ciudad que se encuentra devastada. Por lo tanto, son personajes que aparentemente son normales pero improductivos, según la lógica del mercado, ya que han tomado la decisión de mantenerse en las sombras.

En *Marcos de guerra*, Judith Butler (2010) afirma que la guerra controla y potencia el efecto de las relaciones creando una distribución desigual o políticamente inducida de la precariedad, el cual compromete el estatuto ontológico de ciertos grupos, calificándolos como destructibles o no merecedores de "ser llorados". Aunque el contexto de este libro es el 9/11 en Estados Unidos, Chile tiene otro 9/11 que ocurrió muchos años antes y durante más de cuarenta años ha mantenido vidas en las sombras que no han podido "ser lloradas". Butler sostiene que se piensa que estas vidas pueden ser "destruibles" porque se les cataloga de "inhumanas", es decir, abyectamente amenazantes porque pueden ser objeto de un "borramiento radical" (183), porque allí no hubo vida, por lo tanto, no hay dolor. Así, los sujetos se construyen bajo normas de inteligibilidad socialmente instauradas y mantenidas por prácticas reguladas en función de su "iterabilidad y heterogeneidad" (17). Por ello, todo individuo está supeditado a diferentes normas de inteligibilidad, dependiendo de sus historias de vida. Cada ser humano se encuentra en un estado de "precariedad" que es lo que "implica vivir socialmente, es decir, el hecho de que nuestra vida esté siempre, en cierto modo, en manos de otro; e implica también estar expuesto tanto

---

**Cómo citar este capítulo:**
Barrientos, M. 2019. *La pulsión comunitaria en la obra de Diamela Eltit.* Pp. 77–86. Pittsburgh, Estados Unidos: Latin American Research Commons. DOI: https://doi.org/10.25154/book1.i. Licencia: CC-BY-NC 4.0

a quienes conocemos como a quienes no conocemos" (30). Eltit se refiere a esto cuando nos habla de la jerarquización de las víctimas en la dictadura, afirmando que "todos los órdenes sociales estaban afectados por una desigualdad que hería [...] aun en esos espacios límites existía esa misma mecánica de jerarquía" (2017b, 38). Estamos hablando de subjetividades que han perdido algo y los define una completa carencia y el desencanto de un futuro que nunca llegó.

Los períodos posdictatoriales en América Latina se manifiestan de tres formas: el duelo constante ante la crisis del desencanto, el duelo por los cuerpos desaparecidos y el duelo por el fracaso del proyecto anterior, en el caso chileno, por el proyecto de la Unidad Popular que fue borrado por el nuevo proyecto neoliberal de la dictadura (Avelar 2000). Francisca, el personaje principal de *Vaca sagrada* (1992), deambula junto a otros personajes por una ciudad oscura y peligrosa que refleja la incertidumbre del modelo histórico de una transición pactada. La novela refleja ese proceso de extravío de una imagen que se busca en los rincones más sórdidos de una ciudad que se presenta extraña y ajena. Francisca intenta la construcción de una identidad y de sus recuerdos por medio de la creación de un mapa de la ciudad, por lo que ella y la ciudad se constituyen como una sola forma:

> Desarmada, confundida, dejé atrás toda mi historia para reiniciar el aprendizaje del mapa de la ciudad, de los cuerpos en la ciudad, de los rostros. La antigua crisis de mi existencia perdió todo su aliciente. Convulsa, mis dudas se remitían en esos días, al peligro del afuera, al frío del afuera, a la noche, al evidente riesgo de las noches (31).

Esta cartografía de la ciudad es el punto de referencia de la narradora para reconocer su situación íntima (crisis, devastación), su ubicuidad (una ciudad caótica y fría) y su posición temporal (la noche), además de la relación con los otros personajes de la historia. La crisis desde donde se plantea Francisca (como narradora y personaje) se construye por medio de la movilidad,[52] por ello las relaciones amorosas rompen la dualidad por medio de triángulos que se van modificando y alterando como sucede con la narradora, Manuel, Ana y Sergio. Así, la narradora, confundida muchas veces con Francisca, busca a Manuel, o mejor dicho, busca el cuerpo de Manuel en otras relaciones que nunca prosperan. La novela es precisamente una narración de imágenes recordadas por una narradora que se encuentra en condiciones precarias frente a una ciudad extremadamente convulsa e inaprehensible. Son recuerdos de un pasado que se presentan como si fuera un presente, por medio de la lucha contra esos fantasmas que los asedian constantemente. Es una narración desoladora que muestra la resistencia ante la derrota impuesta

---

[52] Al estar conjugada con la ciudad, la principal característica del personaje es el movimiento como lo analizamos previamente.

por la realidad, en la cual la narradora se define desde el desamparo como alguien que sangra y miente mucho. Esta soledad que se materializa en el frío y el "corazón congelado" que siente constantemente: "Duermo, sueño, miento mucho. [...] Me acompaña a todas partes un ojo escalofriante que obstaculiza el ejercicio de mi mano asalariada. [...] Calentada apenas con un vaso de vino, ahora me pregunto: ¿En qué clase de derrumbe habré de sobrevivir a la crudeza de este invierno?" (11). Este párrafo al inicio de la novela contiene los miedos que marcan a la narradora como el ojo que la vigila y que siempre se encuentra presente, también se disemina en el miedo a la pérdida de la visión de la protagonista y a la obsesión con el ojo. Cuando conoce a la esposa de Manuel, su amante, ella observa que la mujer tiene una nube que cubre su ojo, pero también cuando Francisca es golpeada brutalmente "había sido herida la visión de uno de sus ojos" (36) hasta que al final de la novela, se afirma que "una bandada criminal y obsesiva se replegó en la línea del horizonte de mi ojo derecho, dividiéndome la retina" (183). Al miedo a la pérdida de la visión se une la persecución por una bandada de pájaros que vaticina la enfermedad y la muerte: "Fue una completa desintegración, con su cuerpo explotando por todos los poros. No había ni siquiera un pedacito de cuero que no estuviera tocado por la enfermedad, tan lenta, tan grave, con tanto odio [...] Una bandada, imaginé la bandada alejándose con la carroña atrapada entre sus poros" (69).

Desde esta crisis y sus miedos, la narradora comienza su viaje hacia los márgenes que la llevan al extremo geográfico del país, el Sur, específicamente Pucatrihue,[53] donde se encuentra detenido Manuel. El Sur se presenta como la promesa de paraíso que nunca se realiza, por lo que se convierte en el infierno que ella había previsto desde el inicio, ya que es allí donde es atacada por la bandada de pájaros, confirmando así que el "Sur no era más que el vuelo fatídico de los pájaros que a mis espaldas lucían un arma afilada" (183). Confirmado el desencanto por la falta de un lugar mejor que habitar, la narradora toma conciencia de su identidad urbana y de la herida constitutiva de su subjetividad. Es por esto que la sangre es el elemento principal que recorre la novela y une los cuerpos de los personajes, especialmente el de Francisca, la narradora protagonista, donde la sangre menstrual es expresión de la crisis. La sangre, por lo tanto, adquiere diferentes connotaciones: sangre de una herida, sangre de animal, sangre abortiva, pero siempre es el cuerpo de Francisca el que está en constante sangramiento para reafirmar su carácter femenino. Leonidas Morales (2000) afirma que el cuerpo en la narrativa de Eltit tiene dos dimensiones; por un lado, es un cuerpo metafórico de la escritura, y por otro, es un cuerpo sexuado que se encuentra en una crisis de identidad, pero que también se extiende como un cuerpo social, en este caso, es un cuerpo popular

---

[53] Caleta y balneario ubicado en la provincia de Osorno, en la X región de Los Lagos. En mapudungun significa "lugar ubicado en un sitio escarpado". Es un hermoso paisaje que mezcla aguas saladas del Pacífico con aguas dulces de río.

o sub-proletario. Es precisamente este cuerpo proletario el que aparece en el capítulo titulado "Diez noches de Francisca Lombardo", narrado en primera persona, en el cual la narradora relata su condición de "mano asalariada" bajo un sistema de trabajo completamente opresor y en pésimas condiciones. El personaje se dirige a un "tú" representado por la figura de un pájaro, que es una metonimia del poder que la ha castigado golpeándola hasta dejarle el rostro deforme. El pájaro y la bandada son una constante amenaza y representa además el poder masculino:

> Pero ahora estamos abrazados y creo desesperadamente en todo lo que me dices olvidando el odio de tu mirada matutina, esa mirada que tanto conozco, saliendo de tus ojos verdaderos a la hora de la siesta de tu pájaro asesino. Me río de ti esta noche y tu mano se levanta hasta mi rostro para golpearme con una fuerza desgarradoramente humana (Eltit 1992, 95).

Este capítulo es un resumen de los padecimientos de Francisca junto a este "pájaro asesino" desde los 20 a los 40 años, hasta que logra unirse a las trabajadoras que "caminan en línea recta y sangran por las narices" (115) con el puño en alto. Francisca acude a una fiesta donde encuentra a estas trabajadoras que "solicitaban habitaciones, salarios y contratos indefinidos. Un gran lienzo extendido en la sala decía: 'Haremos que nuestra solicitud sea legible para el país, un ejemplo ante el continente que seguirá a las trabajadoras tatuadas, unidas por la gráfica popular en el muslo'" (131). Las trabajadoras son descritas como cuerpos mestizos completamente maquillados que buscan desesperadamente una solución habitacional porque sus cuerpos chocan con las paredes. Estamos frente a un grupo de mujeres trabajadoras que demandan mejoras en sus viviendas porque sus cuerpos necesitan holgura y espacio. La protagonista, quien había permanecido por mucho tiempo cesante, siente que esas demandas le pertenecen, porque "entendí que era un hecho inevitable, nada era del todo personal y, a la vez, todo nos pertenecía. Adquirí la certeza del tatuaje" (133). De este modo, sangre, tatuaje y demandas salariales se unen en una triada en el cuerpo mismo de la protagonista quien exhibe su condición de mujer trabajadora sometida a la violencia masculina y laboral.

El pájaro maltratador de *Vaca sagrada* se convierte en una presencia ausente en *Los vigilantes* (1994) donde la madre de un niño incapacitado debe enviar cartas explicativas al padre. El modelo del panóptico necesita de un vigilante que observe sin ser observado y que esté constantemente fijando su mirada en aquellos que ocupan las habitaciones. En la novela, la vigilancia se representa por medio de una ausencia que solicita rigurosamente explicaciones detalladas del accionar de la familia y que obliga a la madre a escribirlas. Los lectores reconocemos en esta figura al destinatario de las cartas, el esposo y juez que deslegitima el universo materno para construir "con la letra un verdadero monolítico del cual está ausente el menor titubeo" (51). Este ejercicio de la letra se inicia con el "Amanece", segundo capítulo de la obra en que la madre toma la palabra[54] para intentar crear un discurso configurado dentro de los cánones legitimadores. Este vigilante tiende sus redes de poder por medio de la creación de un discurso logocéntrico, masculino y lineal, ya que obliga a la madre a dar cuenta de todos los acontecimientos de la casa, pero a medida que avanza el intercambio, estos asumen la forma de una confesión que es un dispositivo de poder/saber en que el confesor, por medio de técnicas específicas, obliga a informar de lo pensado, lo dicho, lo realizado y lo no realizado, de modo que el acto de enunciar las faltas sea exhaustivo[55]. El intercambio epistolar, del cual tan solo conocemos las cartas de la madre, muestra de qué manera el discurso mismo va sufriendo alteraciones frente al constante agobio de "hacer hablar". Primero se informa del espacio íntimo y los motivos del encierro provocado por la expulsión del hijo de la escuela por una falta que "parece imperdonable" (27), es decir, la salida de un lugar de normalización de la conducta y los saberes. Este episodio origina las amenazas del padre que cuestiona duramente el modo de vivir de la madre. Mientras la madre escribe durante la vigilia su informe-confesión, los vecinos "han conseguido convertir la vigilancia en un objeto artístico" (37), reforzando la ley y limpiando la esfera pública de los desposeídos y marginados que deambulan por la ciudad. La participación del resto de la ciudad en la acción de vigilar tiene una relación directa con el proyecto purificador que Occidente pretende implantar, en el cual todos aquellos marginados u opositores deberán ser excluidos de la ciudad. Por ello "los vecinos luchan denodadamente por imponer nuevas leyes cívicas que terminarán por formar otro apretado cerco" (64). En este sentido, observamos que mientras el padre envía diferentes vigilantes a la casa, la ciudad ha comenzado un cambio turbulento hacia un nuevo orden y forma de vida, y para ello se sirve de la figura del padre, símbolo del poder masculino y represivo. Este nuevo escenario necesita de técnicas violentas y definitivas que provocan la exclusión de aquellos que no se ajustan a este nuevo panorama, a "las nuevas leyes que buscan provocar la mirada amorosa del otro lado de occidente" (41),[56] esto es, la irrupción del capitalismo en el modelo occidental, en la sociedad moderna

---

[54] Los otros dos capítulos (el primero y el tercero) corresponden a la voz del hijo en forma de onomatopeyas. El primero, "BAAAAM", que se relaciona con el apuro, el movimiento y el juego. El segundo, "BRRRR", se relaciona con las sensaciones de carencia, hambre y frío.

[55] Por esto que en Occidente se convirtió en una de las técnicas más altamente valoradas para producir lo verdadero, ya que "la confesión difundió hasta muy lejos sus efectos: en la justicia, la medicina, la pedagogía […] se confiesan los crímenes, los pensamientos y deseos, el pasado y los sueños, la infancia […] la gente se esfuerza en decir con la mayor exactitud lo más difícil de decir" (Foucault 1991b, 74).

[56] Esta "mirada amorosa del otro lado de occidente" también implica una crítica hacia las políticas neoliberales y de globalización que Chile y América Latina asumieron en las postdictaduras.

neoliberal acrítica (Morales 1998) que seduce a la población con su oferta material y discursiva. Por ello, la madre junto a su hijo y los desamparados serán los primeros excluidos de la ciudad, precisamente por el poder patriarcal como primera instancia de la violencia.

Sin embargo, la vigilancia tiene sus fisuras, como anunciaba Foucault, porque existen formas de resistencia y otros tipos de subjetivación que escapan a los poderes. Estas otras vías de subjetivación serán clave en esta obra, ya que la triada de la madre, el hijo baboso y los desamparados comienzan a gestarse lentamente como comunidad frente al ojo del padre vigilante. La desobediencia se encuentra en los personajes terciarios de los desamparados, aquellos marginados de esta ciudad que no participan de la vigilancia y la fiesta en honor a Occidente[57]. El nuevo orden ha creído que ellos se encuentran extintos, que han muerto de frío porque no han recibido ayuda de los buenos ciudadanos o de albergues de acogida, pero la casa de la madre y el hijo fue escogida por aquellos que sobrevivieron para resguardarse. La madre los acepta en su casa, les da abrigo, comida y vestuario, lo que provoca la indignación de los vecinos y, sobre todo, la molestia del padre ausente. Recordemos que la novela está construida por cartas que la madre debe enviar al padre, de las cuales no conocemos sus respuestas. Lo que puede inferirse es que el padre pide explicaciones detalladas de todo el accionar cotidiano de la madre y del hijo. Además, sabemos que la madre del padre y los vecinos se han aliado al padre para vigilar a la madre que tiende a la desobediencia y que debe justificar su actuar y defendiéndose de las acusaciones: "Entiendo cuando dices que los desamparados pretenden aniquilar el orden que con dificultad la gente respetable ha ido construyendo y que yo no hago sino hacerme cómplice de ese desorden" (83). Los desamparados, por lo tanto, son un peligro que se debe evitar, ya que ellos se abocan "crecientemente hacia el afuera para esquivar así el ejercicio de sus responsabilidades, que son rebeldes en extremo peligroso y junto con la insurrección que portan sus presencias, están entrelazadas en sus cuerpos las peores enfermedades" (83). Los desamparados son aquellos sujetos anormales actuantes y libres que ejercen acciones sobre ellos mismos y sobre los otros, ya que se presentan como "engendros sobrevivientes de incontables penosas experiencias" (107). Ellos tienen la posibilidad de revertir la situación con su sola presencia porque "se sentían majestuosos a pesar del infortunio de sus carnes e insistían en impugnar a los que buscaban monopolizar las ruinas que devastaban sus figuras" (106).

Otra figura precaria y marginal es el hijo que, por su condición larvaria y su habla atrofiada, no puede pertenecer al mundo normal del modelo de occidente, ya que "mi lengua es tan difícil que no impide que me caiga la baba y

---

[57] Encontramos una relación directa con *La invitación, el instructivo* incluido en *Dos guiones* (2017a), ya que los personajes sin nombre son invitados a una cena oficial "con luces que iluminan una caras extraordinarias, neutras, amorfas, sin marcas, sin facciones, sólo bocas abiertas para engullir los bocados" (21).

mancho de baba la vasija" (13). Es un niño parásito que vive adosado a la pantorrilla de la madre mientras ella escribe las cartas al padre o que se arrastra por el suelo para ingresar a unas vasijas que hay en la habitación. Este personaje narra en primera persona el primer capítulo "BAAAM" y el último "BRRRR". Los títulos son onomatopeyas (recordemos que el niño no habla) de lo que narra el capítulo: el primero, el golpe constante a las vasijas y al suelo, y el último, a la sensación del frío en la ciudad. Por medio de estos dos monólogos, la narración se sustenta en el cuerpo, principalmente en lo relacionado a la boca, es decir, la baba, la leche y las lágrimas. Su figura líquida y serpenteante se encuentra en el límite de lo humano, constituyéndose como algo abyecto, relacionado a lo monstruoso. Es necesario indicar que para Julia Kristeva (1989) lo abyecto es una categoría variable dentro del campo cultural contra el cual se constituye lo humano. Los códigos culturales dominantes cancelan lo que socialmente se entiende como una perturbación del orden, de la identidad y del sistema. Lo abyecto atenta contra la normalidad y las prácticas significantes de un campo cultural. Como se había dicho, el hijo abre y cierra la novela, al igual que su boca intenta emitir un sonido por medio de un habla trabada mediante dos monólogos que resultan ser el centro de la novela y allí anuncia que "mi cuerpo habla. Mi boca está adormilada" (Eltit 1998, 13). El niño muestra la fractura de su cuerpo en el quiebre de su discurso que intenta comunicar porque no quiere entender, por eso lo que expulsa de su cuerpo es baba en vez de palabras, en referencia al líquido que representa la forma serpenteante de su movimiento corporal. El discurso residual —baboso— del hijo presagia la caída de la madre donde "las palabras que escribe la tuercen y mortifican" (17).

El niño es el ser más desamparado de la obra y el más subversivo a la vez. Se oculta en sus vasijas, no genera un discurso racional, es expulsado de la escuela y "realiza con su cuerpo una operación científica en donde se conjugan las más intrincadas paradojas" (52). La madre dice que es pálido, al igual que los desarrapados de *Lumpérica*, y elabora un juego danzante mientras la madre intenta escribir. El juego es un modo de escape de la vigilancia continua a la que está sometido, pero también juego adquiere otra lógica ininteligible a los ojos de la madre, quien intenta explicarle al padre acerca del comportamiento del hijo: "Tu hijo, al parecer, ahora quedó atrapado en ese juego pues las vasijas lo rodean con una peligrosa exactitud. Yace en el medio de sus objetos igual que el capturado de la plaza que se apresta a subir a la horca o a la hoguera, con un leve temblor, como si advirtiera que se extiende un clima funerario por las calles" (79). El hijo es la promesa de la caída hacia un lugar que se encuentra fuera del nuevo orden. Ya al final de la novela, la madre y el hijo deben abandonar la casa y se dirigen a los márgenes de la ciudad. El niño es quien relata la salida, ya que la madre no pudo continuar con la escritura porque su mano se fue torciendo poco a poco con cada epístola. Madre e hijo, figuras deformes y abyectas, terminan constituyéndose en un problema para el sistema de Occidente. Ahora los papeles están invertidos, ya que el hijo es quien escribe y la madre ha tomado el lugar inicial del niño, aferrándose con fuerza a la pierna de su hijo "como antes a la pasión por su página" (125). No importa el hambre, ni el frío, ni la vigilancia, sino aferrarse al último pensamiento, el último refugio en que será posible acercarse a esa hoguera comunitaria de hombres de fuego que se encuentran en los límites de la ciudad, donde las miradas ya no pueden alcanzarlos para así internarse "en el camino de una sobrevivencia escrita, desesperada y estética" (115).

Finalmente, *Impuesto a la carne* (2010) nos presenta la rebeldía absoluta de dos cuerpos fundidos, el de la madre y su hija, que se niegan rotundamente a incorporar los tratamientos médicos en sus cuerpos que les produce "el castigo interminable de un territorio que me saca la sangre, me saca la sangre, me saca la sangre. Que me saca la sangre" (80). En el capítulo anterior vimos que el hospital alegoriza la nación y que funciona como una institución de disciplinamiento hacia los cuerpos de estas mujeres de doscientos años, pero que cada uno de los tratamientos siempre falla. Es por ello que las bicentenarias, dependiente una de la otra, se convierten en seres peligrosos frente a un sistema que no es capaz de normalizar estos cuerpos. La obra presenta una reflexión política de un capitalismo aberrante en el que estas mujeres, madre e hija, enfermas y "mal cosidas", denuncian por medio de la enfermedad y la hemorragia de sus propios cuerpos, el "ingreso controlado al profuso mercado de obsesiones tecnológicas que manejan los fans, ese universo que los impregna de energía y los consume" (109). Los doscientos años representan la historia patria desarrollados en los pasillos de este hospital-nación que tiene como finalidad la cura de sus cuerpos rebeldes. Por ello, el cuerpo es entendido también como un espacio que se puede territorializar y que porta elementos de significación conceptual sometidos a la lógica de la identidad, pero que se pluralizan en una comunidad de cuerpos sociales marginales. Los cuerpos de la novela son materialidades donde las diferentes alternativas de poder construyen un cuerpo historizado que contiene las cicatrices y heridas de la historia en donde "cuántos secretos después de una infinidad de tiempo, un tiempo impresionante que puede leerse desde nuestros órganos (siempre colonizados, nunca independientes)" (121). Desde el nacimiento de estas dos mujeres, se augura una condición letal y peligrosa: "Desde que nacimos mi madre y yo fuimos maltratadas por los médicos y sus fans [...] la costumbre de ensalzar y hasta glorificar las enfermedades (como parte de una tarea científica) marcó el clímax de la medicina y coincidió con nuestro precario nacimiento" (10). Foucault subraya el carácter histórico del cuerpo y cómo las instituciones sociales han creado cuerpos sumisos, marcados por prácticas y expectativas sociales. Si reconocemos que el cuerpo no es ahistórico, sino que en él se inscriben marcas culturales, históricas, sociales, religiosas y genéricas, podemos afirmar que la aguda conciencia de la corporalidad en *Impuesto a la carne* representa una concepción política de la subjetividad en que el cuerpo femenino se reconoce como material para la subversión y el desacato, donde las mujeres protagonistas se convierten en contra-discursos. Es por ello que las bicentenarias afirman que "nosotras incitamos a nuestros órganos hacia una posición anarquista y así conseguimos imprimirle una dirección más radical a nuestros cuerpos" (Eltit 2010, 15). Los cuerpos anarquistas de la madre y la hija no responden a los procesos de disciplinamiento porque en sus cuerpos la enfermedad no se puede curar. Ellas nacieron anarquistas, portan el mal, la fealdad y la resistencia india que se nota en sus pieles y en sus órganos:

> Nos dicen: negras curiches.
> Clasificadas en sus archivos así, curiches, curiches, curiches, nombradas como curiches por esos hombres que proyectan un fluorescente halo médico, un halo empecinado que nos desdeña y nos margina de los asientos más cómodos de las consultas.
> Somos los parias de los médicos (33).

Es por esto que los personajes, en este nuevo orden social, padecen otra forma de poder menos directo que otras formas de marginalidad en la obra de Eltit, como sucede con la madre quien no puede continuar y es expulsada, al igual que la madre de los mellizos en *El cuarto mundo*, o la madre que abandona la casa con su hijo larva y quedan en las orillas de la ciudad en *Los vigilantes*. La madre se margina y los hijos continúan o fracasan en la empresa. En el caso de *Impuesto a la carne*, la madre y la hija, que en un principio eran dependientes, por medio de un proceso invertido, terminan en un solo cuerpo plural:

> Somos anarcobarrocas.
> Somos lo que somos
> Me operaron mal
> Dejaron a mi madre dentro de mí (149).

Con la intención de impedir que la madre y la hija hablaran durante el festejo de la nación, se les realiza una "mala operación" que deja a la madre dentro del cuerpo de la hija con el objetivo de silenciarlas. Esta cirugía provoca una reacción contrapuesta, ya que ellas comienzan a tramar la crónica de la nación: "será así porque mi madre y yo somos anarquistas y tenemos la obligación histórica de redactar las memorias de la angustia y el desvalor [...] Voy a escribir con la voz de mi madre clavada en mis riñones o prendida en mi pulmón más competente" (156), para hacer de esta escritura una memoria de la conquista y el desvalor que se ha empeñado, durante estos doscientos años, en saquear sus órganos.

El "espaciamiento del lugar" como "contacto" o relación que expone al tacto, establece un espacio para el cuerpo y para el pensamiento del cuerpo, no solo acerca de "el cuerpo" (Rodríguez Marciel 2011, 22). Esta aproximación es un acercamiento a aquello que permanece fuera del alcance, pero que "se toca" saliendo de sí, es decir, desbordando los límites. Se trata, por lo tanto, de una apertura que elimina las fronteras topográficas para dar paso al pensamiento mismo entendido como relación con el mundo, como experiencia, como inquietud, hacia la exposición del cuerpo mismo que se convierte en la crónica de la nación. Cuerpo expuesto y escritura conforman la *expielsición*,[58] haciendo del cuerpo expuesto un recurso privilegiado para llevar a cabo el desmontaje de la historia oficial que el hospital auspicia a través de la cirugía.

De este modo, los personajes analizados contienen una pulsión comunitaria que hace que sus cuerpos se muevan hacia los márgenes. Francisca, la madre y su hijo enfermo y las bicentenarias son personajes que portan en su interior el desacato y la rebeldía, aunque vivan normalmente en una ciudad que los asedia de forma constante, como sucede con Francisca que miente mucho y trata de armar una identidad dentro de un espacio que le es ajeno, la madre y su hijo padecen la vigilancia de una ausencia autoritaria que los presiona cada vez más hasta provocar la salida del hogar, y las bicentenarias que portan en sus cuerpos el desacato al reconocerse ellas mismas como anarquistas. Todos son personajes que se insertan en los espacios cotidianos de la familia y el trabajo, y que han dejado los bordes para participar en los mecanismos de producción, pero han debido entregar la precariedad de sus cuerpos. Sin embargo, y este es el punto más importante de nuestra reflexión, aunque estemos frente a personajes marginales o precarios, estos alzan la voz y el cuerpo para denunciar y provocar la fisura al sistema con sus propios cuerpos.

---

[58] Término usado por Nancy que analizaremos más en profundidad en el siguiente capítulo.

CAPÍTULO 4

# Ciudadanos insanos o desagregados

En una entrevista televisiva, Diamela Eltit afirma que ciertos personajes reconocidos como marginales o populares, podían nombrarse como "sectores desagregados",[59] es decir, personajes que no se agregan a sistemas oficiales y que se re-agregan entre sí en esos mismos espacios dominantes —como la ciudad— mediante otras codificaciones. Ahora estamos frente a un nuevo tipo de "marginalidad" que excede a la normalidad impuesta, ya que no solo es la sobre-explotación de los cuerpos, como fue la propuesta de L.Iluminada, Coya/Coa y los mellizos, o una forma de resistencia más corporal como la sangrante Francisca, la madre con la mano agarrotada o los cuerpos porfiados de las bicentenarias. ¿Qué sucede cuando los personajes no habitan el margen o no exhiben su deformidad? ¿Podemos afirmar que son realmente marginales? Estos son los casos de los personajes completamente productivos de los vendedores en *Los trabajadores de la muerte*, los trabajadores del supermercado en *Mano de obra*, los trabajadores sexuales de *Fuerzas especiales* y los vendedores ambulantes que marchan hacia La Moneda en *Sumar*. Todos ellos se insertan en un sistema capitalista, pero ¿mediante qué codificaciones se (des)agregan al sistema? El primer punto importante es que son "ciudadanos" aparentemente normales e insertos en espacios institucionales. Todos ellos son personajes inmersos en el mundo cotidiano de la familia y el trabajo, pero que contienen en sus cuerpos la semilla de la rebeldía, es lo que Juan Duchesne (2001) define como "ciudadano insano":

---

[59] Ver entrevista de Paola Berlin: "Diamela Eltit habla de su nuevo libro *Fuerzas especiales*" en *No hay armazón que la sostenga. Entrevistas a Diamela Eltit.* Mónica Barrientos (ed.) (2017a, 382).

---

**Cómo citar este capítulo:**
Barrientos, M. 2019. *La pulsión comunitaria en la obra de Diamela Eltit.* Pp. 87–100. Pittsburgh, Estados Unidos: Latin American Research Commons. DOI: https://doi.org/10.25154/book1.j. Licencia: CC-BY-NC 4.0

El ciudadano insano no desafía la realidad, sino que rasga lo real y por eso mismo adquiere la consistencia de una ficción, sin por ello "representar" un hecho social. El ciudadano insano desconoce la tiranía del porvenir, alojándose en la autonomía del presente, cuadrando su reloj a partir del cero futuro, cero pasado. [...] Se trata de una mancha patológica, de un espectro viral que cobra visibilidad en eventos singulares de contagio (221).

Por ello, todos estos personajes exceden la normalidad impuesta, ya sea por su comportamiento, vocabulario o por sus prácticas excesivas y abyectas, constituyendo un problema para el sistema. La marginalidad en la que se inscriben es una decisión política, una acción que incorporan en sus discursos y sus cuerpos. En *Los trabajadores de la muerte* (1998) encontramos tres personajes: una madre vengativa, su hijo asesino y la niña mutilada que vaticina el asesinato. La madre es una figura oscura, de cuerpo pesado y en constante agotamiento por culpa de sus hijos bebés que no le dan un rato de descanso:

Debo levantarme del sillón ahora que la tarde ya empieza a ceder y la oscuridad le ha ganado todo el terreno. Levantarme del sillón para ir a tenderme en mi cama y esperar que las guaguas no se vayan a despertar, que por favorcito no me vayan a despertar esta noche en que el cansancio me desmorona (95).

En el relato materno predominan el dolor físico, el abuso sexual y psicológico del esposo, ya sea como recuerdo o narración de algún hecho específico. Es por ello que las secciones en que la voz materna alza la voz para expresar su odio hacia el esposo que la abandonó, su experiencia maternal traumática y el abuso del que fue objeto, está cargado de tropos relacionados con la muerte y la oscuridad. La maternidad es el primer foco de conflicto en la novela, pues se presenta como una imposición social más que una realización personal. El cuerpo de la madre va sufriendo un deterioro notable en los huesos y la piel que la van desgastando poco a poco:

La misma noche en que me entregaron a la guagua empezó el llanto. Yo cansada, doblada en la cama, adolorida, aterrada, la miraba revolverse sobre su carne absurda, una carne que desde su principio se veía rabiosa, irritada, furiosa la guagua [...] que incitaban en mí deseos de pegarle, ahogar a la guagua para que se callara [...] (89).

La situación familiar, sobre todo de la madre, se refleja en la figura de una rata que ronda la casa. Recordemos que este animal es un símbolo de muerte con implicaciones fálicas de peligrosidad y repugnancia (Cirlot 1992), por eso la madre la escucha y a veces la confunde con el chillido de los bebés. También se establece un paralelo entre la rata cavando su agujero y la madre gimiendo por los dolores del parto: "Esa rata enorme y palpitante con su hocico móvil, husmeando cualquier resto, deslizando sus pezuñas por el piso, una, dos, tres, cinco ratas enormes, amenazantes, una parvada de ratas, esperando, entumidas, la llegada de un leve rayo de sol" (Eltit 1998, 94). La maternidad forma parte de la imagen ideal que la sociedad inculca en la mujer y aquí la madre relata, sin prejuicios sociales, el dolor de su cuerpo al procrear. El cuerpo de la madre y la noche metaforizan su estado íntimo y oscuro, por lo tanto, la configuración del personaje —así como la mayoría de los personajes femeninos en Eltit— se dan por medio de sus propios relatos vinculados a los símbolos de la maternidad y el cuerpo:

> Tampoco recuerdas con nitidez cuál de las dos guaguas fue la que te causó la inflamación en los pezones que se te abrieron como si hubieran sido víctimas de un minúsculo ataque atómico, tus pezones, y aún así la boca de la guagua en el pecho haciéndote martirio. Fue la primera. Con la primera guagua vino la inflamación. No, no, no, con la segunda guagua se me infectó el interior y la fiebre tan alta, me obligó a dormir en medio de atroces pesadillas (46–47).

La maternidad aquí no se relaciona con el cariño ni con la protección de los hijos, sino con el dolor corporal. Junto con el dolor físico, el cuerpo materno se asocia a los líquidos corporales que marcan profundamente el cuerpo de la mujer. La madre se siente recipiente de los líquidos corporales que cubren su cuerpo: la sangre menstrual, la leche materna, la saliva, pero también es el recipiente de los líquidos de los otros, como el semen del marido y el vómito o la diarrea de los bebés:

> me amanezco velando el sueño de las guaguas, paso el día atenta, concentrada en sus rostros, acudiendo a cualquier engaño para evitar que se expanda la ira. Recibo en la palma de mis manos sus excrementos y procedo a engullir la fetidez del vaho para, después, sacarme ferozmente, con una violencia maníaca concentrada, la caca adherida a los bordes de las uñas [...] (157).

El encierro de la madre en la casa —al igual que la rata en su agujero— significa el habitar un cuerpo que está al servicio de los demás, como los del esposo y los hijos. La oscuridad que envuelve la casa es el símil del hueco en que vive la rata que inunda la casa de la madre, ya que ambas viven en un mundo oscuro y siniestro.

Al contrario de la madre, el relato del hijo mayor se produce desde la calle, pero siempre de noche, ya que ha heredado el carácter oscuro de su madre. El hijo cuenta que desde pequeño se sintió seducido por el afuera, a diferencia de su madre, quien nunca salía de su casa. Es el personaje más activo del relato y es quien debe cumplir el destino que la tragedia le ha deparado. El espacio que rodea al hijo es externo a la casa, pero también se localiza en espacios cerrados como pequeños hoteles en la orilla de la ruta de Santiago a Concepción. En un tono muy poético, el relato del hijo mayor siempre se produce en la noche, con quien tiene un lazo especial: "Frecuentemente contemplo la noche mientras se extiende ante mis ojos traspasada por una quietud prodigiosa. La noche me permite comprobar, con una intensidad que siempre me sorprende, el espesor que alcanza las zonas de lo inteligible" (65). Esta zona profunda del inconsciente es lo que simboliza la noche (Cirlot 1992, 228), por ello, el hijo mayor afirma que cuando se pierde el temor, la noche toma un estado espiritual donde "[a]ún lo siniestro puede resplandecer y convertirse en mística" (Eltit 1998, 65). Es ese siniestro lo que mueve al hijo a cometer el asesinato. La madre se ha ido a vivir con el hijo menor a otro continente, pero antes le ha dejado una misión:

> Después permanecí yo lleno de asombro, completamente desarmado cuando mi madre al despedirse me dijo en un susurro:
> —Tienes que ir a Concepción, ¿me entiendes?
> Y como si sus palabras no fueran lo suficientemente explícitas, se volvió para repetirme a la manera de una orden o con el tono indiscutible que caracteriza el augurio:
> —A Concepción —me dijo. (86)

El hijo responde al llamado de la madre en forma inconsciente. En una fiesta, en uno de los tantos viajes a Concepción, conoce a su media hermana y se enamoran. Es allí donde el hijo mayor recién comprende que siempre fue un instrumento de su madre. La violencia es, por lo tanto, el eje principal de la novela: violencia psicológica, física, social y auto infringida, pero el *leitmotif* es el doble crimen del asesinato de la media hermana y el incesto. Al final de la historia, cuando el hijo ha planificado el encuentro y el asesinato, conocemos el nombre de la media hermana, Mónica. El desenlace tiene toda la catarsis de la tragedia clásica griega que hemos analizado previamente. Ambos, madre e hijo, constituyen el arquetipo de la cultura latinoamericana y católica, pero parodiando la imagen bíblica:

> Te miro brevemente en el final de mi jadeo y me sorprende y me llena de júbilo reconocer cuánto te aborrezco.
> Es la hora.
> No soy yo. Es mi cuchillo inevitable el que te sangra y te asesina.
> Y allá arriba, entre las vigas, la sombra de mi madre me espía clavada en una cruz digital (Eltit 1998, 186).

De este modo, la violencia es la fundadora de la tragedia familiar que representa a una nación y un continente que se ha fundado en esta misma violencia. El asesinato y el incesto son, por lo tanto, la metáfora de una sociedad que se construye sobre este crimen, provocado principalmente por el abandono del padre por otra mujer con más dinero; por lo tanto, para el hermano, la culpa se encuentra precisamente en ese abandono debido a su clase social. Así afirma mientras prepara el crimen: "Yo soy el indigente portavoz de la noche, aquel que debe denunciar un desorden inaudito" (174), y posteriormente "Su cuerpo [de la media hermana] se moverá con una soltura aristocrática que inevitablemente va a ofender a los jirones proletarios de la noche" (175), por lo tanto, es la violencia de dos clases sociales que chocan. El hijo encarna una figura que ya venía incomodando desde hace algunos años en la tradición literaria chilena y que representa una extensión de la figura del Mudito de *El obsceno pájaro de la noche* (1997) de José Donoso que ahora viene a cometer el asesinato que no fue capaz de realizar en aquel momento. La media hermana representa la familia luminosa —el equivalente a los Azcoitía—, mientras la familia abandonada son los marginales, los pobres que no tienen derecho a ingresar a este mundo luminoso y por eso siempre se mueven en la noche y en espacios cerrados, junto a las ratas y los topos. Es el sino de la madre y su prole abandonada quienes cometen el crimen que es vaticinado por otro personaje marginal de la misma estirpe, como es la niña del brazo mutilado que habita junto a otros marginales deformes. Esta niña porta un poder especial, ya que con su presencia y su voz domina el espacio del bar y de la hospedería, provocando la incomodidad entre los parroquianos, quienes evitan mirarla directamente. Es una adicta al vino y anda acompañada por dos hombres en sillas de ruedas de brazos deformes a quienes los alimenta con restos de vino. La monstruosidad de la niña del brazo mutilado es la reencarnación de la perversión que ella misma presagia, pero ¿cuál es esa perversión? Es la supremacía de la mercancía en el incipiente proyecto neoliberal de Chile y América Latina.

Hemos visto previamente que la deformidad de la niña mutilada se relaciona con los personajes que aparecen en el capítulo "Los príncipes de las calles" que se encuentra al final de la obra. El escenario es el reverso del mercado donde acude la gente que no tiene acceso a comprar en las tiendas de grandes marcas y donde los vendedores vitorean los productos imitados que se exhiben en las cunetas de las calles. El lugar está atiborrado de clientes, mientras la niña del brazo mutilado pide limosna junto a los dos inválidos que siempre la acompañan: "Los sonidos de la niña del brazo mutilado son los más vociferantes y se destacan sobre los de los dos hombres afectados por una invalidez deformante" (Eltit 1998, 192). Es así como la niña es el símbolo de los príncipes de las calles, ya que su deformidad, precariedad y propiedad de la calle, la convierten en la elegida para contarnos sus sueños de incesto y asesinato. Por eso, cuando "amanece, Santiago se disloca, muta" (205) y estos marginales deben esconder(se) junto con su mercadería para dejar que la ciudad viva en su ilusoria realidad de pulcritud neoliberal.

La fisura de este proyecto lo vemos en los personajes de la novela *Sumar* (Eltit 2018) que avanzan hacia la conquista de La Moneda en una marcha sin tiempo.

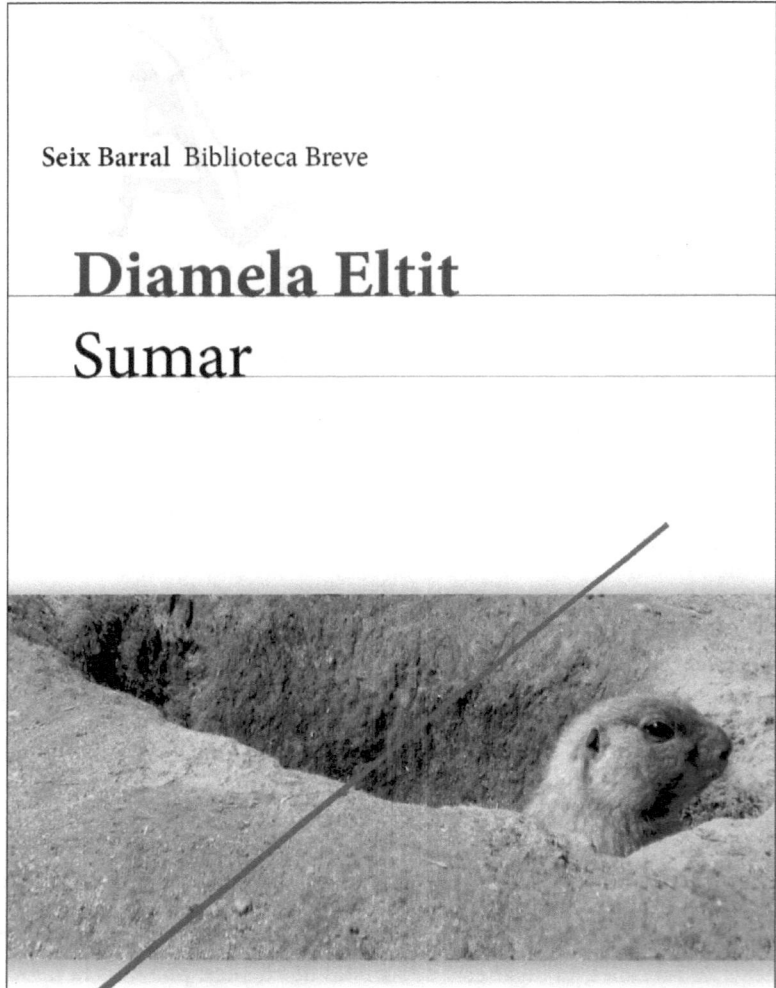

**Imagen 2.** *Sumar*, 2018.

La portada de la novela es una foto de la artista Lotty Rosenfeld que muestra a un topo, un animalito miope, aparentemente frágil, que circula bajo la tierra, pero que irrumpe hacia la superficie cuando uno menos lo espera. El topo circula entre las profundidades para seguir cavando. Nunca retorna a su lugar de inicio, sino que rehace su camino de diferentes formas, siempre cavando. Es por ello que Karl Marx[60] utiliza esta figura como símbolo del desplazamiento

---

[60] Discurso pronunciado en la fiesta del aniversario del "People's Paper" en abril de 1856.

silencioso de los oprimidos y desagregados. Esta imagen representa perfectamente a los ambulantes de la novela, ya que son aquellos más invisibilizados, pero que aparecen en esta marcha para reclamar su derecho a La Moneda. A pesar de ser otra marcha más, vemos que en este caso corresponde a un "acontecimiento",[61] ya que es un hecho que hace visible otros hechos que se escapan al sentido común y que es válido para todos. Este acontecimiento subvierte la hegemonía de La Moneda y muestra el sentido comunitario de los personajes al no poder acceder a ella:

> Cada día se sumaban más y más vendedores en los bordes de la vereda, expectante. Parecíamos lo que éramos: excesivamente gritones, convertidos en agitados monumentos callejeros, hasta cierto punto gordos o muy gordos o muy desfallecientes, pero siempre armónicos, sí, armónicos. Esa exactitud monocorde que caracteriza a los gremios y termina por unificarlos (26).

Cada personaje es un vendedor que ha llegado a estas condiciones porque no han tenido ni la oportunidad ni las herramientas para enfrentar el moderno escenario económico. Se trata de una serie de personajes completamente "ínfimos, solo necesarios para incentivar el murmullo humano por el que se definen las ciudades" (Eltit 2018, 27). Provienen de diferentes "oficios", como Casimiro Barrios, el representante de los ambulantes, que, antes de tener este trabajo fue sastre, zapatero, pirquinero, nochero, ayudante de peluquero, cargador, etcétera. Ángela Muñoz Arancibia que, por la dotación de sus buenos huesos, nunca ha vendido nada en la calle y se dedica a ser contorsionista; el Diki, rapero que pertenece a la "vasta historia de la música barrial fundada en la filosofía absorta de una impaciencia sin fronteras" (81); el Lalo, piloto de carreras clandestinas y El Colombiano, de origen desconocido. Además, están la protagonista y su tocaya, Aurora Rojas, vendedoras de artículos inútiles o de desecho, que afirma que "por mis manías adversas a las tendencias ambulantes —que tendían a la diversificación para una economía de guerra— debido a mi fijación hacia los colores comunes, fui nombrada por algunos de mis compañeros de oficio —con una mezcla de amor y desprecio— como cachivachera" (25). Cada uno de estos personajes permite el desarrollo de lo que llamamos "la globalización desde abajo" (Alba Vega, Lins & Mathews 2015), y que, aunque sean *outsider*, sostienen la economía desde otros formatos, otras estrategias. Son personajes que viven en zonas fronterizas, ya sea sociales o simbólicas, reapropiándose de la desigualdad de modo descentralizado, subalterno donde caben las diásporas, las migraciones y las economías alternativas de la copia: "Pero todos nosotros

---

[61] Para Badiou, el acontecimiento es un hecho de "singularidad universal" que está anclado a una historia particular, pero es válido para todos: "A truth is solely constituted by rupturing with the order which supports it, never as an effect of that order. I have named this type of rupture which opens up truths 'the event'" (2005, xii).

somos considerados vagos, ilegales, residuos, infractores [...], pues dependíamos solo de la vereda y estábamos en la mira porque nuestros productos baratos, baratos, eran la mejor evidencia para entender la maquinación usurera de los tiempos y de los precios" (Eltit 2018, 140). Es precisamente esa carencia de legitimidad lo que los convierte en una comunidad desagregada, solo unida por la búsqueda incesante de la moneda como una esperanza ambulante.

Si el mercado informal de la niña mutilada y los ambulantes en búsqueda de La Moneda muestran los productos que parodian las grandes marcas por medio de sus imitaciones o deformaciones, los trabajadores del supermercado de *Mano de obra* muestran la ineficacia del modelo pulcro y aséptico. La segunda parte de esta novela, titulada "Puro Chile (Santiago, 1970)", tiene como escenario una casa donde viven algunos trabajadores que se caracteriza por mantener las mismas reglas que el súper y toda su cotidianidad gira en torno al trabajo. Por ello, las reglas de convivencia dentro de este espacio de emergencia son claras: todos deben aportar con dinero para pagar las cuentas, la casa debe permanecer, al igual que el súper, limpia y ordenada y no se permiten cesantes ni enfermos. Todos los personajes soportan de diferente manera los atropellos a que son sometidos en el espacio laboral: "Aunque nos habían quitado horas de trabajo, a pesar de que nos habían bajado considerablemente los sueldos, más allá de un cúmulo de atropellos que teníamos que soportar, necesitábamos el salario para sobrevivir" (Eltit 2002, 109). Eran los trabajadores que habían resistido el despido, por lo tanto, eran los más antiguos y conocían a la perfección el manejo interno del súper. De ahí que el miedo al despido se transforma en el motor de esta casa, ya que ello significaba quedarse sin un techo donde vivir.

Como una ironía, el título del capítulo es el último diario obrero de la Unidad Popular del gobierno de Salvador Allende. La historia de las grandes movilizaciones de los obreros que lucharon por la igualdad y por mejores condiciones laborales, ahora es reemplazada por una serie de relatos cotidianos intrascendentes como "Ahora los vasos no sirven para nada", "Gloria va a dormir a la pieza de atrás" o "A Enrique casi le dio un ataque", entre otros, todos subcapítulos que narran algún acontecimiento sucedido a los habitantes de la casa de emergencia. Los personajes poseen un nombre propio, pero son definidos y valorados por la función que cumplen en el Súper: la promotora, el reponedor, la cajera, etcétera. Las relaciones entre los personajes es de acuerdo con el éxito en el trabajo, como es el caso de "Isabel [que] tenía tres empleos y tres sueldos. La queríamos y ella lo sabía" (80) o la peligrosidad de Alberto que quiere formar un sindicato y produce la decepción de los demás y dejan de almorzar con él porque sentían que "se había aprovechado de nosotros y que nos había engañado" (87). Es por esto que Gloria al no tener trabajo, se convierte en la empleada de la casa. Esta situación de desempleo produce una suerte de poder entre los hombres de la casa, quienes comienzan a visitar el dormitorio de Gloria por las noches. Ella permite este abuso siempre que no hayan cometido alguna falta en el orden de esta comunidad de emergencia. Los lazos de solidaridad se producen solo si hay algún intercambio, como los regalos de la promotora o cuidar el bebé de Isabel a cambio de algo, pero la intransigencia se produce al quedar sin trabajo, como sucede con Alberto quien es expulsado de la casa porque "nosotros no permitíamos cesantes" (91). Sin embargo, la pulcritud y eficacia del modelo del Súper tiene sus fisuras en ciertos personajes. La más importante es Isabel, la mejor promotora, la más bonita y respetada porque tenía tres trabajos, comienza a perder su figura y a despreocuparse de su apariencia física. Esto comienza a molestar a los habitantes:

> Se dejaba estar Isabel. Todo el tiempo despeinada, vestida con una bata ordinaria, sin sus aritos, desprendida de sus pulseras, ojerosa, con unos pelos horribles en las axilas. Sin entender que si engordaba rápido, si no sonreía, si no se bañaba, si no se ponía esas medias tan bonitas que tenía y que nos gustaban tanto, si no se pintaba el hocico de mierda nos íbamos a ir definitivamente a la chucha [...] (123).

Isabel comienza a desencajar dentro de este sistema organizado y sanitizado por medio de un quiebre a la cosmética capitalista de la exhibición y venta de su físico. Todos en la casa saben que los supervisores, los jefes y los representantes de los productos que promovía Isabel, abusan de ella pidiéndole favores sexuales, pero ni a ella ni a los compañeros de casa les importa, ya que son parte del trabajo y una práctica permitida para no quedar cesantes. Por eso, la caída de Isabel es el inicio del derrumbe de la comunidad que se produce por la traición de uno de ellos, el más "querido", Enrique, "que había sido elegido por todos nosotros para protegernos y mantener una férrea organización escudado tras una presencia taciturna e impecable" (169). Enrique es ascendido a supervisor de turno y, como primera medida, se produce el infierno que temían: todos son despedidos. El acontecimiento se describe como una catástrofe, porque "de qué manera íbamos a sospechar que ya exactamente en la frontera opuesta del súper y que, inclinado laboriosamente en el mesón de la oficina más desgraciada, organizaba la lista con el mismo rigor apasionado que antes nos proveía un destino" (173). Enrique ha despedido al grupo con el que vive, lo que demuestra que el Súper y la casa de emergencia son espacios carentes de identidad y memoria. Las grandes hazañas y la organización proletaria que conforman los títulos[62] en la primera parte, recorren los principales periódicos de Chile desde 1911 hasta 1920 para comenzar el segundo capítulo con la culminación del gran proyecto proletario de Salvador Allende que se inicia en 1970. Esta segunda parte no contiene más fechas, sino —como

---

[62] Algunos de ellos fueron fundamentales en el proceso de organización de los sindicatos y trabajadores en Chile. Por ejemplo, *Verba Roja*, periódico anarquista entre 1917 y 1921; *Luz y Vida*, centro instructivo de obreros; *Autonomía y Solidaridad*, Federación de Resistencia, entre otros.

afirmamos anteriormente— solo pequeñas luchas individuales de acciones de supervivencia que no tienen trascendencia histórica. No es casualidad que el último diario obrero de 1970 sea la última fecha que aparece en la novela; el Golpe de Estado de 1973 arrasó con cualquier forma de organización política y la implementación de su sistema de libre mercado trajo como consecuencia precisamente lo que la obra intenta mostrar: la disolución de una comunidad fraternal y organizada. Sin embargo, la comunidad se niega a desaparecer, aunque sea por medio de otros medios y otros parámetros. La necesidad de permanecer unidos en la expulsión de la vivienda conlleva buscar un nuevo líder y así aparece Gabriel, el niño, el más joven del grupo, quien explota en una verborrea en plena calle donde están expulsados, y en ese "estallido de su ira callejera nos devolvió una inesperada plenitud. Gabriel dijo que teníamos que querernos, lo ordenó en un tono parco, duro, mirándonos con un grado de reconocible inquina" (175). Gabriel se erige como un nuevo líder porque "siempre nos había querido y era (ahora lo notábamos gracias a la luz natural) un poquito más blanco que todos nosotros. [...] tenía la presencia que necesitábamos para la próxima forma de organización" (176). Por ello, al final de la novela, ya sin casa y trabajo, Gabriel, el empaquetador, por medio de un discurso cargado de rabia histórica, afirma "vamos a cagar a los maricones que nos miran como si nosotros no fuéramos chilenos. Sí, como si no fuéramos chilenos igual que todos los culiados chuchas de su madre. Ya pues huevones, caminen. Caminemos. Demos vuelta la página" (176).

Sobrevivir a pesar de las condiciones inestables y negativas de estos personajes marginalizados es una meta fundamental. A pesar de las humillaciones del Súper, la vigilancia paterna y la atrofia física, los personajes buscan su espacio comunitario en ese contexto vigilado. Estos cuerpos lacerados por el maltrato del sistema es lo que analizamos en *Fuerzas especiales* (2013) donde la protagonista y el resto de sus amigos viven en viviendas que les llamas "bloques" y trabajan prostituyéndose en el cubículo de un cibercafé. Nuevamente el cuerpo habita un espacio cercado —los bloques, el cubículo— que se exhibe y fricciona ahora frente a la luz de una pantalla de computador, como afirma la narradora-protagonista: "soy una criatura parásita de mí misma. Sé que mi hermana palpita en nuestra cama, incómoda, incierta. El cuerpo de mi hermana espera, no sé, sábanas o aguarda que yo mitigue su pena" (11). Los cuerpos padecen de dolores producto de algún "lumazo" recibido en alguna redada: la frente trizada de la hermana, la espalda destrozada del Omar, el daño cerebral del Lucho, las dos costillas rotas del padre. El dueño o regenta del cíber es el Lucho, quien tiene una cicatriz profunda en su cráneo debido a un golpe de la policía, por lo que confunde los dineros. Junto al Lucho está el Omar, "el mejor chupapico del cíber, muy famoso por la artesanía de sus labios y por su elegante e imperceptible rapidez" (12). La guatona Pepa, "con sus mechones de pelo mal teñidos, su vestido anormal, defectuoso, un vestido que la hunde en las peores presentaciones que alguien se podría imaginar" (37), es vecina de la protagonista quien tiene a toda su familia en el "chucho" (cárcel) y que forma parte de una familia con graves problemas, donde la hermana, a quien le han quitado los hijos, espera todo el día en la cama, enferma de pena, por su llegada. La madre también se encuentra enferma por el vicio y el padre medio cojo por un lumazo recibido por la policía hace un tiempo. Ninguno de ellos trabaja, solo la protagonista se dedica a la prostitución virtual en un cibercafé y su única posesión es un teléfono celular que usa para mantener un contacto permanente e íntimo con el mundo virtual de cada momento de su vida.

El espacio se caracteriza por tener la forma de bloques. Este modelo geométrico es una metáfora del bloqueo policial en que viven los habitantes, pero no solo para amedrentarlos violentamente, sino también para impedir el contacto cara a cara y evitar a toda costa los lazos fraternales entre la comunidad que se ven interrumpidos por los dispositivos de carácter tecnológico y las características estructurales del espacio[63] que median el encuentro de los habitantes: "me concentro en el sitio ruso de modas alternativas que me absorbe tanto que mis ojos se pasean por mi cerebro clasificando las prendas de manera hipnótica" (12). Es por lo que los personajes de esta novela son nuevas corporalidades híbridas que modifican las subjetividades y rearticulan las nociones de lo vivo por medio de la inestabilidad y la contradicción, ya que ahora cuerpo y aparato tecnológico se friccionan y el contacto con otro cuerpo es desplazado por estos aparatos que se convierten en el centro de sus vidas, como afirma Donna Haraway: "Los cuerpos como objetos de conocimiento son nudos generativos semióticos-materiales. Sus fronteras se materializan en la interacción social entre humanos y no humanos, incluidas las máquinas y otros instrumentos" (1999, 124). Así, las tecnologías del cuerpo en el siglo XXI están haciéndose más débiles y están sustituyéndose por otras diferentes, porque existen nuevos límites que son más fluidos e imprecisos que rompen con los dualismos, principalmente entre el "yo" y los "otros". Como resultado del despliegue de estas nuevas tecnologías cibernéticas en la medicina, los lugares de trabajo, el hogar, etcétera, existen nuevas configuraciones de poder y saber que conforman nuevas subjetividades. Cuando estas nuevas tecnologías penetran en los cuerpos se forma lo que llama "organismos cibernéticos" o *cyborgs*. Este concepto es fundamental para entender subjetividades que rompen con la distinción de género, ya que "al no estar estructurados por la polaridad de lo público y lo privado definen una *polis* tecnológica basada parcialmente en la revolución de las relaciones sociales en el *oikos*, el hogar" (1991, 256). En la novela es desde el hogar que la protagonista, como mujer y única encargada del sustento familiar, donde comienza a difuminarse en "cuerpo y alma a la transparencia que irradia la pantalla" (39). El *cyborg* es una metáfora irónica alusiva a aquello en lo que nos estamos convirtiendo por este nuevo sistema de poder, por eso los oprimidos no son solo aquellos que no poseen los medios de producción, sino todos

---

[63] Nuevamente es necesario subrayar el carácter geométrico de la novela que también se presenta como bloque cuadrado: el bloque de edificios, el cubículo del cíber, la pantalla del computador, la forma de los celulares, el carro de la frica, etcétera.

los que han terminado siendo minoría en un "capitalismo patriarcal y racista" (254), como son las mujeres, homosexuales, trabajadores y minorías étnicas y raciales. Por esto que los personajes de la novela, habitantes de los bloques, ya no tienen las mismas características de los marginales del barrio, los desarrapados de la plaza pública o los excluidos de la ciudad, sino que ellos cumplen una labor muy similar a los vendedores del súper de *Mano de obra*, pero son una mano de obra diferente, ya que su salario se encuentra en un cubículo del cíber ejerciendo la prostitución y en la pantalla de un computador. Estas tecnologías y la conformación arquitectónica de sus casas sirven para que las fuerzas especiales puedan vigilar a los habitantes de los bloques. Sin embargo, el quiebre se produce en las mismas tecnologías de vigilancia, ya que la caída de las antenas de los celulares origina el alzamiento de los vecinos de los bloques y la conformación de una comunidad contestataria y desobrada para comprometerse con otras voces, conformando una especie de comunidad disfuncional para evadir el cerco policial y crear la fisura en los bloques mediante la conformación de un trío del cíber entre Omar, Lucho y la protagonista. Estos personajes son compañeros de trabajo, amigos y vecinos que han crecido juntos en ese espacio de vigilancia y han recibido las mismas heridas por parte de la policía: "somos hormigueros, pequeños, caminamos con nuestras patas diligentes y torcidas desde el bloque al cíber, caminamos con pasos de hormigas, sensatos, sin calzones yo, mientras el Omar muestra una displicencia admirable, socarrona, mafiosa, orillera [...]" (Eltit 2013, 87).

La pulsión comunitaria de los personajes se observa en tres niveles. El primero es familiar, donde vemos una familia tradicional desafectada, pero que intenta mantenerse unida, aunque sea geométricamente: "Sumamos una cantidad que tiene sentido y nos permite mostrar que existe en nosotros un débil orgullo familiar" (36), donde viven juntos, comparten el bloque-hogar y el poco ingreso familiar para sobrevivir. El segundo nivel es laboral, ya que son un grupo que comparten el espacio del cubículo para obtener algo de dinero por medio de la prostitución física y cibernética, moviéndose juntos como una "unión bloque" (61) que se traslada a otros lugares bloqueados del vecindario. Y finalmente el tercer nivel es donde se produce el quiebre. Para ello, uno de los miembros, en este caso la Guatona Pepa, abandona al grupo convirtiéndolo en un trío, que será el primer paso para la ruptura completa, ya que la cuadratura es alterada geométricamente. Esta "unión bloque comunitaria" es lo que permite soportar la caída cuando la policía da el golpe final y derriba las antenas de celulares dejando a la comunidad sin conexión y provocando la catarsis de la desconexión en los habitantes de los bloques. Después de un mes sin celulares, sin conexión y sin trabajar en el cíber, los personajes se encuentran encerrados, "sitiados o encerrados, nadie entiende, los bloques parecen la superficie de un tiempo anacrónico, un espacio coreano o una falsificación china que se va a desplomar en cualquier instante" (145). La crisis angustiante provoca la intervención directa del trío del cíber que decide quedarse en el lugar para iniciar una contra-ofensiva. Aunque se encuentran completamente solos y aislados, entienden con un optimismo demente que tienen otra oportunidad. Así, los personajes representan una ficción política del *cyborg* como "texto, máquina, cuerpo y metáfora, todos teorizados e inmersos en la práctica en términos de comunicaciones." (Haraway 1991, 364) donde proyecta su corporalidad hacia posibilidades infinitas de espacio y futuros lejanos, hacia una especie de no-lugar, donde el bloque, el cubículo y la pantalla se difuminan para abrir un ciberespacio. Con la figura del *cyborg*, se fractura completamente el concepto de identidad que una comunidad tradicional necesita para cerrar sus fronteras, abriéndose a otras definiciones. El capítulo final, de solo una página, llamado "Juego futuro", muestra al trío digitalizado en el cíber: "Navegamos el cubículo para probar el primer video juego chileno. Un veloz juego de defensa diseñado por el Lucho, musicalizado por Omar y perfeccionado por mí" (Eltit 2013, 165). Aparece el título en la pantalla: "Pakos Kuliaos", juego de contraataque que el trío del cíber ha construido para socavar la violencia policial que los reprime. El trío ha digitalizado sus cuerpos, han ingresado en la red y han salido del bloque para provocar una ofensiva por medio del insulto a la fuerza policial a través del juego… "Pakos Kuliaos" podría ser viral.

Sergio Rojas afirma que los personajes de Eltit corresponden a una "subjetividad en expansión" que no se relaciona con los hábitos cotidianos o con una conciencia ciudadana, sino que se trata "de la estatura post humana de lo Real que se presiente al desencadenarse los acontecimientos, en el derrumbe de la diferencia simple entre el bien y el mal, en la alteración radical de la gramática del mundo conforme a la economía sujeto/predicado" (2012, 239). Por ello hemos visto que en todas las obras existe una exposición constante de cuerpos heridos, sangrantes, sometidos, monstruosos, todos marginados, sudacas o tercermundistas que son significantes para la catástrofe. Esta exposición de cuerpos es muy importante para mostrar la violencia de la realidad en diferentes ámbitos (dictadura, Chile, Latinoamérica, globalización, etcétera) y así "hacer posible la experiencia estética de la imposibilidad de comprender el mundo" (241). Sin embargo, este horror al que están sometidos estos cuerpos-personajes no implica la destrucción de estas subjetividades. Ellos permanecen de pie, siguen actuando y hablando a pesar de la catástrofe de su contexto. Se trata de "pasar del estado de víctima al estado de alguien que está de pie" (Badiou 2007, 25), evitando la mirada paternalista y victimizada de los marginales por medio de un acto estético y no por medio de un acto de sufrimiento. El cuerpo lacerado no es solo un cuerpo, sino que es un cuerpo que porta una idea. Al herir el cuerpo se intenta fracturar la idea que conlleva, por eso los personajes en la obra de Eltit se mantienen de pie, porque las heridas abiertas les permiten exponer esa idea a pesar de sus cuerpos fracturados. Esto es un acto de justicia. Ellos portan en la conciencia de la subordinación, las herramientas que les permiten crear la grieta en ese sistema hegemónico que intenta marginalizarlos. De allí el compromiso político de la obra de Eltit que representa esta lucha contra lo que Badiou llama "la esclavitud moderna", la representación de un cuerpo que no es un cuerpo consumido ni miserablemente pasivo, sino un cuerpo que porta una idea. Por todo esto que el desafío a la organización social, la fisura al cuerpo y al lenguaje, el torcimiento de la lengua, son algunos de los puntos de fuga que ellos utilizan para instaurarse porfiadamente en el escenario de la Historia.

III

# La excriptura y la comunidad de cuerpos disidentes

> *La organización simbólica que contiene la escritura literaria es tan extensa y por ello inasible, tan múltiple, a la vez, que cualquier intento por cercarla es solo un gesto reductor, una parodia simplificada de la energía que la posibilita, una referencia asfixiada del paisaje, apenas un simulacro de su transcurso.*
>
> Diamela Eltit, "Acerca del hacer literario".

La relación entre personajes marginales o precarios y su forma de representación es un elemento importante en las obras de Eltit como hemos observado en este análisis. El concepto mismo de "subjetividad" implica la experiencia misma del sujeto en relación con su contexto. Entonces ¿qué observamos en las obras de Eltit? A manera de recapitulación, vemos una subjetividad descentrada, fluctuante, exuberante, que habita espacios movibles de forma improductiva y transgresiva. Los personajes son dispersos y fragmentados que contienen una pulsión comunitaria. En el plano textual, tenemos un estilo narrativo con un lenguaje artificioso, una superabundancia de significantes que se distancian de su significado convencional y de su propiedad comunicativa. Entonces, ¿de qué modo el discurso eltitiano se va configurando mediante diferentes artificios que quiebran el sintagma lingüístico? Y ¿de qué forma estos artificios se *incorporan*, es decir, se hacen cuerpo en las obras?

---

**Cómo citar esta parte:**
Barrientos, M. 2019. *La pulsión comunitaria en la obra de Diamela Eltit*. Pp. 103–105. Pittsburgh, Estados Unidos: Latin American Research Commons. DOI: https://doi.org/10.25154/book1.k. Licencia: CC-BY-NC 4.0

Es necesario considerar el sentido de escritura perversa y artificiosa en la obra de Diamela Eltit que prefiere el suplemento a la cosa misma, la repetición constante de un ensayo no terminado[64]. Los silencios, los espacios en blanco y las constantes intervenciones en aquellos espacios donde el *logos* predominó por medio de la voz docta (tribunales, escuelas, asambleas, etcétera) provocan la aparición de espacios y cuerpos que diseminan los bordes de la identidad. El cuerpo propio desaparece y se deja ocupar por los signos y las marcas de aquello que ha sido negado. Es así como los personajes, por medio de una *performance*, muestran orgullosamente las heridas autoinferidas en el proceso de subjetivación, es decir, en la búsqueda de algún punto de fuga donde el cuerpo y el texto se fragmentan y se asumen abyectos, ya que son cuerpos autoflagelados, sudacas, incestuosos, lacerados. Las (los) protagonistas se dañan para reescribir su propia historia y así lo vemos en las diferentes novelas: L.Iluminada escribe en la propia piel y en la plaza, o como Francisca que su ojo estalla para provocar la alteración a la mirada fija; o la madre del niño baboso cuya mano termina agarrotada al intentar escribir linealmente, o los vendedores de un supermercado que pierden sus dedos en el proceso de trabajo, o los cuerpos de una madre y una hija bicentenarias que se funden para negar la historia oficial. Todos son cuerpos cifrados, escritos violentos sobre la piel para mostrar la impureza del lenguaje, el quiebre de la letra y la fragmentación del cuerpo, que se relaciona con el fragmento de la sintaxis de las propias obras al romper el carácter lineal y representacional de lo que se entiende como narrativa. Algunos de los textos eltitianos son más extremos en el quiebre sintagmático, como *Lumpérica, Por la patria* y *El padre mío*, donde además encontramos una mixtura de géneros literarios. Otras novelas se inician con una historia narrada linealmente, pero el cuerpo se fisura como producto del agotamiento de algún elemento corporal o por el exceso de un lenguaje vulgar, como ocurre con los trabajadores del supermercado, cuya única forma de comunicación es el lenguaje del lumpen que contrasta con la higiene y organización del súper. En todos ellos, la sintaxis y el cuerpo quebrado provocan un cuerpo-página que inscribe su crítica en cualquier sistema de normalización, sea este político, social o académico.

El cuerpo es un elemento fundamental y primario, cultural, histórico y geográficamente específico. Por otro lado, se vive y se habitan los espacios en función de los cuerpos. Algunas geógrafas feministas afirman que el cuerpo femenino es particularmente un lugar de lucha por razón de las políticas de natalidad y maternidad, de violación, aborto, esterilización, prostitución, etcétera. Por

---

[64] Severo Sarduy afirma del carácter perverso: "Pervertirse no es solo ampliar los gestos de la sexualidad, sino también reducirlos. [...] El perverso explora un instante; en la basta combinatoria sexual, solo un *juego* lo seduce y justifica. Pero ese instante, fugaz entre todos, en que la configuración de su deseo se realiza, se retira cada vez más, es cada vez más inalcanzable, como si algo que cae, que se pierde, viniera a romper, a crear un hiato, una falla, entre la realidad y el deseo. Vértigo de ese inalcanzable, la perversión es la repetición del gesto que cree alcanzarlo" (1987, 233).

ello, la designación del lugar dentro de una estructura socio-espacial indica los diferentes roles, capacidades de acción y acceso al poder en este orden social (Harvey 1990, 419) y que para las mujeres, el espacio ha sido asignado desde la esfera doméstica del hogar y la vida privada. El cuerpo entonces es geopolítico, su ubicación está marcada por su posición dentro de circunstancias históricas y geográficas específicas de acuerdo con una jerarquía espacial de escalas de opresión que se inicia desde el cuerpo hacia el exterior, desde políticas privadas o íntimas hacia políticas globales. Como se ha afirmado anteriormente, los espacios son móviles y los lugares múltiples y diferenciados y, por lo tanto, una mirada geopolítica del cuerpo implica un movimiento fluido hacia diferentes registros espaciales. Se trata, en fin, de cartografiar los puntos de conexión entre los individuos y el lugar. Por lo tanto, cuerpo y espacio se hallan sujetos a una intrincada red de relaciones espaciales donde se construyen sujetos incorporados, pero ¿de qué forma se espacializan los cuerpos en la obra de Eltit? En una entrevista, la autora responde: "Me ha interesado trabajar la sangre como violencia, como fluido, como conexión [...] porque tiene que ver con la herida, con la vida, con la muerte, tiene que ver con el cuerpo de la mujer" (Chapple 2017, 105).

El cuerpo siempre es exposición, según Jean-Luc Nancy, ya que esta misma corrobora su existencia, afirmando que debemos hacernos cargo de su desnudez, de su extrañeza y de su intrusión porque no podemos hablar de un cuerpo propio sin que sea un cuerpo intruso el que se muestra en él; por lo tanto, nuestros cuerpos no son nuestros, sino que lo son cuando muestran ese cuerpo extraño, ajeno e impropio, que levanta cada cuerpo nuestro: "Cuerpo propio: para ser propio, el cuerpo debe ser extraño, y así encontrarse apropiado" (2015, 21). Se trata de devolverle un peso que se le ha sustraído históricamente a lo largo de toda nuestra tradición y que ha dejado de ser confundido con una carga, como el muro de la prisión, como la tumba, pero sobre todo la caída, derrota, error o fracaso.

El cuerpo, como hemos visto, es un elemento fundamental en la obra de Eltit. La misma autora afirma que "sobre el cuerpo se ensayan y se ejercen discursos sociales, la mayoría de ellos bastante opresivos y represivos" (Lazzara 2017b, 239). Por esto, el cuerpo sexuado en las novelas casi siempre es femenino y nunca completo, sino fragmentos corporales sometidos a diferentes formas de violencia, como son cuerpos violentados, hambrientos, políticos, eróticos, sangrantes, maternales, etcétera. Es por esto que nos preguntamos ¿cómo los cuerpos femeninos violentados se convierten en cuerpos disidentes en la obra de Eltit? Para ello, examinaremos las diferentes formas en que el espacio se in-corpora en las novelas de Eltit, desde los micro-espacios uterinos hasta la conformación de ciudades, así como las diversas formas en que el cuerpo es habitado por la violencia histórico-política y, en particular, por la violencia genérica sexual que producen cuerpos desalojados de una norma estética y cultural.

CAPÍTULO I

# Exceso y transgresión: hacia una estética desobrada en las obras de Eltit

El concepto de escritura y la relación con el cuerpo convergen en una exuberancia lingüística que produce un efecto de ambigüedad y confusión por razón de la acumulación de elementos suplementarios significantes que el lector debe llenar. El exceso que las obras contienen se traduce en el plano discursivo-textual transgrediendo la norma comunicativa del lenguaje, rompiendo el lazo "natural" de la representación y la comunicación. Es lo que Roland Barthes reconoce como desestructuración en el análisis del texto, afirmando que la "distorsión" y la "expansión" son dos fuerzas presentes en el discurso narrativo. La primera tuerce las secuencias de la historia y la segunda inserta expansiones impredecibles en medio de estas extensiones, provocando la fuga en la estructura del nivel funcional del texto (1977, 118). Esta "fuga" de distensiones y extensiones es lo que entrega a la narración un grado de dinamismo, pero a la vez la hace más exigente para el lector que debe comprometerse con otra forma de lectura. El compromiso es precisamente un elemento fundamental, ya que produce el sentido de goce al requerir mayor entrega y participación de parte del lector:

> Texto de goce: el que pone en estado de pérdida, desacomoda (tal vez incluso hasta una forma de aburrimiento), hace vacilar los fundamentos históricos, culturales, psicológicos del lector, la congruencia de sus gustos, de sus valores y sus recuerdos, pone en crisis su relación con el lenguaje (1993, 25).

Las obras de Eltit son el resultado de este proceso de fuga donde los narradores adquieren cuerpo en el proceso mismo de escribir. De este modo y

---

**Cómo citar este capítulo:**
Barrientos, M. 2019. *La pulsión comunitaria en la obra de Diamela Eltit*. Pp. 107–128. Pittsburgh, Estados Unidos: Latin American Research Commons. DOI: https://doi.org/10.25154/book1.l. Licencia: CC-BY-NC 4.0

siguiendo la estética neobarroca que hemos planteado previamente, analizaremos tres modalidades de textualización en su obra las cuales se configuran por medio del artificio, la parodia y el erotismo como formas de desestabilización de la identidad cultural y sexual que se exhibe por medio de actos discursivos, poses performativas y estéticas desestructurantes de las identidades fijas.

### a) El artificio y la fragmentación repetitiva

Descentramiento, heterogeneidad, desplome del sujeto único: todas son formas de cuestionamiento que han servido para poner en cuestión conceptos que se creían inamovibles e inmutables. Planteamientos que se discuten y debaten en una parte del mundo por algunos filósofos y críticos en un contexto "posmoderno" de la sociedad y que llamaremos *escritura neobarroca* en la obra de Eltit. La "mala visión" producida por daños al órgano retiniano —astilla en el ojo, purulencias, golpe— provoca una falla, una fractura en la categoría privilegiada del conocimiento (*logos*, rey, dios, padre) que instala la duda y la autocorrección de las obras que constantemente se re-hacen: se enuncia y se asevera, pero inmediatamente se niega o corrige lo dicho anteriormente. Todo recurso es válido para mentir, actuar o representar con tal de "provocar la ilusión de una trama verdadera" (Eltit 1992, 187). Esto permite que los textos se encuentren en constante reelaboración, de modo que la posibilidad de encontrar el original no exista porque cada texto retiene elementos previos dejando huellas y marcas que se movilizan entre capítulos y textos, entonces, ¿qué perdura? Estas marcas, estos "residuos de textos", este constante movimiento que no permite la fijación y la estabilidad es una máscara, el simulacro de una presencia que se desplaza y que remite a otra que también ha sido desplazada. Nada en los textos permanece porque los personajes son tránsfugos, el tiempo es fugaz y el espacio, fisurado. Las marcas se reiteran, pero también se rehacen en cada capítulo y en cada texto ya que cada atentado tiene diferentes contextos y todos son insuficientes.

Hemos afirmado que el cuerpo no es solo un motivo en la escritura neobarroca, sino que opera como productor de sentido en la materialidad misma del lenguaje, como afirma Sarduy:

> La literatura es [...] un arte del tatuaje: inscribe, cifra en la masa amorfa del lenguaje informativo los verdaderos signos de significación. Pero esta inscripción no es posible sin herida, sin pérdida. Para que la masa informativa en texto, para que la palabra comunique, el escritor tiene que tatuarla, que insertar en ellas pictogramas. La escritura sería el arte de esos *grafos,* de lo pictural asumido por el discurso, pero también el arte de la proliferación. La plasticidad del signo escrito y su carácter barroco están presentes en toda la literatura que no olvide su naturaleza de *inscripción,* eso que podía llamarse *escripturalidad* (1987, 266).

Este carácter de la escritura, que Jean-Luc Nancy similarmente llama *excriptura*, se produce precisamente por el exceso del cuerpo retórico que se exhibe como artificio para liberar el significante del significado. El artificio, siguiendo la postura de Sergio Rojas, no significa "vaciamiento de sentido, sino potenciación de la significalidad del texto" (2010, 377), ya que el artificio, que provoca el retraso del signo, mantiene al lector en la dimensión de la escritura, esperando por el sentido. Por ello, el artificio depende de un cuerpo lingüístico excesivo que resulte de una proliferación del significante que se encuentra tras un velo que obliga al lector a descorrerlo. Es un proceso de enmascaramiento, de ocultación progresiva, donde es necesaria una operación en el metalenguaje para poder desmontarla; es un trabajo que se realiza en la metáfora no tradicional porque esta es ya metalingüística, sino sobre esta metáfora, dando origen a una metáfora de una metáfora o una artificialización en extremo. Este recurso es análogo al travestismo antes mencionado, es decir, disfraz sobre un disfraz, ocultación o simulación por la metamorfosis de los cuerpos que se van movilizando por medio de diferentes atentados en la piel que se extienden a la página, como son la sustitución, la proliferación y la condensación,[65] mecanismos lingüísticos del artificio que configuran la materialidad física del cuerpo y el texto que provocan la fisura en la piel y en la página, y además instalan la duda en el lector porque todo es mentira, ha sido ensayado como un "espectáculo de aceptación con la mirada capada" (Eltit 2007b, 203) para provocar el error de modo que todo vuelva a hacerse, a re-presentarse.

El cuestionamiento a la fijeza del significado provoca el quiebre en su rostro, donde aparecen las grietas que se mantenían ocultas, provocando la aparición de múltiples formas que se encontraban detrás del velo. Los personajes, "con caras perversamente maquilladas para ocultar las huellas de sus verdaderas identidades" (Eltit 1992, 85) ponen en duda y en crisis las nociones tradicionales de identidad. Es por esta razón que se presentan vaciados de todo imperativo de legalidad, el cual funda sus bases en el conocimiento racional de lo identificable, ya que cada personaje es un desborde que no permite la nominación. Para Sarduy, "la proliferación" se produce en el exceso, debido a que el significante es fracturado y distanciado del significado, el cual es reemplazado por una cadena metonímica que lo circunscribe, produciendo una exuberancia de términos (1998, 170). Para analizar de qué forma opera textualmente esta técnica, nos centraremos en *El padre mío* (1989), una de las obras más interesantes y rupturistas de Diamela Eltit, donde encontramos una proliferación de significantes que concuerdan con el habla de un personaje desestabilizado al máximo. En el prólogo, la autora relata cómo conoce a este vagabundo de una zona periférica de Santiago. Sus conversaciones fueron grabadas y se plasmó en escrito directamente

---

[65] Una explicación más detallada de estos conceptos se encuentran en Sarduy, "El barroco y neobarroco" (1998).

desde la grabación que realizó en tres oportunidades[66]. La presentación es una especie de guía, explicación y quizás re-visión del contexto de *El padre mío*:

> Buscaba, especialmente, captar y capturar una estética generadora de significaciones culturales, entendiendo el movimiento vital de esas zonas como una suerte de negativo —como el negativo fotográfico—, necesario para configurar un positivo —el resto de la ciudad— a través de una fuerte exclusión territorial para así mantener intacto el sistema social tramado bajo fuertes y sostenidas jerarquizaciones (11).

La autora presenta el contexto del relato dentro de un proceso de investigación de los seres marginales de la ciudad, específicamente vagabundos, mostrándolos desde una perspectiva estética, describiendo lo atiborrado de sus atuendos y la cantidad de objetos que portan. En este exceso de ornamentos, Eltit reconoce el barroco de sus formas: "Esta exterioridad se constituía desde la acumulación del desecho y la disposición para articular una corporalidad barroca temible en su exceso" (12). Es precisamente el exceso el principal factor que constituye a *El padre mío*: el exceso de ropa, de locura, de nombres, de identidades y de palabras. Los vagabundos transforman la mirada de la autora en esculturas de barro, como ella indica, haciendo de su presencia un elemento estético: "Por esto, era posible enlazar la idea que estaban dispuesto así para la mirada, para obtener la mirada del otro, de los otros y que todo ese barroquismo encubría la necesidad de conseguir ser mirados, ser admirados en la diferencia límite tras lo cual se habrían organizado" (13). Posteriormente, se narra el encuentro con el padre mío, su lugar de habitación, las condiciones en que vive y también las de su discurso y sus problemas de transcripción, además de las dudas frente al trabajo recopilado: "Desde dónde recoger esta habla era la pregunta que principalmente me problematizaba, especialmente, porque su decir toca múltiples límites abordables desde disciplinas formalizadas y ajenas para mí, como la siquiatría, por ejemplo" (16). La respuesta a esta interrogante aparece casi de inmediato: desde la literatura. Así plantea como real el delirio de un loco, situándolo como un imaginario. Es desde este punto que debemos leer este relato que desde un principio fue pensado como un trabajo estético. Con esto quiero afirmar que, en esa salida a las zonas periféricas de la ciudad, Eltit y Rosenfeld no buscaban un documento histórico o una prueba material de las jerarquizaciones y marginalidades santiaguinas, sino que se plantea como la búsqueda de "una suerte de negativo", es decir, un trabajo desde la escritura y lo estético, no desde la etnografía o la antropología. El bautizo de Eltit al darle como nombre "Padre mío" es por la relación filial que entabla, convirtiéndose

---

[66] Diamela Eltit y Lotty Rosenfeld tuvieron tres entrevistas con este vagabundo, en 1983, 1984 y 1985, en el mismo sitio eriazo en que habitaba. El contexto fue una investigación acerca de la ciudad y los márgenes en que visitaban prostíbulos, hospederías, barrios marginales. Todo se documentó en grabaciones y videos (Eltit 1989,11).

en la hija que hablará por el padre, pero no con el propósito de nominarlo para fijarlo en una identidad "identificable", sino para darle una categorización masculina a quien posee el control total pese a su discurso delirante. La nominación del padre mío, a su vez, se disemina en otros nombres que corresponden metafóricamente a los poderes causantes de la ruina del personaje. Esta explosión y carencia de identidades hacen del nombre propio un significante completamente inestable y fracturado, al igual que su propio discurso: "El mismo señor Pinochet es el señor Colvin, es el mismo jugador William Marín de Audax Italiano, el mismo. Él es el señor Colvin, el señor Luengo el rey Jorge, uno de ellos [...]" (29). Esta repetición obsesiva provoca la diseminación de un significante ausente —el personaje no tiene nombre— por medio de diferentes nombres alusivos al poder. Se relaciona con esa búsqueda o deseo, que es también deseo de escritura que se materializa en el significante obsesivo por el poder: "El Padre Mío, en uno de sus cargos, fue Fiscal Hospitalario, Receptor de Abastecimientos y Director Hospitalario, uno de sus cargos. Él da las órdenes generales de las Fuerzas Armadas aquí en el país. Fue cónsul y todavía lo es y Representante Bancario" (48). La conciencia fragmentada de esta personalidad esquizoide se reconoce en el lenguaje que domina todo el cambio de expresión del sujeto. De este modo, el nombre propio como concepto se desplaza en dos niveles completamente opuestos. Por un lado, nos encontramos con la carencia de nombre del sujeto del relato, pero desde esa carencia absoluta, culmina en una explosión de nombres, juego de significantes que no tienen un inicio y un término. Recordemos que no hay una historia "legible" que podamos seguir, ni una estructura de sentido organizacional porque todo el discurso del loco es un movimiento constante de fluidos verbales que no permiten la interpretación única. La primera habla del loco se inicia con un imperativo "soy el hombre que voy a dar las órdenes aquí yo. Voy a dar las órdenes en el país" (23) donde se confunde con quien será el padre mío, el golpista Pinochet, pero más adelante asume que será otro el padre mío quien da las órdenes ilegales. En esta habla se confunde con personajes de la farándula (el argentino Ledesma) y reconoce que él ha sido "planeado". Este concepto de "estar planeado" tiene diferentes significaciones, dependiendo del tipo de delirio. Por ejemplo, quiere expresar que intentaron matarlo y/o que dieron órdenes para matarlo; también insinúa que le hicieron alguna trampa para robarle. La segunda grabación realizada un año después, se inicia identificándose como Carlos Gardel, pero continúa afirmando que él fue "planeado" por gente importante que lo quería silenciar. Un dato relevante es que dentro de su delirio, reconoce su estado de desestabilización física: "Ya que después me voy a poner a prueba, cuando me reponga [...] ya que lo único que me falta es recuperar la firmeza de mi cuerpo [...]" (40). La tercera grabación, un año después de la segunda, se inicia nuevamente con la figura del Padre mío como eje estructurador de poderes dentro de la Administración. En estos tres años, el delirio del personaje no ha variado, pero logra una conexión con el otro por medio de la segunda persona, para corroborar que sus "explicaciones" son entendidas: "Yo volví a escapar de la mortandad dictada por el hombre —¿qué más claro que los que le estoy explicando?" (60). El personaje, frente al miedo de "estar planeado" por lo que está hablando, pide a sus interlocutores ropa, pero buena ropa: "—¿saben lo que me hace falta?— Una indumentaria en condiciones [...]" (60) para llevarlos donde otras personas con "buenas indumentarias" (63) porque son personas importantes, que dan las órdenes en el país. Es por ello que es cierto que el padre mío es la metáfora del "Chile entero y a pedazos" (17), como afirma Eltit en su presentación, pero también es la metáfora encarnada del poder, donde el personaje se reconoce como un padeciente por no tener una indumentaria "en condiciones", es decir, no ser visto como lo demás, reconocerse en el margen por "estar planeado". La última habla finaliza con una frase que deja pensando: "Yo llevo mi existencia en estas condiciones sabiendo lo que les estoy explicando yo" (70). El sujeto presenta, en su habla esquizoide, las redes de poder que manejan la sociedad y que pasan muchas veces inadvertidas. Por eso señala que él mismo es testimonio, ya que estas redes de poder se han in-corporado convirtiéndolo en el discurso que leemos, en el loco que es testimonio, en la performance del poder que se imprime en su discurso fisurado. Para Leonidas Morales, el habla del loco tiene un trasfondo verdadero, real, ya que el loco, al igual que la figura griega, porta en su delirio, una verdad, que sería "la verdad del loco" (2008, 201). Y la primera verdad del loco es que su relato es una metáfora de la dictadura. Ya Eltit lo había adelantado en su presentación:

Es Chile pensé.
Chile entero y a pedazos en la enfermedad de este hombre; jirones de diarios, fragmentos de exterminio, sílabas de muerte, pausas de mentira, frases comerciales, nombres de difuntos. Es una honda crisis del lenguaje, una infección en la memoria, una desarticulación de las ideologías. (17)

Sin embargo, el discurso del loco esconde otra metáfora. Es cierto que es Chile, porque es el contexto en que se encuentra el loco al momento de la entrevista, pero recordemos que el loco no relata una verdad. No puede hacerlo porque un loco no puede, psicológica y jurídicamente, ser testigo, sino que, como afirma el mismo personaje, "Debería servir de testimonio yo" (57), por lo tanto, la otra metáfora es que él mismo, su presencia, su exposición física al mundo es el testimonio, no su relato. Ahora bien, ¿Qué testimonia el padre mío?: el poder en toda su magnitud. El lugar de enunciación es la dictadura chilena, pero su discurso pone en escena lo que Foucault afirma acerca de que el poder no tiene titulares: "Nadie, hablando con propiedad, es su titular, y sin embargo, se ejerce en determinada dirección con unos a un lado y los otros en el otro; no sabemos quién lo tiene exactamente, pero sabemos quién no lo tiene" (2000b, 15). El Padre mío es la figura autoritaria, un usurpador que está rodeado de cómplices. El Padre mío es el poder que está en todas partes.

La "sustitución del signo" como mecanismo neobarroco de artificialización es otro elemento importante para producir un quiebre en el significado. En este proceso, se realiza un trabajo a nivel del signo donde se produce un quiebre entre el significante y el significado, pero a diferencia de la proliferación, el significado ha sido sustituido por otro que está alejado de él y que solo funciona dentro del contexto de la obra. Muchas son las sustituciones en la obra de Eltit, pero analizaremos solo *El infarto del alma* (1994), otro proyecto artístico y estético que no intenta convertirse en testimonio etnográfico o histórico, reflejando, por su carácter completamente fragmentario, los quiebres no solo del signo lingüístico, sino también en la conformación misma del texto que rompe con la normativa de los géneros literarios. Ahora nos encontramos en el encierro de un hospital psiquiátrico donde los personajes se exponen mudos frente a una cámara fotográfica. Diamela Eltit junto con la fotógrafa Paz Errázuriz hicieron un viaje al Hospital Psiquiátrico Philippe Pinel, en el pueblo de Putaendo, ubicado cerca de la cordillera en la Quinta Región de Chile. El "Diario de viaje" tiene como fecha el viernes 7 de agosto de 1992, cuando Eltit relata su experiencia de su visita al hospital. Es un psiquiátrico creado en los años 40 para albergar tuberculosos, pero una vez superada la enfermedad, sirvió como manicomio a pacientes de todo el país, "enfermos residuales, en su mayoría indigentes, algunos sin identificación civil" (2010, 9). Esta es una de las obras más complejas de Eltit, ya que no se trata solo de un texto de ficción, sino que va acompañado de fotografías de Errázuriz, quien asistió en diferentes ocasiones a fotografiar a los asilados. La obra está compuesta de catorce fragmentos o "apartados" donde cinco tienen como título "Infarto del alma", cuatro se titulan "La falta" y aparecen algunos fragmentos intercalados: "Diario de viaje", "El otro, mi otro", "sueño imposible", "Juana la loca", "El amor a la enfermedad". Están escritos en primera persona y ubicados a la izquierda de la página. Junto a los textos, en el lado derecho, encontramos 38 fotografías en blanco y negro, treinta y cinco fotos corresponden a rostros y tres, a espacios en el hospital. *El infarto* muestra de qué forma el amor se manifiesta en estos personajes que se encuentran fuera de la sociedad normalizada, catalogados como residuos, sin identificación ciudadana —al igual que L.Iluminada y el Padre mío— y que solo tienen como posesión ese "amor loco", exceso de amor o amor desbordado que quieren manifestar en todos los rincones de ese edificio. El hospital psiquiátrico, perfecto símbolo del panóptico que hemos analizado previamente, es un significante obliterado al encontrar en los rincones, en los pasillos descuidados del ojo del celador o en la cámara de Paz Errázuriz, el lugar propicio para la expresión de este amor que desborda el disciplinamiento. Pero también se habla de otro tipo de amor, el amor a las letras que hablan del "amor loco". De ahí que Eltit afirma que "Estoy en el manicomio por mi amor a la palabra, por la pasión que me sigue provocando la palabra" (12). Estamos entonces frente a un proyecto de dos autoras con un registro doble —letra y foto— que se desdoblan para crear otros registros más alejados de su definición convencional, como el diario, la poesía, el ensayo, y que intentan mostrar este amor loco hacia la literatura, a la palabra que Eltit anuncia previamente y que intenta explicar con una pregunta: "¿Qué sería describir con palabras la visualidad muda de esas figuras deformadas por los fármacos, sus difíciles manías corporales, el brillo ávido de esos ojos que nos miran, nos traspasan y dejan entrever unas pupilas cuyo horizonte está bifurcado?" (10). La respuesta a esta pregunta que una de las autoras se plantea es precisamente el foto-libro que le(v)emos. A través de la palabra, el amor, la locura y la fotografía podemos ingresar en ese encierro y en la fisura que ese amor de los locos nos expone por medio de las fotos y las palabras que se convierten en un significante separado del contexto del amor clásico, del amor feliz y heroico de las novelas tradicionales o del *bestseller* y que nos muestra un amor no logrado que se articula mediante diferentes mecanismos de disciplinamiento que se han incorporado en estos personajes. El encierro es lo más visible, por ello las autoras resaltan los rostros deformados, los ojos vidriosos y nos hablan del color oscuro producto de los medicamentos que, en sus cuerpos frágiles, representan el sistema que intenta normalizarlos o, en muchos casos al menos, mantenerlos al margen.

El quiebre del signo se produce por medio de dos tipos de fragmentos que permanecen a lo largo de la obra. El primero es *El infarto del alma* que, con cinco cartas, abren y cierran la obra. Las cartas están intercaladas con el poema "La Falta", cuatro fragmentos de cuatro versos, que mezclados producen un cierto ritmo dentro de la obra. Las cartas están escritas en primera persona y tienen una voz femenina que se dirige a un amado ausente expresando su tormento amoroso. Las cuatro primeras cartas se inician con el encabezado "Te escribo", donde la voz vuelca su pasión absoluta por la pérdida del amor que se convierte en locura por la ausencia del amado. En la primera carta vemos una subjetividad completamente atormentada que relaciona la pérdida del amado con la torcedura de la mano que provoca esta escritura quebrada: "¿Con qué derecho hubiste de torcer el curso de mi mano?" (5). La mano torcida augura una catástrofe porque el curso de la vida será una "extensa corrupción" (7). El tono de las siguientes cartas es más o menos similar, excepto la última carta con que se cierra la obra. Aquí la voz ya no se dirige a un "otro" o un "tú", sino que escribe para ella misma: "Besaré mi propia boca fugazmente apenas se produzca la primera distracción de la noche" (85). El amado ha sido expulsado del deseo que ahora se vuelca hacia ella misma afirmando que "no deseo más que mi propio deseo" (85). Se trata de un tipo de escritura en que la inscripción del cuerpo femenino se textualiza en un lenguaje marginalizado y reprimido por los principios de racionalidad y lógica de un orden simbólico masculino. Para Luce Irigaray, la sexualidad femenina es plural debido a que los órganos sexuales son múltiples y permiten que el cuerpo se pueda tocar a sí mismo, abriendo el espacio de clausura que los modelos masculinos dominantes han mantenido sobre los cuerpos de las mujeres. Por ello, la voz femenina de la carta nos remite a ese tipo de amor hacia uno mismo: "Cuando dices te amo —quedándote aquí, cerca de ti, de mí— tú dices *me amo*. No tienes que esperar a que te lo expresen, yo tampoco" (Irigaray 2009, 156). El deseo ya no se canaliza hacia otro, sino hacia sí mismo transformándose en escritura.

La sección titulada "La falta", que se encuentra después de estas cartas, muestra el objeto amado que ya se encuentra ausente. Son tres pequeños fragmentos de cuatro versos que comenta ese vacío que se metaforiza con la figura del hambre:

> El hambre se cuelga de la punta de mi lengua
> Más de 100 días, 24 noches y el hambre crece y
> Se retuerce y gime como una mujer enfurecida (Eltit 2010, 49)

En la punta de la lengua se encuentra la falta de la frase, de la palabra que no se puede expresar, porque hay una falta, un vacío en el significante que se representa con la sensación de hambre ¿hambre de qué?... comida, amor, palabras. La exageración del tiempo representa precisamente el aumento del deseo y, por lo tanto, del hambre. A medida que avanzamos en la obra, "La falta" reaparece más hambrienta para anunciar:

> Las horas suman 35 días, 200 noches
> Ya no sé cuál esperanza sostiene a mi cuerpo
> En medio del hambre, del hambre, del hambre
> Ah, otro minuto. 100 noches, 400 días (59).

"La falta" es la poetización del carácter indigente por la pérdida del amado, del sentido y la reescritura de las fotografías de esos cuerpos abandonados y recluidos. El hambre, la falta son entonces partes constitutivas de estos cuerpos desde antes del nacimiento, como lo afirma el último poema:

> El hambre estaba allí, antes de mi nacimiento.
> Mis camaradas sufren 1000 días, 525 noches.
> Malhaya vida. El cuerpo, el alma, hambreados (83).

Las cartas y "la falta" son la experiencia fragmentada del yo que se representa en el trozo de la letra, del discurso y de ese pedazo de pan que consumen cada mañana, ya que la subjetividad no se asume como unitaria sino "infartada" por el deseo obsesivo hacia el otro, hacia el amado siempre ausente que es la propia escritura.

Vimos que la "proliferación" y la "sustitución" son mecanismos de artificio en que el signo es exacerbado y fracturado para provocar el enmascaramiento y la torcedura del signo. El último mecanismo de artificio que discutiremos es "la condensación", donde dos elementos, que pueden ser fonéticos, visuales o textuales, chocan y se fusionan de tal forma que emerge otro elemento que provoca un efecto simulado. Es un enmascaramiento absoluto debido a la desfiguración y descomposición completa de las palabras y/o el texto en el plano denotativo, obligando al lector a penetrar profundamente los diferentes niveles discursivos, para activar la lectura del texto.

Para este análisis, nos centraremos en la obra *Puño y letra: juicio oral* (2005) donde una voz narrativa, que es la misma autora, aparece en forma sistemática en el juicio oral que se llevó a cabo en Buenos Aires contra el chileno Enrique Arancibia Clavel por el asesinato del ex general del ejército Carlos Prats y su esposa Sofía Cuthbert durante los primeros años de la dictadura chilena, tomando como fecha clave 1974, año del asesinato que marca la institucionalización de los abusos realizados por la dictadura: "Ese año sombrío, el año del bombazo en Buenos Aires, instauró el tiempo deliberado y sistemático de las torturas, de las balas, los asesinatos, los despidos, las desapariciones, los nuevos requisitos" (183) que moldean el cuerpo de Chile dentro de los parámetros del nuevo orden militar. El texto está armado con diferentes secciones. La primera parte es la presentación, donde la autora-narradora-testigo explica a los lectores por qué decidió escribir: "Cuando el juicio terminó comencé a pensar, vagamente, en la posibilidad de organizar un libro. Lo hice porque el escenario jurídico que había presenciado se negaba a abandonarme" (13). Cada uno de estos textos yuxtapuestos van presentando diferentes informaciones que nosotros, como lectores-jueces, necesitamos para emitir nuestro propio juicio. En un primer nivel se encuentra la narradora-testigo que entrega sus impresiones al inicio con la "Presentación" y, al final, con "Tranversal-mente", luego la narradora-testigo presenta los detalles de la vida de Arancibia Clavel extraídos del juicio. Posteriormente, el capítulo "Textualmente" incluye las declaraciones de Zambelli donde vamos descubriendo la relación con Arancibia Clavel y la farándula argentina. "Alegato" incluye la querella de la familia Prats y "Transversal-mente" explica su visión del año 1974. Todos los documentos van armando paulatinamente el juicio de una experiencia que no se puede narrar, debido a su violencia y falta de justicia.

A pesar de que tenemos a una autora, Diamela Eltit, que se convierte en narradora y testigo de este juicio, podemos observar que su autoridad se va diseminando rápidamente después de la "Presentación" para traer las voces de otras figuras ausentes, como es la carta de Pinochet, donde se corrobora la traición que el dictador ha cometido como verdadero culpable del asesinato. También los textos jurídicos hablan desde la legalidad demostrando que las herramientas legales son insuficientes para lograr justicia respecto a este horrible homicidio. Por ello, la voz de la testigo se erige en la primera parte como una voz privilegiada para luego fundirse con las otras voces. Su presencia en el juicio no es la voz autorizada de un jurista, sino la del "huérfano" como "este sujeto vaciado de contenido para exhibir una carencia primigenia, activada por un acontecimiento histórico, el de 1973" (Cánovas 1997, 39). La orfandad de la testigo se debe al horrible año de 1974 en que matan al coronel Prat, también matan el legado de Chile, junto a miles de otros chilenos, todos madres, padres y hermanos. Por ello se necesita esta voz para mostrar este "rencor antiguo, enteramente chileno" (Eltit 2005, 21) a través de sus percepciones y documentos respecto a este proyecto. El resultado es también un montaje que debemos interpretar —como lo ha hecho la testigo antes de la escritura— donde "lo montado interrumpe en el contexto en el cual se monta, ya que requiere una reconstrucción donde la actitud de narrar se vuelca sobre sí misma para establecer una relación afectiva y ética sobre su propio relato" (Barrientos 2009, 198). El capítulo llamado "Enrique, Juan, Juan Felipe, Luis Felipe, Miguel" muestra en forma más clara el alejamiento del signo, en este caso, del culpable, Enrique Lautaro Arancibia Clavel, que es analizado por la testigo desde el lugar del "miedo antiguo que resurge" (Eltit 2005, 21). Es una especie de cronograma de la vida del acusado y de sus impresiones, como testigo *in situ* del juicio, donde la testigo lo relaciona desde un principio con el espectáculo y la representación, reconociendo en él una imagen estereotipada: "Ubicado plenamente en la sala, en el centro que será su escenario, pareciera que estuviese actuando la ficción cinematográfica de un soldado capturado [...]" (21). Por ello, Arancibia Clavel no es un personaje creíble y la narradora-testigo afirma, en reiteradas ocasiones, que es un "pájaro de cuentas" (22), como un hombre a quien por sus características hay que tratar con sumo cuidado. Es una figura escurridiza, movible, ilegítima, haciendo el trabajo sucio de los militares, por lo que no podemos saber si Arancibia Clavel dice o no la verdad. Desde la mirada en la escena del juicio, hasta su vestuario, todo es una representación y él lo sabe, porque, según el juicio, Arancibia posee múltiples identidades, todas relacionadas con la violencia militar. Arancibia Clavel se constituye por una falta constante en su vida, ya que fue un hijo de militar, pero él mismo no logró serlo, por eso ingresa como civil a la DINA, "pero en este juego severo con su carencia de ser o, al revés, en su deseo de alcanzar una identidad, fue produciendo una catástrofe humana" (29). En su búsqueda obsesiva de una identidad que nunca logra alcanzar provoca los daños más crueles en esos tiempos de dictadura: secuestros, torturas, desapariciones. Arancibia es una falla, porque a pesar de ser encontrado culpable, exhibe con su presencia el vacío de los verdaderos culpables que deberían estar en el banquillo de los acusados que son los militares de verdad y no una "mala copia" de alguien que quiso serlo. Allí falta Contreras, Iturriaga Neumann y sobre todo Pinochet, el verdadero culpable. Es por ello que Arancibia no es llamado a testificar en este texto porque no importa su presencia ni su voz porque ya sabemos que es una representación muy bien aprendida. La narradora-testigo no le dará lugar en este otro juicio, el juicio de nosotros, los otros testigos.

El capítulo "Las contradicciones de Zambelli. Crimen y farándula" muestra el escenario jurídico de la declaración de este testigo quien es llamado a declarar por su relación sentimental con Arancibia Clavel. Zambelli trabaja en diferentes teatros en Buenos Aires como coreógrafo y bailarín, y es allí donde conoce a Arancibia quien era un visitante frecuente de esos lugares. Zambelli mantiene la misma dinámica teatral mientras es interrogado, representa un juego lleno de contradicciones sobre acontecimientos, dineros recibidos y fechas que no permiten llegar a una conclusión creíble acerca de los hechos, pero sí de su relación íntima con el acusado. Este testigo vive solo para el teatro, como afirma reiteradamente, por esa razón dice desconocer completamente las acciones de Arancibia. Durante el proceso, Zambelli va construyendo una identidad por medio de diferentes repertorios artísticos, por lo que su figura representa un estereotipo de la espectacularidad, pues el teatro y la política son sus escenarios y lo representa muy bien al transferirlo a este escenario jurídico. Su declaración no es solo la representación de una farsa, sino también la construcción de la identidad de Arancibia, esta vez mediada por las luces y el satín de las revistas bonaerenses. Así declara conocer a Arancibia por primera vez:

> Zambelli:
> [...] Después que terminó Susana, yo seguí haciendo la temporada de verano porque ella no quería que yo me vaya, para que quedara para el invierno del 75. O sea para la temporada oficial. Bueno, y ...él me paró y me dijo: "Vi el espectáculo, me pareció bárbaro, bailás muy bien". "Bueno, muchísimas gracias, ¿cuál es tu nombre?", él me dice "Juan". Este... "¿A qué te dedicás?". Me dice que es corresponsal del *Paris Match*. Esas fueron las palabras. Yo estaba muy apurado porque tenía que volver al teatro y me dice: "Si vos querés, dame el número de teléfono". Le di el número de teléfono y se lo di mal el número de teléfono. Se lo di mal a propósito (Eltit 2005, 46).

Diamela Eltit, como testigo-narradora, selecciona precisamente esta declaración porque representa la imposibilidad del proceso de construcción de una verdad y, por ende, de justicia. El tribunal de justicia es transformado en un teatro donde la fuerza de ley es precisamente el quiebre del escenario judicial.

La falta que hemos anunciado se representa por medio de la carta de Pinochet al general Prat que la narradora-testigo inserta al inicio del relato, inmediatamente después de la "Presentación". Esta carta muestra una relación íntima en la que Pinochet utiliza las palabras "querido" y "amigo" que comprueban la relación de amistad que existía entre ellos, expresando que "es mi propósito manifestarle —junto con mi invariable afecto hacia su persona— mis sentimientos de sincera amistad" (17). La carta tiene como fecha el 7 de septiembre de 1973, tres días antes del golpe de Estado, por ello, como afirma Áurea Sotomayor (2012), Pinochet comparece a este juicio en el texto *in absentia*, "a través de su carta enviada a Prats, que ubicada en el pórtico de esta novela adquiere el paradójico valor del falso testimonio equivalente a la traición" (1015). Sabemos quiénes son los culpables, pero no se encuentran presentes en el juicio, conocemos a Arancibia Clavel, pero no su testimonio directo, sino mediante la narradora, Zambelli y la única grabación puesta en los documentos, sabemos quién es el culpable de traición, por la carta de Pinochet, es decir, toda la obra está dispuesta como una maquinaria que intenta encontrar una justicia que huye a cada instante. Los documentos judiciales, las impresiones de la testigo, los alegatos, son posibles vías para la búsqueda de una justicia que se hace inalcanzable. Por esto es importante la pregunta que plantea Shoshana Felman sobre cómo el acto de escritura se encuentra ligado al acto de ser testigo y si el acto de lectura de textos literarios está relacionado con el acto de encarar el horror (1995, 14). Nos parece que, si el testimonio está lleno de vacíos y silencios, es el arte quien recupera la voz para posibilitar la representación de lo incomprensible del sufrimiento vivido. El resultado en este caso es un texto completamente diverso que no podemos clasificar como novela, ensayo o testimonio, pero que, sin embargo, expresa en forma muy profunda la "alevosía que no cesa" al dar el veredicto: reclusión perpetua. La rabia íntegramente chilena que invade a la narradora-testigo y a nosotros los lectores-espectadores del juicio, es la falta, la falla en el juicio porque "No están los otros" "faltan los militares 'de verdad'. Son cuerpos ausentes y, no obstante, cruciales para conformar una escena definitiva" (Eltit 2005, 30). Carlos Prat y el desmembramiento del cuerpo de su esposa producto de la bomba simbolizan la fractura moral, ética y corporal de la violencia condensada en los cuerpos de cada uno de los chilenos:

> Aprendimos a destruirnos. Un enorme contingente deambulando en la ciudad, atravesando espacios públicos, sorteando el soplonaje, travistiéndonos en nada, luchando por la pervivencia económica, buscando desesperadamente llegar a convertirnos en seres grises e insignificantes a costa de consumir en nosotros mismos, en un pedazo de nosotros mismos, la ira y la pena (188).

Es así que el desplazamiento y la condensación como la técnica que domina completamente esta obra es el principal elemento. Los verdaderos culpables no se encuentran, el acusado se encuentra *in absentia* (Sotomayor 2012), el tribunal es una sala de teatro y el juicio no es penal, sino político: el culpable no es solo Arancibia Clavel, es Pinochet; el general Prats no es la única víctima, sino que somos todos los chilenos; el juez no es quien dicta el fallo, somos nosotros, los lectores de esta obra. La figura de Prats como víctima de un asesinato tan atroz también es signo de algo más allá del hecho, no solo el cruel crimen, sino que representa a todo el cuerpo chileno. Los cuerpos de dos personas anónimas encontradas en una acequia en ese mismo año, narrado al final de la obra y el desmembramiento del cuerpo de la esposa del general Prats producto de la bomba es una metáfora real y perversa del cuerpo nacional también desmembrado por la dictadura. La reclusión perpetua como dictamen del fallo no completa el vacío de los verdaderos culpables, por eso la rabia de la testigo, que es la alevosía nacional por no conseguir una cura para nuestros cuerpos desmembrados. Todas las condensaciones y ausencias han sido develadas para mostrar al verdadero culpable. La testigo abandona la sala después del fallo y la alevosía sigue con ella, y nosotros también a su lado arrastrando "la cicatriz que encubre la herida mortal que [nos] atravesó el alma de manera irreversible" (189).

## b) Parodia y distorsión del sentido

La llamada "estética posmoderna" ha puesto en escena nuevamente el concepto de parodia como elemento característico de algunas obras que, para efectos de esta investigación llamaremos "escritura neobarroca"[67]. El recurso de la parodia aparece ya en la Antigüedad Clásica relacionado con la imitación burlesca, pero no era considerado un recurso importante dentro de los géneros literarios, ya que si el arte, según la línea aristotélica, supone una imitación adecuada de la realidad, la parodia no puede considerarse arte, pues imita otro artefacto, en este caso, las palabras de otro, y por su tono burlesco, subvierte la naturaleza de la mimesis. Muchos han sido los estudiosos de la parodia, y por ello citaremos a los más importantes para nuestro análisis, comenzando con los postulados de Mijail Bajtin, quien, desde la idea del carnaval, afirma que las festividades de los pueblos se relacionan con un orden oficial impuesto. Por ello, el carnaval intenta alterar ese orden en el lenguaje por medio de "un habla que expresaba sobre el mundo y sobre el poder sin evasiones ni silencios" (1990, 242). La expresión popular era un lenguaje lúdico que parodiaba las formas oficiales, y que para Rojas consiste en la "producción de 'identidad' de aquel que solo puede objetivarse a sí mismo alterando (en ocasiones hasta la monstruosidad en una especie de singularidad absoluta que resulta en una desviación) las formas sancionadas positivamente por la autoridad o por los patrones culturales dominantes" (2010, 76). Así el pueblo se encontraba en el borde, pero no completamente excluido sino fuera de la seriedad oficial, entendiendo el "yo" como una impostura que resultaba del desplazamiento que se reelabora como un injerto, haciéndolo existir como una mascarada del lenguaje. La parodia de las oposiciones binarias es un intercambio estético de las identidades que ponen en cuestión la idea de trascendencia por medio de un realismo grotesco que expone aquella realidad por medio de máscaras degradadas, constituyendo una forma de teatralización y desfiguración del discurso.

Para Gérard Genette, la parodia es el segundo grado de la literatura y "consiste en retomar literalmente un texto conocido para darle una significación nueva, jugando si hace falta y tanto como sea posible con las palabras [...]" (1989, 72). Aparece con mayor fuerza dentro de lo que se conoce como estética posmoderna o post-vanguardia, y es uno de los elementos centrales de la escritura neobarroca como símbolo de la crisis epocal. El ejercicio de la parodia es fundamental como práctica metaliteraria, intertextual y de autoreflexión, producto de una reelaboración de la tradición paródica occidental de origen

---

[67] Basándonos en la brillante propuesta de Sergio Rojas (2010), quien afirma: "Desde el punto de vista formal, podría decirse que la escritura neobarroca se caracteriza por la emergencia del proceso de producción de sentido, la proliferación significante, la textualización consciente de un texto trascendente; desde el punto de vista del contenido, la importancia del cuerpo y de los procedimientos de violencia a los que puede ser sometido y los procesos de subjetividad" (18).

ritualista y popular. Posee ciertos procedimientos formales como la transversalidad, la retorización de las formas, la heterogeneidad y la hiperteatralización de la representación misma, la cual requiere una operación de lectura que evoque al supuesto modelo original y una interpretación imaginativa que se aleja de ese mismo modelo. Para Severo Sarduy es la manera en que, a través de un "operador de lo heterogéneo" (1987, 84), se rompen las reglas de la norma, une diversos espacios, deforma las apariencias y multiplica los puntos de vista mediante diferentes vías de acceso, como vimos con las técnicas anteriores, conformando una experiencia neobarroca que se rige a partir de una lógica del fragmento y ruina que no puede recrear una unidad perdida. Por ello, Sarduy afirma que "ser barroco hoy significa amenazar, juzgar y parodiar la economía burguesa, basada en la administración tacaña de los bienes en su centro y fundamento mismo: el espacio de los signos, el lenguaje, el soporte simbólico de la sociedad, garantía de su funcionamiento, de su comunicación" (1987, 209). Entonces, parodiar el lenguaje es subvertir el orden preestablecido de las cosas trabajando con el material lingüístico como medio de comunicación que ha establecido relaciones de subordinación.

La parodia para Linda Hutcheon es una forma de imitación caracterizada por la inversión irónica no necesariamente a expensas del texto parodiado (2000, 6). Es fundamentalmente intertextual, ya que necesita de la superposición de dos textos para obtener el efecto grotesco por medio de una distancia crítica que permite la ironía. Este aspecto es fundamental para nuestro posterior análisis, ya que la parodia cuestiona la idea de trascendencia de la unidad absoluta por medio de un realismo grotesco donde la representación degradada expone aquella realidad como una máscara cuya función no es cubrir una realidad, sino mostrar los roles y jerarquías que sostienen el frágil orden social. Por ello la parodia se presenta como una fuerza subversiva y no simplemente un juego de imitación burlesco respecto a un original, porque hace aparecer a aquellos que no están representados en la sociedad. De allí que Hutcheon defina la parodia como una forma de imitación caracterizada por la "inversión irónica"; es decir, como una repetición con distancia crítica: la imitación no pretende la similitud sino la diferencia (35). La ironía permite la inversión de los elementos del código parodiado y muestra la dramatización de dicho código de modo que el lector pueda marcar una distancia entre lo parodiado y la parodia para interpretar y evaluar (31). Por lo tanto, para la autora representa un factor fundamental la participación del lector, ya que sus herramientas extratextuales juegan un rol de coautoría de un texto que carece de centro y se configura como una aglomeración de voces.

Basándonos en las posturas recién expuestas, el análisis de la parodia en los textos de Diamela Eltit tendrá como sustento el discurso paródico que se basa en el reconocimiento constante, no circunstancial, de un pre-texto originador que puede aparecer de diferentes formas: muchas obras de un mismo autor, obras de otros autores en una obra de otro autor, una obra de un mismo autor, etcétera. Así la relación paródica entre texto y pre-texto se caracteriza por el distanciamiento irónico que se configura por medio de diferentes recursos extratextuales, satíricos, lúdicos, serios, etcétera, pero no como una repetición parasitaria, sino como una transgresión constructiva que puede reevaluar el pasado para reactualizar discursos previos, o bien, para auto cuestionar el discurso mismo que se está elaborando. Por esto, lo grotesco y la metaficción son elementos importantes para configurar una parodia que no tenga por finalidad la provocación de la risa, sino más bien la deformación de los cánones preexistentes.

En el capítulo anterior analizamos las diferentes formas de marginalización que presentan los personajes en la obra de Eltit. Sin importar la forma en que habitan el margen, se caracterizan por la desfiguración mediante la exageración y la abyección. Por esa razón, afirmamos que se trata de personajes monstruosos, ya que además de exuberantes, también aparecen sus rasgos de animalidad, como L.Iluminada que se metamorfosea en vaca, yegua, potranca y emite sonidos guturales mientras se expone a la luz del luminoso. Lo mismo sucede con la madre de *Los trabajadores de la muerte* que se asimila a una rata o un topo ciego al vivir en un agujero. Francisca Lombardo, de *Vaca sagrada*, se identifica con una perra parturienta que deja un hilo de sangre mientras se arrastra por el suelo. Lo grotesco también se manifiesta en la deformidad de los personajes, como L.Iluminada que tiene la cabeza rapada, su cráneo hundido, la mano quemada y los brazos cortados; el hijo sudaca producto del incesto es un monstruo que irá a la venta; el hijo baboso que se arrastra a los pies de la madre en *Los vigilantes*; los rostros deformes de los pacientes del psiquiátrico en *Infarto del alma*, entre otros. En todos ellos podemos encontrar que sus cuerpos no corresponden a las valoraciones estéticas de belleza del mercado neoliberal, sino que se presentan fragmentados y deformados debido a una violencia histórica, a la catástrofe que se condensa con el golpe de Estado en Chile, ha provocado lo que Patricio Marchant llama el golpe a la palabra:

> Un día, de golpe, tantos de nosotros perdimos la palabra, perdimos totalmente la palabra. [...] la realidad produjo una nueva escena de escritura. Escena que teóricamente así se define: abandono de la problemática del sujeto, trabajo en la cuestión de los nombres; y porque escena, ningún *logos*, doctrina o razón —o peor: una "personalidad"— que domine (2009, 348).

Golpe que da fuerte en los rostros produciendo la monstruosidad en el aspecto físico y la fractura de la lengua en la comunicación, porque ¿cómo se puede narrar el horror? Obviamente que no existe un género, un estilo o una técnica, sino balbuceos, sonidos inconexos, gritos. Por esto que, al quedar sin habla, el proceso de reflexión sobre la misma escritura se hace imprescindible a fin de configurar una identidad lingüística que refleje el golpe y el quiebre al cuerpo, a la identidad y al texto.

La metaficción es entonces lo que permite la autorreflexión del proceso de escritura que tiene dos pilares fundamentales: las estructuras lingüístico-narrativas y el rol del lector, siendo este último primordial en el proceso, ya que con la intención de que este reconozca nuevos códigos, su papel comienza a cambiar y ya no controla el texto porque, como afirma Hutcheon, el lector está implícita o explícitamente obligado a enfrentar su responsabilidad hacia el texto creando por medio de la acumulación ficticia, referentes de lenguajes literarios (25). Es así como la parodia no solo es una imitación burlesca, sino que es un proceso de autorreflexión de la misma escritura, siendo el *mise en abyme* o "construcción en abismo" una de sus formas más importantes, como veremos en las obras analizaremos a continuación.

La locura es un tema fundamental en las obras de Eltit, por ello *El padre mío* y *El infarto del alma* que estudiamos previamente son las obras más rupturistas de nuestra autora. De larga data de estudio, la locura ha sido explorada de forma diferente, pero en todas ellas el loco ha sido considerado una anomalía que debe mantenerse al margen. El destino del loco revela las contradicciones de esta racionalidad neoliberal que se proclama humanista donde la racionalidad instrumental ha promovido "saberes" y "técnicas" que tienen como finalidad desplazar y/o neutralizar estas mismas contradicciones por medio de la privatización o el secuestro en instituciones de marginación, llámense asilo, prisiones, hospitales, hospicios, casa de orates, *open door*, entre otros. Es por esto que el análisis de la locura ha sido apoyado por un discurso jurídico y médico que tiene dos polos, uno expiatorio y otro terapéutico que responden a la idea del "peligro":

> De manera que tenemos, finalmente, dos nociones que se enfrentan [...]: por una parte, la de perversión, que permite coser una a otra la serie de los conceptos médicos y la serie de los conceptos jurídicos; por la otra, la noción de peligro, de individuo peligroso, que permite justificar y fundar en teoría la existencia de una cadena ininterrumpida de instituciones médico judiciales. Peligro, por lo tanto, y perversión: esto es lo que constituye, creo, la especie de núcleo esencial, el núcleo teórico de la pericia médico legal (Foucault 2000a, 42).

La enfermedad mental se basa en la construcción de un "otro" como algo diferente. Desde el medioevo hasta nuestros días se le ha separado como una condición que ejerce solo la medicina por medio de la psiquiatría como su única disciplina, la cual opera completamente ajena a las conexiones sociales: "Desde entonces la locura forma parte de todas las debilidades humanas y la demencia es solo una variación sobre el tema de los errores de los hombres" (Foucault 1991a, 19). Es así que la locura, el loco, su discurso y escenario son entonces los temas centrales de estas dos obras de Eltit que muestran ese golpe y fractura por medio del quiebre en la escritura y textos que reflejan el estado de desterritoralización de las subjetividades que se encuentran completamente fuera de la producción capitalista y del razonamiento neoliberal, el cual necesita personas "cuerdas", sanas y productivas.

El carácter metaficcional en *Infarto del alma* aparece en la sección "El otro, mi otro" donde encontramos un ensayo que se desdobla en dos voces, con diferente grafía, que presenta el amor desde una instancia ficcional y no solo materializada en el cuerpo en que el estado de fragmentación de la subjetividad donde el "yo" como unicidad, ya no existe y la voz narrativa se habla a sí misma como un otro, deconstruyendo la identidad "una" para preguntarse acerca del "otro" amoroso que puede ser el yo mismo, llamándolo "el deseo siamés". Los dos niveles narrativos comprenden uno racional o el "deseo siamés" y otro irracional que habla de la madre creando un "otro" en su propio cuerpo donde el "deseo siamés" habla de otro a quien se desea habitar, constituyéndose como fuente de deseo, pero también como habitáculo para la posesión que nunca se alcanza:

> La primera ocupación física es poblar a otro cuerpo. Y poblar significa entrar en un estado agudo de posesión. Y si el sujeto proviene de una encarnación, de un agudo procedimiento corporal que lo implanta en la vida, se podría decir, quizás, que su principio (su primer estado de gracia) es algo parecido al siamés escondido. Pero un siamés sumergido en un tiempo sin memoria, sin destellos, con la razón ausente del vínculo que lo homologa a lo inseparable (Eltit 2010b, 37).

Si la primera ocupación física es ocupar el cuerpo del otro, la otra voz narrativa responde como receptáculo de ese cuerpo que es habitado, a saber, la madre. Recordemos que la figura materna en las obras de Eltit es compleja, ya que puede ser una madre castradora o vengativa como es el caso de *Los trabajadores de la muerte* (1998). Para Mary Green, quien ha trabajado las representaciones simbólicas de la maternidad en las obras de Eltit, afirma que "She privileges a form of writing that seeks to recuperate rhytms of the primal relationship [...] and return to a pre-verbal moment of the origin that is virtually inaccesible to language and memory" (2007, 1). La procreación y la creación artísticas son completamente análogas ya que, para reproducirse, se necesita (ex)poner el cuerpo plural con todo el amor, el odio y la locura que contienen. Se trata de la restitución corporal como camino hacia otra forma de habitar que obliga a los cuerpos a lo extremo, porque liberar el cuerpo es recuperar el "cuerpo a cuerpo" para la conformación de un nuevo lenguaje: "Tenemos que encontrar, reencontrar, inventar, descubrir las palabras para nombrar la relación a la vez más arcaica y más actual con el cuerpo de la madre, con nuestro cuerpo, las frases que traducen el vínculo entre su cuerpo, el nuestro, el de nuestras hijas" (Irigaray 1994, 41). Es por ello que en el *Infarto*, en la sección "El otro, mi otro" una de las voces afirma: "Ahí está la madre, con sus dientes afilados de amor, preparándose para hacer —a costa de sus prolijas dentelladas— a un ser que cumpla con su imagen y semejanza, que no será su imagen y semejanza sino el deseo abstracto de sí" (Eltit 2010b, 33). La creación del otro al interior del cuerpo es la forma más natural y artesanal de ser uno/plural. La madre, que no es una sola, y no es solo una madre, "Es su madre, su padre y su abuela. La madre está más atrás que su padre y su abuela. Más atrás que la abuela de su abuela" (34). Vemos que la imagen materna es un reflejo proyectado hasta el infinito, creando la "puesta en abismo" —*mise en abyme*— que muestra la repetición de los signos culturales que han atravesado la historia de este concepto.

Esta técnica opera al nivel de la narración (verbal y estructuralmente) y también de la ficción, que puede manifestarse de diferentes tres formas: "simple duplicación", donde el fragmento tiene una relación de reflejo de similitud con el tipo que la contiene, como es el caso del "deseo siamés" que vimos previamente; la "reduplicación repetida" donde el fragmento reflejado contiene otro fragmento reflejado y así sucesivamente y, por último, la "duplicación aporística", donde el fragmento incluye el trabajo en el que este mismo está incluido (Dällenbach 1991, 48). Por ello que la "construcción en abismo" en la obra de Eltit actúa en todas las formas definidas anteriormente. Por ejemplo, la "reduplicación repetida", la observamos en *El cuarto mundo* que, desde su estructura en dos partes, según la primera narrada por el varón y su visión logocéntrica y la segunda, por la hermana por medio de diversas rupturas discursivas. *El cuarto mundo* es estructuralmente simétrico, ya que la dualidad y la imagen del espejo hacen que el discurso y la ficción concuerden plenamente a fin de mostrar el proceso de construcción de la misma novela. Ambos tipos de discursos, emitidos por los hermanos, elaboran una síntesis que se ficcionaliza durante toda la obra utilizando el incesto como forma radical de transgresión y el bebé monstruoso como metáfora de la novela que el lector tiene en sus manos. El fragmento final consiste en una duplicación aporística: "Lejos, en una casa abandonada a la fraternidad, entre un 7 y un 8 de abril, diamela eltit, asistida por su hermano mellizo, da a luz una niña. La niña sudaca irá a la venta" (Eltit 1988, 128), mostrando la relación con el todo de la novela, ya que es allí donde, como lectores, entendemos que lo que hemos leído es el proceso de creación de esta obra.

*Impuesto a la carne* (2010a) utiliza también este recurso, pues las bicentenarias, madre e hija, han sido duplicaciones que cargan con los abusos y se convierten en un cuerpo siamés cuando la madre queda dentro de la hija producto de una mala cirugía, es decir, la madre ocupa el cuerpo de la otra para que ambas puedan narrar la historia de los doscientos años de abuso por medio de sus órganos rebeldes. El proceso de enfermedad y porfía de los órganos se presenta al inicio de la obra cuando la voz narradora —de la hija— afirma que "solo conseguimos legar ciertos fragmentos de lo que fueron nuestras vidas. La de mi madre y la mía. Moriremos de manera imperativa porque el hospital nos destruyó duplicando cada uno de nuestros males" (9). El hospital es el reflejo en el espejo de la nación que se representa a través del pasillo largo y angosto, "una larga geografía colmada de pacientes sumisos" (12) —igual que Chile— que recorren estas mujeres mientras los médicos experimentan en sus cuerpos. La parodia se presenta en estos cuerpos saqueados que son el reflejo del daño histórico al cuerpo de la nación, de cualquier país que ha sido abusado con la extracción de sus productos naturales —los órganos— y de aquellos que se encuentran en los márgenes sociales y geográficos. El abuso con saña de parte de los médicos —la red de poderes— hacia el cuerpo de las bicentenarias se realiza con el propósito de mantener la historia oficial que se ha escrito durante doscientos años: "una nación o un país o una patria médica plagada de controles parciales o totales, un territorio que jamás quiso comprender mi enorme esfuerzo por graficar la hemorragia y la camilla, las convulsiones y especialmente los arañazos que me lanzaba arteramente mi madre, ya demasiado afectada" (30). Sin embargo, estos cuerpos siguen sin responder a los tratamientos porque son "anarcobarrocos" ya que "por la sangre perdida cuento con el ímpetu anarquista que me traspasó mi madre" (31), de ahí que decidan elaborar otro testimonio, "la trastienda de la historia" (31) por medio de sus cuerpos fracturados por la intervención médica. Sus propios órganos se convierten en ese testimonio que se ha intentado ocultar por doscientos años, aunque cercenen cada una de sus partes y sus órganos sean exportados: "más adentro, en un pedazo ínfimo del último patio de la nación, pronto iniciaremos la huelga de nuestros líquidos y el paro parcial de nuestras materias" (186).

De manera semejante, pero con una experimentación mucho más profunda que incluye todos los niveles de "construcción en abismo", *Lumpérica* es sin duda la obra que mejor representa todas las técnicas discursivas. Como hemos afirmado previamente, la trama de la obra es extremadamente simple, ya que trata de una vagabunda que se exhibe frente a un letrero luminoso elaborando diferentes poses, pero cada una de las poses es seguida por una construcción en abismo, ya que la escena se repite y repite constantemente hasta el infinito en una reduplicación repetida. Los tres atentados de la protagonista —estrella su cabeza contra un árbol, quema su mano en una fogata y la producción del grito— son repetidos y analizados en la toma de tres secuencias fílmicas consecutivas que incluyen comentarios, indicaciones y errores para tratar de depurar cada una de las imágenes al máximo porque L.Iluminada se niega a la estaticidad de su cuerpo. El capítulo cuatro, "Para la formulación de una imagen en la literatura", es donde la parodia muestra el proceso de autorreflexión del texto mismo y el juego del espejo de la protagonista. Además, es importante señalar que en este capítulo encontramos un fragmento de un intertexto con *Impuesto a la carne*, donde el uso del subjuntivo como un futuro hipotético se plasmará años después cuando "las letras hospitalarias" vuelven a reaparecer:

> Pensar en una sala de hospital el resto de sus días adormecida y alimentada artificialmente mediante suero, con el cuerpo cubierto y el rostro difuminado por el plástico, que en la cámara lo absorbiese. [...]
> Así podría estar —ocupando ese lecho— mientras las miradas le indagan sus signos vitales y el instrumental verifica sus latidos. Voluntariamente en esa condición, posa. [...]

Mientras ella, entumecida en las sábanas, un día cualquiera se recoja hasta el otro mundo, que sin duda le develará la falacia total. Repte sábanas blancas sobre las letras hospitalarias y las manos de esos miserables interrumpan el suero, desaten las vendas y dejen el compartimento a oscuras (Eltit 1983, 80).

En "De su proyecto de olvido" del mismo capítulo, encontramos una voz otra que reflexiona acerca de la construcción corporal de la protagonista. Ambas voces son femeninas y se resalta la similitud "gemela" de cada una de sus partes: uñas, dedos, plantas de los pies, ojos, manos, brazos, cintura, hasta llegar al alma:

Las uñas de sus pies son a mis uñas gemelas irregulares con manchas rosáceas vetadas por líneas blancas. [...]
Sus dedos de los pies son a mis dedos gemelos en su textura, ninguna imperfección de piel, [...]
Las plantas de sus pies son a mis plantas ásperas y arqueadas, marcadas a todo lo largo por múltiples estrías [...]
Sus ojos son a mis ojos sufrientes de la mirada, por eso son el escaso nexo que priva el abandono [...]
Sus manos son a mis manos gemelas en su pequeñez [...]
Sus brazos son a los míos gemelos en su simetría [...]
Su cintura es gemela a la mía en la pertinaz insistencia en esta vida, es marginación. [...] (87–90).

En este fragmento se puede observar la expansión y el reflejo que existe entre la narradora y L.Iluminada y el personaje performático de *Zonas de dolor*, ya que en este *mise en abyme* poseen las mismas características físicas, la misma escritura, y la misma pose de estar en el mundo —"en la pertinaz insistencia en esta vida"— sobre todo con respecto a la marginación en la que están sumidas. En el fragmento final se afirma:

Su alma es este mundo y nada más en la plaza encendida.
Su alma es ser L.Iluminada y ofrecerse como otra.
Su alma es no llamarse diamela eltit/ sábanas blancas/ cadáver.
Su alma es a la mía gemela (90).

Nuevamente nos encontramos con el proceso de creación de la obra, ya que diamela eltit, el mismo nombre de la hermana melliza en *El cuarto mundo*, es también un personaje dentro de esta obra. La fusión entre el personaje, el hablante implícito y el narrador ficticio han creado una obra, la que leemos, que concuerda con la identidad fragmentada de la protagonista. Tenemos un texto completamente cercenado, con diferentes discursos y quiebres lingüísticos que se han narrativizado en la misma obra que hemos estado leyendo, por esto, el capítulo final, el más linealmente escrito, la protagonista saca de una bolsa de papel un espejo y "miró su rostro largamente, incluso ensayó una sonrisa. Pasó repetidamente su mano por la cara. Alejó y acercó el espejo. Se miró desde todos los ángulos posibles" (1983, 206) para proceder a cortarse el cabello y luego a sentarse en el banco de aquella plaza a esperar, mientras amanecía y la ciudad iniciaba su actividad lentamente, para que la noche vuelva para reiniciar su exposición en el luminoso y volver a abrir un nuevo circuito en la literatura.

CAPÍTULO 2

# Erotismo con la palabra

*Escritura:*
*Ya no sueño con amantes, sueño con lectores, hombres y mujeres con los que revolcarme en la mesa bien iluminada de estas páginas. Sueño que unos ojos esquivos me penetran, se ríen de mí, me miran exhibirme, me desprecian, me desean y me adoran para luego abandonarme en una repisa por ahí. Sueño que me meto bajo la piel de alguno como un parásito y me alimento de su carne. Sueño con miradas púdicas, compasivas, morbosas, bajo las cuales arrojar una mueca obscena. Sueño que me transformo en un vicio. Vanidosa, sueño que no me pueden olvidar.*

Ruiz-Tagle & Egaña Rojas, 35.

En *Enciclopedia del amor en tiempo del porno* (2014), las autoras definen, desde una estética actual, el concepto de escritura como una forma de compenetración mutua entre el texto y el cuerpo del lector: "El texto que usted escribe, debe probarme *que me desea*. Esa prueba existe: es la escritura. La escritura es esto: la ciencia de los goces del lenguaje, su kamasutra (de esta ciencia no hay más que un tratado: la escritura misma)" (Barthes 1993, 14). Por ello, la relación entre erotismo y escritura es fundamental para provocar la relación íntima y activa del lector. No se trata de que el artificio y la parodia, analizados anteriormente, se transformen en meras técnicas de escritura, sino que provoquen al lector a intimar con el texto. Las fisuras, parte fundamental de lo erótico, es lo que provoca el placer del texto, siguiendo a Barthes (15), ya que son esos pequeños espacios que nosotros, como lectores, queremos abrir para llegar más allá[68] de las palabras que se encuentran en la superficie de la página. Desde este

---

[68] "¿El lugar más erótico de un cuerpo no está acaso *allí donde la vestimenta se abre*? En la perversión (que es el régimen del placer textual) no hay "zonas erógenas" (expresión por otra parte bastante inoportuna); es la intermitencia, como bien lo ha dicho el

punto, ¿cómo las obras de Eltit nos seducen como lectores? ¿De qué forma el texto nos erotiza? El erotismo es uno de los elementos principales que recorre toda la obra de Eltit, por ello, como lectores debemos estar dispuestos a mantener esa relación íntima con ellos y convertirnos en voyeristas para participar activamente de las transgresiones y perversiones que nos ofrecen.

La materialidad textual de las obras es lo que permite que el erotismo se despliegue en diversas formas, expresadas principalmente en términos metafóricos y simbólicos, mediante el artificio y los referentes corporales, sexuales y culturales que generan sentido y funcionan bajo la estética neobarroca, siendo la transgresión el elemento básico. Cuando hablamos de transgresión nos referimos al uso de la hipérbole que exacerba todos los niveles del texto (estructural, lingüístico y de sentido) para provocar, asimismo, la transgresión de la normativa sexual, canónica y lingüística, haciendo de lo erótico un acto creativo donde la relación entre cuerpo-texto-escritura se origine por medio de una metonimia como extensión semántica figurativa de la relación erótica entre los personajes y el acto de escritura (y viceversa), asociando la escritura a la inscripción corporal que marca el cuerpo simbólico.

La literatura es ese espacio donde las fronteras de las identidades se tornan borrosas, alteradas, animalescas, abyectas: "Una elaboración, una descarga y un vaciamiento de la abyección por la Crisis del Verbo" (Kristeva 1989, 278). La transgresión es entonces el elemento básico para lograr el erotismo, pero debe alterar al máximo y violentar en extremo para provocar la destrucción de la estructura, haciendo de la violencia y la abyección[69] los ejes impulsores que provocan la perversión como principio fundamental en las obras de Eltit. Para Sarduy es "la repetición del gesto que cree alcanzarlo" (1987, 233), es decir, el perverso es aquel que explora reiteradamente un instante a través de una búsqueda obsesiva de ese momento ya perdido. La perversión es entonces, una repetición constante de algo que se sabe perdido de antemano, pero se desea encontrarlo. Este juego erótico existe solo y únicamente si se tiene un sentido religioso porque la religión, al crear la culpabilidad y la prohibición, logra retirar la sexualidad hacia la zona de lo escondido, lo secreto, lugar donde la "prohibición da al acto prohibido una claridad opaca, a la vez 'siniestra y divina'" (234). De esta forma, se puede entender que el carácter erótico y perverso tiene

---

psicoanálisis, la que es erótica: la de la piel que centellea entre dos piezas [...]: la puesta en escena de una aparición-desaparición" (Barthes 1993, 19).

[69] Para Kristeva lo abyecto es un objeto excluido que atrae hacia donde el sentido se desploma y que no se puede definir ni reconocer. Se le relaciona con los desechos corporales (sangre, excremento, vómito), cadáveres, animales e incesto: "Hay en la abyección una de esas violentas y oscuras rebeliones del ser contra aquello que lo amenaza y que le hace venir de un afuera o de un adentro exorbitante, arrojado al lado de lo posible y de lo tolerable, de lo pensable. [...] Incansablemente, como un boomerang indomable, un polo de atracción y de repulsión coloca a aquel que está habitado por él literalmente fuera de sí" (1989, 7-8).

un fundamento sagrado en su quehacer. El ser perverso no es aquel que mira el sexo como un simple instrumento de placer, porque lo erótico mismo se pierde cuando se produce el vacío en el acto mecánico, sino al contrario, el que crea en torno al acto sexual es una sacralización placentera, haciendo del acto una comunión con el cuerpo del otro. Es por este motivo que toda perversión necesita de un ritual, de una fiesta que invoque a la divinidad o al fantasma erótico, siendo la orgía la forma mediante la cual el ritual puede realizarse. Dentro de la tradición simbólica, la orgía es considerada como un "llamamiento del caos, producido por un cansancio de la voluntad a la sumisión ordinaria frente a lo normativo". Esta fiesta es la realización de la transgresión a la norma, y donde confluyen o coinciden características tales como la "embriaguez, desenfreno sexual, exceso de todo género y ocasional travestismo" (Cirlot 1992, 341) las cuales conllevan una confusión de las formas y la inversión del orden social, haciendo que este instante eterno provoque una disolución de las jerarquías y una fusión de los contrarios.

La orgía como ritual aparece principalmente en las tres primeras novelas de Eltit. En *Lumpérica* observamos el bautizo orgiástico de L.Iluminada que hace posible la aparición de las múltiples identidades, la llegada del placer, la aparición de los seres marginados de la noche y la inversión del mundo. El texto comienza con la incitación que la noche provoca sobre los cuerpos, llegando los desarrapados de la ciudad a celebrar las identidades que el luminoso les arrojará, por lo que se hace necesaria la fiesta, el bautizo colectivo de los seres marginales que provocarán una religiosidad invertida para reconvertir la ceremonia religiosa en rito erótico. Lo erótico se halla en el continuo tocar de los cuerpos, en que los pálidos se frotan unos con otros para adquirir su identidad al recibir la luz del luminoso y confundir sus cuerpos sobre la plaza. El frotamiento se produce también con la tradición literaria en el capítulo "Para una reformulación de una imagen en la literatura":

> Entonces/
> Los chilenos esperamos los mensajes
> L.Iluminada, toda ella
> Piensa en Lezama y se las frota
> Con James Joyce se las frota
> Con Neruda Pablo se las frota
> Con Juan Rulfo se las frota
> Con E. Pound se las frota
> Con Robbe Grillet se las frota (1983, 79).

El frote es por ello una de las formas para disponerse en la escena, producir el movimiento de los cuerpos y el inicio de la escritura. Todo el acontecimiento en esa plaza durante una noche tiene como finalidad la orgía bautismal para dar nombre a esos desarrapados, pero la protagonista erotiza el bautizo celebrando los nombres, sin mantener ninguno por medio de la violencia corporal como forma de alteración del rito: "se muestra en el goce de su propia herida, la indaga con las uñas y si el dolor existe es obvio que su estado conduce al éxtasis" (19). El bautismo en virtud de la luz del luminoso, así como el golpe en la cabeza, provoca un daño a sus pensamientos, por eso, el rito no solo se produce para darle un nombre, sino también como un acto de reflexión sobre la literatura misma:

> Los pálidos se han tomado las esquinas de la plaza y acurrucan allí sus cuerpos protegidos unos contra otros, sus cuerpos frotados que, en el bautizo, intercambian apodos en sus poros famélicos. Ellos se tocan y manoseados ceden. Nombre sobre nombres con las piernas enlazadas se aproximan en traducciones, en fragmentos de palabras, en mezcla de vocablos, en sonidos, en títulos de films. Las palabras se escriben sobre los cuerpos. Convulsiones con las uñas sobre la piel: el deseo abre surcos (11).

Los cuerpos significantes se acoplan para conformar una cadena metonímica de la producción del texto mismo. La orgía es, por lo tanto, la confusión del sentido de esos mismos cuerpos que se entrelazan en esa fiesta para conformar un texto con sentido caótico que transgreda todas las normativas genéricas, sexuales y sociales. Así:

> La fiesta bautismal colectivizada
> Porque el que se libera de las culpas emana.
> Bañado por líquido/
> Se alivia.
> Los desarrapados que reciben los rayos del luminoso.
> Para repetirse en la pantalla como documentos: la fe del bautizo.
> El griterío de la redimida.
> Para que se ensordezcan con sus chillidos esos mismos extras.
> Como calentura y obscenidad serán.
> Hasta que agarrotados en sus gargantas cesen (25).

La luz artificial con un carácter más religioso también se disemina en los estantes de los supermercados, como sucede en *Mano de obra* para resaltar los productos para la venta. Su presencia es omnipresente, a tal punto que la voz narrativa afirma que:

> Finjo los pormenores de unas cuantas (duramente inoculadas) éticas, el uniforme caricaturesco y su impúdica leyenda inscrita en mis espaldas y la obligación de la caminata incesante cada vez menos acelerada por los pasillos bajo la vigilancia de esta luz entera e insidiosa (pero, claro, una luz divina que pareciera provenir desde ninguna parte, qué digo, del mismo espectro de un Dios más que terminal proviene) (2004, 56).

Es por esto que en la primera parte de la novela, "El despertar de los trabajadores", está narrada como un proceso ritual donde la voz narrativa carga la cruz del trabajo pesado en el espacio del Súper. Walter Benjamin ya nos ha advertido que el capitalismo es una religión y que tiene principalmente tres características; primero, es una religión de puro culto, ya que todo funciona por medio del utilitarismo; segundo, la celebración de este culto carece de un día específico, sino que es cualquier día; y tercero, se trata de un culto no expiante, sino culpabilizante (Benjamin 1989a, 259).

La voz narrativa del trabajador del súper inicia un proceso "místico" que pasa por tres etapas, que son la purgación, la iluminación y la unión con la divinidad. En la primera etapa de purgación, el trabajador comienza el sufrimiento por el desorden y el caos de los malos clientes que desordenan los productos por su afán de compra. Estos malos clientes son identificados con los demonios, haciendo de su trabajo cotidiano un proceso de dolor donde el trabajador debe luchar contra esos "males" —los niños y ancianos especialmente— que se acercan a los productos para asaltarlos y que él debe luego ordenarlos ritualmente: "Sigo acumulando la manzana tras un orden seriado y agotadoramente perfecto. Otra manzana gracias a mi oficiosa mano ocupa su sitial. Odio la turba y los desmanes de los agitadores y me parece insoportable la sola imagen de la mancha sangrienta en el producto o la pisada feroz sobre la lata [...]" (Eltit 2002, 58). A diferencia de los grandes místicos, la búsqueda espiritual de este trabajador no es producto de la fe en un dios, sino que es parte sustancial del proceso de agotamiento que produce el exceso de trabajo. Por ello, la voz narrativa relata el deterioro de su cuerpo por culpa de esos productos que debe recoger, ordenar y vender: "Hace 14 o 16 horas que doy vueltas, finalmente en redondo. Los pies me laten con mayor intensidad que el corazón. 14 o 16 horas transcurren ya desde la omnipotencia del estante" (70). La iluminación "mística" se produce por medio de una comunión con la luz artificial del súper en el capítulo llamado "El obrero gráfico" que tiene como contexto la representación del Nacimiento de Jesús durante el periodo de Navidad. La voz narrativa inicia el capítulo con la presencia de la luz que penetra su cuerpo y de qué forma ese dios intenta poseerlo: "Dios me acompaña, centímetro a centímetro, para engrandecerme y obligarme a cargar con la verdadera pesadilla de una luz que carece de cualquier antecedente. Estoy poseído por un Dios que me invade con un brillo que me ubica en la mirada ávida de todos los presentes" (62). Esta mirada se refiere a su *performance* sobre el "Nacimiento" en la entrada del súper donde el personaje padece de la luz de Dios, de la mirada de los clientes y de la supervisión del jefe de turno para que el papel sea consistente. Nuevamente la mirada —el ojo del panóptico— se encuentra diseminada en todo el espacio y no hay forma de huir, porque "Dios está en todas partes. A lo largo y ancho de mi cuerpo. Y se radica con una intensidad (que ni te digo) en mis órganos para que retumben en su honor" (62). Finalmente, la unión con la divinidad se produce por medio de esta misma luz que penetra el cuerpo del trabajador por medio del dolor propio de los místicos, pero convirtiéndolo en un cuerpo femenino penetrado por esa luz. Por eso la voz narrativa afirma que "Dios me posee constantemente como si yo fuera su ramera" (62) y se incrusta en los órganos del personaje para provocarle molestias o dolor físico. Sin embargo, él es el elegido y debe cumplir su papel a cabalidad "[e]n el Súper, claro, de qué otro modo, pues, estaría yo encabezando la miseria de esta gloria que me ha sido concedida (67).

Si el Súper es el espacio para la transverberación de la luz que penetra los productos, el bar es el centro de la orgía del barrio en *Por la patria* donde se produce el exceso del vino, los encuentros sexuales y el baile erótico como forma de rito: "Está oscuro afuera y yo bailando: mientras más me muevo, mejor me río y fuerte. Me tironean las piezas y quiero complacerlos a todos, porque yo bailo de todo, aprendí cuando se me iban solos los pies ante la máquina" (Eltit 2007b, 22). Este párrafo muestra muchas formas del ritual, por un lado, la noche como el tiempo preciso para la celebración, al igual que en *Lumpérica*, ya que la oscuridad permite la confusión de las formas y la aparición del deseo. La protagonista baila ante la mirada de un público que la desea y que ella también desea complacer, por lo que el deseo es el motor central del baile que provoca la confusión de los cuerpos, de las sangres y de las culturas, para lograr la comunión corporal de la barriada con sus antepasados indígenas

> Todas mis queridas secuaces amigas, militantes del vino, cruzaron conmigo la más profunda de las miradas de envidia a la trinidad de Dios, yo misma, mi madre y todas en mí, duplicadas hermanas. Esa noche de la tragedia, alguien acabó en mi nombre y desde entonces respondo dual y bilingüe si me nombran Coa y Coya también (27).

El nacimiento y bautismo a través del baile orgiástico provocan el renacimiento de la marginalidad, tanto social como racial, de la protagonista que se reconoce dual. Desde aquí, el personaje será quien dirija la resistencia del barrio contra los soldados que quieren someterlo a la redada. Antes que suceda y en medio de la embriaguez en el bar, se producen seis versiones de la borrachera, que son seis pasiones que se convierten en seis visiones de lo que será la redada. Recordemos que, en el caso de nuestra obra, Coya/Coa y el resto de la barriada son apresadas por los soldados debido a Juan, un traidor, que los acusa. Las visiones de la borrachera son seis (86–112): primera, la llegada de los soldados simbolizada por la plaga de alacranes; segunda, con relación a la madre = patria; tercera, la vuelta del padre; cuarta, la creación de la mentira (ficción); quinta, las madres crean una hoguera; sexta, la punzada de dolor y el enfrentamiento. Cada una de las visiones es un antecedente —*mise en abyme*— de lo que sucederá en el segundo capítulo, que narra la tortura que sufren las mujeres apresadas en la redada.

En *El cuarto mundo* también se produce un baile que tiene más relación con el carácter ritual de la seducción: María de Alava realiza una danza para su hermano, rito que se transforma en un secreto entre ellos:

La danza era otra de sus actitudes: una danza extrañamente atemporal, creada originalmente por los movimientos de su cuerpo. La pasión del baile afloraba en la belleza de lo eterno. [...] Pocas veces he visto un espectáculo semejante y realizado según la plenitud de mis deseos. [...] Parecido a lo sensual, estaba más allá de la sensualidad misma; semejante a lo irreal, portaba la realidad de todas las vidas humanas" (1988, 64).

El hermano mellizo ve en el baile de su hermana menor una plenitud, un equilibrio tal que sus deseos son satisfechos al máximo. María de Alava logra, a través de esa danza "atemporal", la fusión del mundo en el momento en que su cuerpo se mueve. Aunque la escena no se desarrolla a partir de una orgía propiamente tal, el deseo y el goce del espectáculo llevan al hermano hacia zonas donde el placer es únicamente canalizado a través del rito. Cualquier aspecto ritual, ya sea la danza, el canto, etcétera, hacen que la divinidad erótica venga a coincidir con la verdad física de los cuerpos para así justificar con su presencia el despliegue de fuerzas y blasfemias. Por ello en esta obra, el carácter orgiástico de la familia considera el incesto como un homenaje, ya que los hermanos mellizos mantienen un constante acto sexual para expiar las culpas por medio de la confesión a María de Alava, quien es la hermana que trata de mantener el "orden", pervirtiendo el acto de la confesión para la salvación de la familia, que depende de los actos perversos de sus hermanos:

María de Alava recibió mi confesión. Yo estaba extremadamente cansada y me incliné con la cabeza gacha.
Ella permanecía recta, lívida, impávida y falaz. [...]
—María de Alava —le dije—, ha sido nuestra conducta sudaca la que ha precipitado esta espantosa catástrofe. [...]
—Deberán enfrentar mi mejor combate —dijo—. Conquistaré en mi cuerpo interior el de ustedes.
—Estás traspasada por la necesidad —le dije—. Yo quiero ahuyentar mi urgencia.
—¿Reniegas de tu vientre hinchado? —preguntó. (Eltit 1988, 91).

Se puede observar que el discurso tiene todas las connotaciones de una escena de carácter religioso por la forma de la sintaxis, la intensidad moral del discurso y la jerarquía del oyente sobre la confesora, pero en ningún momento María de Alava rechaza la condición de su hermana quien afirma que quiere "ahuyentar" su urgencia. Ante esta afirmación, la hermana responde con una pregunta llena de significado: "¿reniegas de tu vientre hinchado?". Por lo tanto, la hermana reafirma la relación incestuosa de los mellizos como un homenaje a la raza sudaca para expiar las culpas familiares. El incesto aquí tiene una connotación de purificación y redención, donde el hijo será aquel que represente la dignidad de la raza, convirtiendo el incesto en la otra forma de perversión que contiene el ritual. El incesto proviene de un arraigo de los atributos maternos como consecuencia de la ausencia de padre, donde "lo femenino" corresponde a la madre y "lo masculino" al hijo, que se soluciona con una sublimación de lo materno. Esta fuga de la sexualidad tiene dos consecuencias: por un lado el machismo; y por otro, "se denota en una compleja relación de 'la madre con el hijo': incesto simbólico y por lo tanto 'perversión' y transgresión de los órdenes" (Montecino 1993, 33). En *Por la patria* el incesto se utiliza en dos niveles: en la madre y el padre. En el primer caso se produce en el bar donde madre e hija realizan un baile erótico que invierte la teoría freudiana según la cual la relación incestuosa se produce entre el hijo y la madre o la hija y el padre. En este caso es un incesto entre madre e hija, o sea entre mujeres, cuestionando las categorías heterosexuales de la relación. En el caso del padre, el incesto también se invierte porque los personajes trastocan sus roles: "Papá mío, le dije, don es usted que enfermo aparece, olvide a la Coya, olvide todas las cosas que la muerte quizás lo alcanza, y yo antes que le doy vida, como tú ahora amante mío, muñeca mía, niñita" (38). El párrafo muestra la inversión de la identidad que se produce en la relación de la hija con el padre que es su amante, pero también el padre se asocia con lo femenino, convirtiendo a Coya en hija, amante y madre de su padre, deconstruyendo la familia edípica.

La perversión es entonces una forma de expresión erótica y, a su vez, una transgresión al orden instituido y la resistencia del cuerpo hacia un poder que intenta mantenerlo bajo la mirada inquisidora de la norma y la legalidad. Los personajes canalizan todas sus pulsiones deseantes, haciendo que éste deambule por cada una de las páginas y logre resistirse al poder que desea atraparlo por medio de un juego gozoso. Desde la transgresión como forma de perversión de los valores sociales, la obra de Eltit contiene otras formas de perversión donde cuerpo y texto se funden para procrear la obra. Por ello, analizaremos dos formas de perversiones, como son el corte y la pose, gestos en que el cuerpo se convierte en materia de inscripción textual para producir no solo un goce estético, sino también erótico que se expande al espacio corporal y textual por la extensión del puño de la autora y el ojo voyerista del lector.

### a) El corte y las incisiones en la piel/página

Como hemos afirmado, la escritura se asocia a la inscripción corporal que deja huellas en la piel y en la página por medio de diferentes cortes, marcas o tatuajes. En toda la obra de Eltit el cuerpo no es entendido como completitud única, sino como fragmentado. Por ello los cortes son alteraciones a la idea de unidad, alejado de la belleza como estética neoliberal. Estos atentados corporales se presentan de mejor forma en *Lumpérica*, donde la protagonista, como hemos dicho anteriormente, realiza tres atentados contra su cuerpo y seis cortes en su brazo izquierdo que se explican en el capítulo llamado "Ensayo General" que

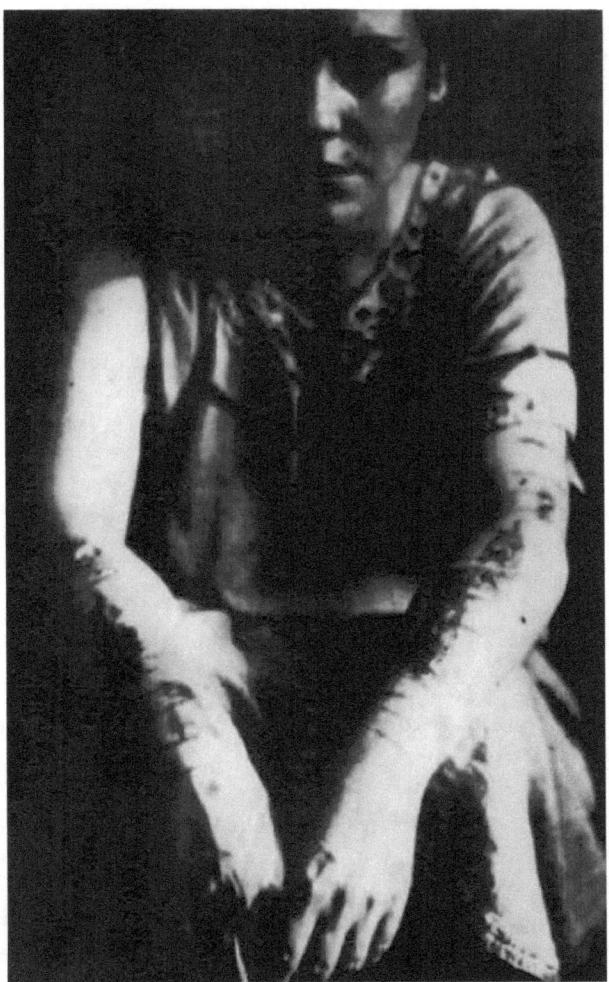

**Imagen 3.** *Lumpérica.* 1983, p. 151.

incluye una fotografía en blanco y negro donde se muestra a una mujer, probablemente L.Iluminada, con los brazos vendados[70].

Cada uno de los cortes está perfectamente narrado, siguiendo incluso el recorrido de la hoja que los provoca, pero todos son diferentes entre sí porque tienen una función específica en la piel. El capítulo busca crear un ensayo general

---

[70] La fotografía es de la misma autora Diamela Eltit y que también aparece en la acción de arte *Zonas de dolor*.

a través de un corte, pero todas las posibles creaciones son fallidas porque siempre hay un error que podemos resumir de la siguiente forma:

1.ᵉʳ corte: es solo signo o escritura.
2.ᵉʳ corte: es más débil que el anterior.
3.ᵉʳ corte: falla; acusa una errata o un intento de cambiar el recorrido.
4.ᵉʳ corte: es más reducido.
5.ᵉʳ corte: se realiza sobre la piel quemada, por lo tanto, es otra forma de atentado.
6.ᵉʳ corte: es la abulia de los otros; es un excedente de su ensayo.

Cada corte en la piel es también un corte al texto y a la escritura que lo conforma; así los tres primeros, (que corresponden a los tres ensayos generales) aparecen como corte a la página por su disposición espacial y por la escritura misma:

E.G. 1
Muger/r/apa y su mano se nutre final-mente el verde des-ata y maya se erige y vac/anal su forma. (152)

E.G. 2
Anal'iza la trama=dura de la piel: la mano prende y la fobia es/garra. (153)

E.G. 3
Muge/r'onda corporal Brahma su ma la mano que la denuncia & brama. (Eltit 1983, 154)

Se observa en estos primeros tres ensayos que la escritura se encuentra fracturada por diferentes "cortes" (/) que hacen que la palabra sea fraccionada, interviniendo su significado. Cada ensayo se presenta escrito en el encabezado de la página, lo que visualmente parece un corte a la página. El tercer ensayo general se refiere precisamente a la "ma la mano que la denuncia" (mala mano), es decir, el quiebre sintáctico que provoca la fragmentación de la escritura y que impide una lectura lineal. Una vez finalizados los cortes, la escritura nuevamente se tuerce para volver al inicio, ya que cada corte ha fallado y todo el ensayo general debe rehacerse:

Hace frío, y tal vez por eso tiende su pose en la plaza. Se sienta en el suelo con los pies descalzos, su cabeza está ligeramente inclinada hacia abajo, permanece así por un lapso y luego levanta la cabeza y mira.
Mantiene la vista fija en pequeños parpadeos. Los dedos de su mano derecha sostienen la pequeña y afilada hoja. Sin mirarse la acerca hasta su cuero.
Se va a iniciar el Ensayo General (167).

De esta forma, los diferentes cortes narrados en los ensayos anteriores solo han sido pre-textos de un ensayo que no ha comenzado, porque su exposición en la plaza es precisamente el intento de producción de la novela que se lee, haciendo de cada atentado al cuerpo un atentado al texto, donde "Traspasada de imagen en palabra, mediante trucos técnicos acude a torcer el lenguaje, montándolo sentimentalmente. Rehace, corrige las matrices listas ya para la reproducción" (102). Se trata entonces de romper con la superficie lisa de la página, con la escritura lineal y con la piel para transgredir la lectura única por medio de la alteración de su cuerpo, su cabeza y mano, que producen un texto deforme, fragmentado y móvil.

En *Por la patria,* también se observa el quiebre sintáctico en el proceso de producción de un testimonio en condiciones de violencia extrema donde se producen diferentes formas de alteraciones gramaticales, como sucede en la última visión previo a la redada, donde las voces se quiebran producto del dolor que producirá la tortura:

En el contramuro, desde los extramuros mi garganta le dio voz, le devolvió su vocalidad.

SU PARLAMENTO

me duele, me duele, me duele.

SON FASCISTAS QUE ESTRELLAN MI CUERPO ANIMAL

Ne he hecho nada  ¿no has hecho nada?
   Me duele
mi fama
mi mala fama
mi familia

me ven, me toman, me temen.
me cercan, me pescan, me cuelgan.
l'ostil
gresan
gresan
GRESAN
Romuer
Estoy
tomuer
Tomuer zaquis gadi: oma
gadi: dio-o
DIJO: "OH DIOS"
lema
Ne Im Sisatxe On Arbah Arap Solle (2007b, 111).

Este fragmento tiene relación con la tortura que sufre la protagonista y, aunque en una primera lectura no se comprenda lo que dice, se puede observar que las palabras se encuentran invertidas y se puede traducir como: Sangre, sangre, sangre. Muero. Estoy muerto. Muerto quizás diga: amo, diga: odio", y esta última frase juega con las mayúsculas "Oh, Dios" para crear también un juego de condensación entre los vocablos "odio" y "oh Dios". El quiebre de la letra y el desmoronamiento en la página son el reflejo del quiebre corporal de la protagonista por la tortura sufrida que no se puede relatar como narración lineal, sino por medio de un balbuceo de dolor que se quiebra junto al cuerpo. En la segunda parte de la obra, "Se funde, se opaca, se yergue la épica", se produce la autogestación de la escritura dentro del texto mismo donde Coya/Coa es la voz que se alza para (des)escribir el dolor que ha padecido. La fisura, la inversión, los cortes en la página y en el cuerpo de la protagonista son las formas en que el cuerpo y el texto se fusionan para crear la obra, para textualizar el dolor, la marginación de un pueblo en dictadura y de su posición inferior como raza. La épica consiste precisamente en engrandecer el dolor y la precariedad a través del discurso y hablas periféricas donde la protagonista afirma que

> Sentada al borde la cama voy ordenando cada uno de los parlamentos, para darles voz, preparando para ellas una actividad, otra oportunidad sobre el vacío del lugar abarrotado saturado de camas y de plañidos inútiles y reiterados. [...]
> Escribo desatada, desligada de todo otro menester y el hambre.
> Es algo para el atardecer, para las horas en que el encierro se vuelve extenso y los custodios abandonan, dejan libres a cada cual a sus pesares. Elaboro parlamentos, me elaboro levitada. [...]
> Cunden, crecen los papeles que domino [...], los recuerdos que superponen palabras tapando, cubriendo el odio manifiesto que me encauza (198).

La elaboración de estos documentos, su propia escritura en el encierro a través del testimonio es lo que permite el nacimiento de *Por la patria* como obra de la precariedad del ser humano. La creación que anuncia la protagonista se vislumbra al final de la novela cuando salen de la cárcel las veinte mujeres que permanecían detenidas y comienzan el "nuevo símbolo de la parición invertida: la defensa" (281) que consiste precisamente en hacer emerger las hablas que se mantenían reprimidas. Así "multiplicadas, en veinte coas de raza coya y yo Coya en el incesto total de la patria" (281). Cada mujer hablará el lenguaje periférico propio de alguna nación latinoamericana como estandarte de una marginalidad que se mantenía superficialmente sometida para quebrar el lenguaje oficial impuesto como forma de comunicación: "Se levanta el coa, el lunfardo, el giria, el pachuco, el caló, caliche, slang, calao, replana. El argot se dispara y yo" (282).

## b) La pose y la construcción de la imagen

La reflexión acerca del lenguaje y la búsqueda de sentido se intensifica en las obras de Eltit debido a que la narración se fractura por la irrupción de imágenes que son desbordadas inmediatamente. Desde esta perspectiva es que la obsesión del cuerpo es fundamental en las obras, ya que reflexionan sobre la literatura y dirigen al lector hacia el área donde el sentido se está produciendo en el momento mismo de la lectura, comprendiendo la materialidad de la escritura. Sin embargo, no se trata solo de representaciones del cuerpo sino de hacer que el cuerpo ingrese en la representación como un recurso de producción del sentido en el proceso mismo de lenguaje, en lo que Sarduy llama, como hemos dicho anteriormente, *escripturalidad*. El cuerpo es un recurso privilegiado para llevar a cabo el desmontaje de las estructuras por medio de una operación de exceso que, en primera instancia, se conforma narrativamente para luego interrumpir la linealidad de la narración por la aparición de una escena o pose que mueve todo hacia la superficie. Cuando el cuerpo es agredido, fracturado, cercenado, surge hacia la superficie del lenguaje debido a que la puesta en obra de esa escena sacrificial tiene como sentido la seducción y el erotismo del lenguaje mismo, produciendo así el espectáculo y la exhibición de esos cuerpos violentados. L.Iluminada exhibe su cuerpo lacerado frente al letrero y la cámara, los mellizos incestuosos elaboran escenas sexuales estéticas mientras producen una obra molesta, los trabajadores del Súper obran ritualmente en los pasillos para luego vociferar la crisis en que se encuentran. Todas estas escenas son operaciones literarias que tienen como objeto la fijación del cuerpo para formar una pose estética huidiza y momentánea. Esta pose del cuerpo y la escritura funcionan como fijación del signo que convierte al lector en espectador[71] que contempla y espera un sentido que nunca llega, ya que la pose se rehace constantemente. Por ello, el erotismo es un factor fundamental que se construye con las escenas estéticas que conforman poses tránsfugas que fuerzan a los textos a mantenerse siempre en movimiento.

*El cuarto mundo* es una obra construida como una constante puesta en escena que exhibe la prohibición, ya que se trata de escenas abyectas que se salen de toda escena posible e imposible de observar a menos que sea por medio de la mirada morbosa de un espectador emancipado (Rancière 2010), que sea capaz de leer el exceso de esas imágenes sexuales que representan la catástrofe de la familia. Cada una de estas escenas o poses arrastran a toda la

---

[71] El sentido común de la categoría de espectador contiene una carga negativa, ya que se le relaciona con la pasividad o falta de acción. Por ello Rancière retoma el concepto de espectador y tuerce el binomio mirar/saber, actividad/pasividad, donde el "espectador emancipado" es aquel que cuestiona estas operaciones que pertenecen a la estructura de dominación: "El espectador también actúa, como el alumno o el docto. Observa, selecciona, compara, interpreta. Liga aquello que ve a muchas otras cosas que ha visto en otros escenarios, en otros tipos de lugares" (2010, 19).

institución familiar para destruir los límites sociales y corporales que constituyen a una subjetividad que se exhibe y goza de esa misma transgresión que provoca: "[mi madre] entendió que el placer era una combinatoria de infinidad de desperdicios y excedentes evacuados por el desamparo del mundo; entonces, pudo honrar a los desposeídos de la tierra, gestantes del vicio, culpables del crimen, actuantes de la lujuria" (Eltit 1988, 78). Sin embargo, la transgresión no es la finalidad última, sino el proceso para la creación de esta nueva estirpe sudaca que se produce en la gestación incestuosa por medio de poses gozosas de los mellizos donde "su mirada [de María Chipia] diurna brilla desde sus ojos maquillados. Su mirada nocturna en agonía. Me nombra y me atrae contra su pecho desnudo, pidiéndome nuevos contenidos, otras poses; me pide revisar la posibilidad de lo obsceno" (87). Los padres voyeristas observan esta escena imposible mientras "estrellan sus cabezas contra los dinteles de las ventanas" (88) y no pueden sostener la mirada, por eso abandonan la casa dejando a los hermanos en la producción de este espectáculo prohibido en un cuarto mundo, que es el espacio donde se puede exacerbar el carácter abyecto de estas subjetividades marginales. Cada pose se va modificando con relación al proceso de gestación del bebé sudaca por medio de una escena ritual de danza, un "cuadro afásico" perfecto y silencioso, donde la hermana melliza afirma:

> Actué el papel de la extraña y mi cara se doblegó a la pose que inventé. Actuando, actuamos el inicio de conformación de una pareja adulta. Cuando se asomaba el hastío, tomé otro papel igualmente impostado y banal. Me revestí de distancia, apoyada en la mirada esquiva y en la ironía de mis gestos. [...] Representé en la pareja adulta la pieza más frágil y devastada (111).

La teatralidad de los personajes es entonces uno de los factores claves en la composición de la pose dado su carácter altamente performativo, ya que esta teatralidad "es el teatro sin texto, es un espesor de signos y sensaciones que se edifica en la escena a partir del argumento escrito, esa especie de percepción ecuménica de los artificios sensuales, gestos, tonos, distancias, sustancias, luces, que sumerge el texto bajo la plenitud de su lenguaje exterior" (Barthes 2003, 54). Por esto que los personajes de la obra actúan conformando las escenas y las poses que el lenguaje comunicacional no puede narrar. La obra contiene precisamente la imposibilidad de informar lo que los mellizos perciben ya desde el vientre materno. El niño visualiza los sueños de su madre y, aunque quiere ser un portavoz racional y legítimo, fracasa en el intento ya que no logra encontrar las palabras precisas para comunicar esos sueños y lo que percibe de ellos. La danza ritual y las escenas abyectas son los únicos medios para representar la catástrofe de la estirpe sudaca que se hace cuerpo en el bebé monstruoso que nace producto de esas abyecciones, es decir, la novela que hemos leído y analizado.

La teatralidad de la palabra es también el factor primordial en *Mano de obra*. Para Cristián Opazo (2009), es una obra donde "se representa escandalosamente porque representa al cuerpo y al habla de los sujetos populares de una manera que no se deja atrapar en los cánones de las academias teatrales nacionales" (228),[72] ya que es una propuesta nueva para entender la especificidad de la escritura dramática. Es por ello que algunas obras de Eltit han sido llevadas a las tablas, principalmente por el director y actor Alfredo Castro quien dirigió *Mano de obra / Diamela Eltit (adaptación para teatro)* y publicada por la Editorial Cuarto Propio. En el estudio de introducción, Castro plantea la "reconstitución de escena" (2007a, 19) de un texto narrativo en el espacio escénico donde se inscribirán imágenes, gestos, signos y metáforas. La lengua y el cuerpo son para Castro el factor primordial del teatro porque están destinadas a coexistir y se disputan un lugar en el cual expresarse:

> La puesta en escena, para mí, a veces es síntesis de lenguajes, otras es exceso, espesura del signo, yuxtaposición drástica de contrarios, supresión de transiciones, segmentación y multiplicación, pero es siempre un enigma, un secreto, jeroglíficos, que el espectador deberá descifrar, según sea su capacidad de enigma, de sueño, de secreto (2007a, 19).

La lengua es, por lo tanto, lo que provoca la teatralidad en esta obra. En la primera parte de la novela tenemos el extenso monólogo de un reponedor que se desplaza en los pasillos del supermercado ordenando los productos, con su nombre prendido en el delantal, como una marioneta manejada por hilos mientras es observado por el supervisor de turno y los clientes que desordenan el precario orden que ha establecido, "pero aún así, actúo con la maestría clásica de la palma de mi mano para conseguir que mi espalda se incline en exactos 90 grados hacia los vértices (desmontables) de los estantes" (Eltit 2002, 14). Nuevamente nos encontramos con otro pálido que debe cumplir con una rutina serial comandada por la luz del súper, "obvio. Bien peinado, preciso, indescifrable, opaco" (21) para asentir "como un muñeco de trapo" (22) apelando a su servilismo laboral. Los cuerpos en el súper funcionan como meros organismos que hacen posible la productividad a través del movimiento y el desplazamiento de las acciones en el espacio de la compra: "[L]a naturaleza del súper es el magistral escenario que auspicia la mordida" (72) para provocar el error, de modo que todo vuelva a hacerse, a re-presentarse, a rearmarse, pero siempre "Agotados y vencidos por la identificación prendida en el delantal. Ofendidos por el oprobio de exhibir nuestros nombres" (111). Esta crisis del sujeto que se representa en el agobio de la rutina maquinal se materializa en la

---

[72] Opazo afirma que "el aporte de Eltit ha sido 'desordenar' y 'rearmar' las bibliotecas de las escuelas de teatro", debido a que propone una mimesis inexplorada en Chile que está haciendo eco en nuevos dramaturgos como Juan Claudio Burgos (*Famélicos*), Rolando Jara (*Polen*) o Rodrigo Pérez (trilogía *Patria*) (2009, 235).

jerga vulgar que domina toda la segunda parte de la novela donde encontramos a estos trabajadores habitando una casa donde conviven y escenifican su vida en el supermercado. Las hablas de los personajes son intentos discursivos que escupen o vociferan los excesos contenidos por medio de una teatralidad contenida que hace explotar la oralidad vulgar ("garabato" en Chile) para llamar la atención del lector, como sucede en la horrible escena en que Sonia, la trozadora de pollos, corta accidentalmente su dedo y al llegar a la casa, le llega la menstruación y se aísla en su habitación para evitar las miradas rencorosas del resto de los habitantes:

> Lejos, porque la casa ya no la representaba. No la representaba mientras la pobrecita Sonia se ponía la toalla entre sus piernas, encuclillada en el borde del pasillo "la culiada cochina y exhibicionista" porque le había bajado la regla y la sangre corría arrastrando unos coágulos densos, una masa viscosa y móvil que hedía con una degradación sin límites. [...].
> Ya solo era capaz de aferrarse a la toalla con ese rictus conocido que hacía mascullar unas frases sin sentido que nos alteraba los nervios: "los culiados, estos maricones chuchas de su madre, caras de pico, ay, ¿qué se creen? Los maracos. Pero, ¿qué diablos es lo que se creen estos huevones, conchas de su madre?" (155).

Los cuerpos en escena muestran la rabia por el oprobio que implica exhibir el nombre en el delantal, lo inenarrable del gesto de estar en cuclillas y la expulsión vociferante de la rabia contenida por medio de una sarta de vulgarismos que expresan la crisis de la subjetividad y, sobre todo, la rabia de años de abuso y sometimiento[73] donde la negociación colectiva ya no sirve, sino que hay que enfrentarse a "chuchá limpia" —como se dice en chileno— para descargar el cuerpo frente a esos "que nos miran como si no fuéramos chilenos igual que todos los demás culiados chuchas de su madre" (176).

En *Lumpérica*, el trabajo de L.Iluminada consiste en este continuo movimiento, tanto del cuerpo como del texto, que no permite la fijación ante los ojos del lector/espectador, y lo obliga a crear formas de lectura que también sean móviles. Se ha dicho que la plaza es un gran teatro, por lo tanto, ella debe actuar, gesticular y moverse: la base de todo su espectáculo está en el movimiento, realizando constantemente escenas que pudiesen parecer cerradas, como las tomas fílmicas, las escenas de los animales, los grafitis, etcétera, pero son escenas que no permanecen rígidas, sino que van cambiando mientras la narración avanza. Es así como se elabora la pose para crear una escena estética que va desorganizándose junto con el movimiento de los cuerpos en la plaza, en el texto y en su cuerpo. Cada capítulo se irá desplazando del mismo modo en

---

[73] Esta es la razón de los títulos de la obra, porque no solo muestran el pasado glorioso de un movimiento obrero organizado, sino también que la organización se debe al abuso histórico en que han vivido.

que la protagonista lo hace para conformar diversas poses: el capítulo primero se presenta aparentemente lineal, pero se incluye el cine a través de tres tomas fílmicas con su lenguaje específico; el capítulo segundo predomina la función apelativa donde la protagonista es interpelada a través del interrogador y el interrogado; el capítulo tres se presenta en prosa enumerada con una mezcla de lenguaje culto y vulgar donde L.Iluminada asume formas animalescas; el cuarto, "Para la formulación de una imagen en la literatura", fluctúa entre poesía y relato; el quinto, "¿Quo Vadis?", se presenta en una "situación ahora no fílmica sino narrativa, ambigua, errada" (1983, 99); el sexto, continúa aparentemente lineal, pero se agregan los graffiti; en el capítulo séptimo se vuelve al interrogatorio; el octavo, "Ensayo General", la escritura y el cuerpo es "rajado" a través del corte en la página y la piel; el capítulo nueve, "Escenas múltiples de caídas", presenta la caída de la escritura lineal, y finalmente el texto se cierra con un capítulo en forma de historia lineal. La segunda parte incluye las tomas fílmicas que intentan atrapar a la protagonista en una sola pose. Los tres intentos de filmación se elaboran en diferentes ocasiones y con objetivos distintos:

> La escena contempla nada más que la construcción de la pose [...], una mirada admirativa sobre ellos (15).

> Gestar mediante la herida lo que se precisa para la producción de un grito (24).

> Ella está tomada desde el minuto en que se acerca al fuego. [...] Entonces la cámara los toma a ellos y muestra la intensidad de sus miradas, el anhelo general, más bien una perversidad gestual (37).

Los tres párrafos previos se refieren a las tres tomas fílmicas donde se puede inferir que cada uno es completamente diferente: la primera escena solo tiene como finalidad el placer de la observación, la intención no es fabricar una pose, sino dejar que L.Iluminada actúe libremente. En la segunda, aparece el verbo "gestar", es decir, expresamente se afirma en hacer que la protagonista provoque el grito de la forma en que ellos lo desean. La tercera es una escena de brutalidad que se verifica con la "perversidad gestual" de los observadores mientras ella quema su mano en la pira: "El error en el grito, su recato, será rehecho en la misma plaza, hasta que ellos se abran de sí y la tomen a ella en su máximo" (1983, 26), pero L.Iluminada impidió la fijación de la toma y la pose no es aceptada y debe rehacerse nuevamente. La pose no la fija de una determinada forma sino al contrario, permite el movimiento, el cambio, la metamorfosis, la parodia de toda forma de narración que intente presentarse como inmutable y pura. El espacio necesario para la constitución de la pose es la página, ya que permite la metamorfosis que "Por literatura será, para que ése se engarce otra vez y hasta el luminoso se curve dejando caer el haz sobre su cuerpo, la transparencia. Y entonces salga de la plaza reverdecido y la plaza será lo único no ficticio de todo este invento" (25). Todas estas configuraciones de la escritura hacen que el texto y el cuerpo de L.Iluminada estén en constante movimiento formando las poses en la plaza por medio de palabras que se exceden, proliferan y huyen de su significado instituido, al igual que L.Iluminada huye del luminoso, de la cámara y del lector que intenta posesionarla. Por lo tanto, cuerpo y texto se conjugan en una página, utilizando los elementos más materiales con lo que cuenta, a saber, escritura y piel, para transgredir el orden y la fijeza.

**Imagen 4.** *Infarto del alma.* 1994, p. 17.

La fijeza plástica de la pose también se observa en las fotografías de *Infarto del alma* donde es el lector/espectador quien observa a los pacientes en la construcción de la escena. La fotografía ha sido un elemento sumamente valioso para plasmar momentos de la vida, eventos nacionales y otros aspectos que se desean conservar. Para Walter Benjamin, el aura es una característica de las obras de arte tradicionales burguesas:

> Conforme a una formulación general: la técnica reproductiva desvincula lo reproducido del ámbito de la tradición. Al multiplicar las reproducciones pone su presencia masiva en el lugar de una presencia irrepetible. Y confiere actualidad a lo reproducido al permitirle salir, desde su situación respectiva, al encuentro de cada destinatario (1989b, 22–23).

Este cambio trae como consecuencia que los sujetos históricos adquieran un nuevo modo de percepción donde son precisamente las masas que desean el acercamiento espacial y superar lo irrepetible de la reproducción. Así la fotografía permite la decadencia del aura de la obra y su desvinculación del ritual. Una vez vaciada la obra de arte del criterio de "autenticidad", Benjamin afirma

**Imagen 5.** *Infarto del alma.* 1994, p. 66.

que la política viene a fundar el arte. Dentro del área de la belleza fotografía, señala que el gesto facial es el último eslabón del carácter ritual, ya que el rostro humano constituye una belleza incomparable por su melancolía. Por ello que las treinta y ocho fotos en blanco y negro de Errázuriz se centran en estos rostros populares y marginados que estuvieron fuera de esa aura de autenticidad y nos muestran una nueva forma de ver el presente por el carácter único y singular de la fotografía que testimonia lo que ha estado o ha sido. Los rostros de los asilados muestran la enfermedad de la locura en primer plano con un orgullo que se condice con los parámetros de la fotografía clásica. Son el verdadero rostro de la marginalidad en todas sus posturas y poses.

"¿Has visto mi rostro en alguno de tus sueños?" (Eltit 2010b, 5), Eltit nos apela directamente como los lectores/espectadores de esos seres que hemos mantenido escondido por años, pero ahora están allí, mostrando su rostro fuera de toda cosmética neoliberal que presenta rostros bellos para el consumo masivo. La fotografía puede ser objeto de tres prácticas, emociones o intenciones, como son el hacer, el experimentar y el mirar (Barthes 1990, 33), pero el ser objeto de la mirada es lo que configura *la pose* donde "me constituyo en el acto de "posar", me fabrico instantáneamente otro cuerpo, me transformo en adelantado en imagen" (41). Por esto que las fotografías de Errázuriz tienen esta transformación activa al darles dignidad a estos marginados del asilo. La pose elabora la parodia y subvierte precisamente el origen burgués de la fotografía, ya que son todas poses de fotos familiares que se incorporaban en el álbum de fotografía de las familias burguesas importantes. El retrato debe ser bello, por lo tanto, debe mostrar salud, bienestar y virtud sin dar espacio a algún signo

**Imagen 6.** *Infarto del alma.* 1994, p. 53.

de enfermedad o desarmonía, ya que atenta contra las reglas de la estética burguesa. La fotografía posee un papel familiar "por la función que le atribuye el grupo familiar, como pueda ser solemnizar y eternizar los grandes momentos de la vida de la familia, y reforzar, en suma, la integración del grupo reafirmando el sentimiento que tiene de sí mismo y de su unidad" (Bourdieu 2003, 57). Las bodas, los bautizos, las vacaciones son momentos que se desean sacralizar para un futuro, pero ¿qué sucede con las fotografías de estos marginados en el espacio del manicomio? Tenemos fotos de parejas que no son burguesas, sino de personas pobres, maltrechas, enfermas y, en algunos casos, deformes que parodian a esas familias burguesas.

¿Son estas fotos "dignas" de un álbum familiar? Lo que podemos observar en ellas es la pose de los sujetos que intentan imitar la posición corporal de una foto familiar, pero los personajes no corresponden al modelo burgués. Para Nelly Richard, lo que observamos en estas fotografías es una "metáfora *en negativo*" (2001, 253) del modelo burgués neoliberal que muestra en sus pantallas televisivas y fotos publicitarias cuerpos sanos, esbeltos, jóvenes y bellos. Lo que vemos en las fotos de Errázuriz es el negativo de esos cuerpos vendibles: son feos, mal vestidos y el contexto de la foto es precisamente la ruina que se esconde bajo el tapete neoliberal. Todos los espacios de las fotos son escombros,

**Imagen 7.** *Infarto del alma.* 1994, p. 6.

ruinas, paredes sin pintura que se acentúan con el blanco y negro escogido por la fotógrafa para metaforizar el carácter de desecho con que se les ha tildado.

El análisis de una fotografía se debe elaborar desde el sentimiento relacionándolo con una flecha que viene a punzar. Es lo que se conoce como *punctum*, es decir, "pinchazo, agujerito, pequeña mancha, pequeño corte y también casualidad. El *punctum* de una foto es ese azar que en ella me despunta (pero que también me lastima, me punza)" (Barthes 1990, 65). Entonces ¿cuál es el *punctum* en las fotografías de estos internos? ¿Qué me punza cuando las observo? Personalmente, observo sus rostros macilentos, su vestuario harapiento, sus ojos un poco desorbitados, el espacio residual que le otorga un encuadre al paisaje derruido; pero también veo la elegancia de sus poses y la búsqueda de una postura digna de sus cuerpos. Por eso Errázuriz les ha otorgado dignidad en la toma fotográfica, ya que no se observa un sentimiento de piedad o victimización, sino orgullo y dignidad para traer nuevamente un poco de justicia a la injusticia social que los ha condenado. Y es aquí, en este punto, donde se encuentra la parodia, ya que sus rostros no producen lástima, sino indignación frente a una injusticia para provocar la emancipación que Rancière propone para el espectador, donde mirar es también actuar ya que, al eliminar la mediación, el espectador se transforma en actor y el escenario se traslada a la calle. Badiou afirma que la "víctima en tanto es revelada a través del espectáculo del sufrimiento" (2007, 25) de personas que exponen sus suplicios, torturas y sometimientos producen un sentimiento de piedad. Por lo tanto, la injusticia se encuentra en el cuerpo vivo de la herida sangrante. Pero, se pregunta Badiou, ¿es posible crear justicia a partir del espectáculo del cuerpo? ¿Qué viene después del sentimiento de piedad que este genera? Por ello el autor afirma que "es necesario que la víctima sea testimonio de algo más que sí misma" (26). Los cuerpos expuestos en las fotografías de los asilados de Putaendo no solo son cuerpos expuestos a la mirada lastimosa del observador, sino que ellos portan una idea, un pensamiento, y es en este punto donde se comienza a hacer justicia. Al unir el cuerpo a una idea se pierde el carácter de víctima y ese cuerpo sometido se convierte en una afirmación política de pasar "del estado de víctima al de alguien que está de pie" (25). Es por ello que la fotografía de Errázuriz es subversiva y pensativa (Barthes 1990, 73), ya que el *punctum* que provoca la observación obsesiva —la herida en el ojo— trastorna la mirada del entorno al mostrar el negativo de nuestra falsa comodidad material.

Es por esto que al hablar de escritura neobarroca en la obra de Eltit implica algunos aspectos fundamentales que van de la mano con el espacio social que impacta sus palabras. El primer aspecto es la conciencia de literatura que contienen las obras, ya que la narración o puesta en escena de la ficción se remite a la producción de sentido por medio del lenguaje, que siempre alterado por la dislocación de los signos y su relación con la materialidad misma que los produce. Por ello las obras contienen rupturas gramaticales, genéricas y de sentido donde el significante se quiebra y el significado es desplazado mediante diferentes técnicas como la condensación, la proliferación y la parodia, todas ellas conjugadas en el cuerpo de los personajes. El cuerpo, por lo tanto, se erige como otro significante obliterado que se re-significa en las obras por medio del erotismo como factor que impulsa el movimiento y la transgresión para crear escenas o poses de una representación imposible. Este es un punto fundamental para acceder a la obra de Eltit: su visualidad o plasticidad, ya que no estamos frente a obras que narran, sino que muestran una ficción abyecta en la cual el texto se presenta como juego, pérdida, desperdicio y placer, o sea, erotismo, que transgrede lo útil. Por lo tanto, la artificialidad y lo cultural se manifiestan en un juego con el objeto perdido, cuya finalidad está en sí misma y no en la conducción de un mensaje o de un sentido único, sino en su desperdicio en función del placer. De esta forma, se produce la caída de la trascendencia, de la finalidad, del significado, de la moral, y surgen todas las otras formas que habían permanecido ocultas y reprimidas en la voz de seres marginales. El discurso de los textos, con un lenguaje sobrecargado, caótico, con el frote entre géneros, hablas y jergas, metaforizan la negación de la entidad logocéntrica que se estructuraba desde su lejanía y autoridad. Cuerpo textual que rehúsa toda instauración a un orden, al padre, a dios, a la ley, es decir, cuerpos textuales que erotizan la página, los discursos y los cuerpos con una sola finalidad, la transgresión absoluta, para hacer de la pose la pose y la fotografía una muestra de estos "no ciudadanos" que con su presencia provocan una ruptura violenta con el orden burgués y su estructura familiar. Los lazos que los unen se reafirman en la precariedad de sus identidades, vestimentas y alimentos, confirmando que son una comunidad inoperante.

CAPÍTULO 3

# La resistencia orgánica y la figura del *cyborg*

Para Hélène Cixous (1995), los binarismos no solo representan una jerarquía, sino también el poder patriarcal donde en la dicotomía masculino/femenino convierte a la mujer en un cuerpo revestido de velos y separado de agencia histórica. Es por esto que la mujer es definida exclusivamente a partir del cuerpo y sus múltiples diseminaciones como un "cuerpo sin fin, sin 'extremidad', sin "partes" principales, si ella es una totalidad compuesta de partes que son totalidades, no simples objetos parciales, sino conjunto móvil y cambiante [...] (48). Por ello, nos concentraremos en la figura de la madre en la obra eltitiana, ya que es una imagen compleja que excede las definiciones normativas y se opone a la ideología maternal elaborada por el patriarcado, como vemos en *El cuarto mundo*, donde la madre es un ser deseante que provoca la caída de la familia por el adulterio, en *Los trabajadores de la muerte*, la madre evoca la figura de Medea que sacrifica a sus hijos para vengarse del padre y en *Los vigilantes* la madre transgrede la ley paterna y la madre de cuatro nonatos en *Sumar*. En todas estas figuras encontramos un significante plural donde el cuerpo femenino materno se somete a las reglas sociales, pero también es un cuerpo abyecto que provoca la ruptura y la subversión.

Para el psicoanálisis tradicional es necesario y urgente el matricidio, es decir, eliminar la figura de la madre para poner en su lugar la ley simbólica, que es la figura del padre. Según este, la figura de la madre se encuentra en aquel continente oscuro, marginal, ininteligible, que debe ser olvidada por el niño para acceder a la socialización normal de su desarrollo. Sin embargo, lo que olvida esta corriente psicoanalítica es que el primer contacto verbal y corporal del niño es con la madre. Por ello, Julia Kristeva plantea que el paso al orden simbólico no elimina del todo el lenguaje pre-edípico, ya que en la sintaxis podemos observar ciertas fugas que resquebrajan al signo mismo. Los ritmos,

---

Cómo citar este capítulo:
Barrientos, M. 2019. *La pulsión comunitaria en la obra de Diamela Eltit*. Pp. 153–164. Pittsburgh, Estados Unidos: Latin American Research Commons. DOI: https://doi.org/10.25154/book1.n. Licencia: CC-BY-NC 4.0

las aliteraciones y los tonos son retazos maternos que pertenecen al orden semiótico y se encuentran subyacentes en el lenguaje simbólico[74]. El cuerpo materno es el espacio en que se desestabiliza el orden simbólico, el Logos, el Padre, donde se hace estallar el signo y sus unidades básicas. De este modo recojamos el sentido de escritura perversa y artificiosa en las novelas de Diamela Eltit, lo cual hace explotar estos binarismos. La condición perversa es vista desde la abyección que plantea Julia Kristeva como "aquello que perturba una identidad, un sistema, un orden. Aquello que no respeta los límites, los lugares, las reglas. La complicidad, lo ambiguo, lo mixto" (1989, 11). Es precisamente este espacio corporal el que presenta *El cuarto mundo* (1988) como elemento central de la obra. La hija, producto de la relación incestuosa de los mellizos, se configura "en una obra que no es de carne, sino de palabras alumbradas por el deseo como otro espacio de la subversión" (114). La producción uterina anuncia la posterior producción del libro. Profundizando en la línea psicoanalítica, Mary Green afirma que la novela es la representación ficcional de la construcción del género donde dos categorías diferentes señalan la diferencia sexual, por lo que la imagen de los mellizos sobrepasa su significado literal para abordar la situación de la relación entre hombres y mujeres en la sociedad chilena (2007, 74), aunque a mi juicio, es una imagen que sobrepasa a la relación genérica que se ha desarrollado no solo en Chile, sino también en América Latina. El espacio uterino del primer capítulo está dominado por la voz del niño que muy "racionalmente" critica las actitudes de sus progenitores y su proximidad obligada al cuerpo de su hermana. Este espacio bañado en líquido amniótico hace posible una conexión absoluta entre los pensamientos de los mellizos y de la madre, aunque sea un espacio agobiante que se transforma en un lugar de batalla entre los cuerpos de los mellizos que luchan entre sí para ganar centímetros y alejarse de la posibilidad del tacto: "El reducido espacio para mi hermana y yo empezó a estrecharse cada vez más. No había otra alternativa que el frote permanente de nuestros cuerpos. Rota la ilusión de independencia, presentí que la estrechez iría en aumento hasta la inmovilidad total en medio de las aguas" (1988, 20). El espacio del útero materno se traslada al espacio de encierro de la casa familiar, en la cual los mellizos van desarrollando sus vidas y experiencias. Ambos espacios, ya sea el uterino o el de la casa, se caracterizan por su dislocación debido a que el útero, históricamente femenino y pulsional, es dominado por una voz masculina y racional del mellizo, en cambio la casa, que forma el puente con la calle, es el espacio que narra y habita la melliza, por lo tanto, femenino y pulsional. En ambos espacios predomina lo que Julia Kristeva (1984) llama la *chora*, es decir, un espacio semiótico, preverbal, compuesto de movimientos y articulaciones que comprenden el dominio espacial y que elude las disposiciones geométricas o de espacialidad clásicas.

---

[74] En este caso lo semiótico corresponde a lo maternal femenino y lo simbólico a lo social masculino.

Es importante entender que este no es un espacio que contiene algo, sino una espacialidad o espaciamiento, en términos de Nancy, desprovista de la dicotomía tiempo-espacio/objeto-sujeto en que el signo lingüístico aún no denomina un objeto determinado. El espaciamiento entonces disloca los lugares para producir otros, no solo por la dislocación misma del espacio, sino por el tiempo que penetra y se extiende para dejar de ser lineal y convertirse en intersección o pulsación. Debido al movimiento, el *tropos* se traspasa al *topos*, lugar de traslación y circulación para dar lugar a otros lugares o lo que Cristina Rodríguez Marciel (2011) llama "figuras-lugares" "[para] poner en evidencia su estructura (e)mocionada, su pasión local [...]. Cómo lo invisible se deja ver en lo visible" (27). El espacio del útero-casa es el lugar de conformación de una comunidad sudaca e incestuosa que se preparan desde el encierro y el frote de los cuerpos. En la novela, el encierro de produce en tres niveles, el útero, la casa y la ciudad, que funcionan como espejos deformados que replican las acciones y perversiones de sus habitantes, ya que desplazan las ruinas de la ciudad hacia los espacios más íntimos de la familia como centro carcomido por el poder. El útero es el primer espacio habitable donde los hermanos mellizos inician su proceso de conformación de una identidad corrompida por los sueños maternos. Desde aquí, el hermano mellizo, María Chipia, inicia su trabajo de pensar y logra reconocer las habilidades de su hermana para traducir los sueños maternos. Ambos personajes, entrelazados por sus cuerpos, enfrentan las pesadillas de la madre y el terror de la ciudad que les espera después del alumbramiento. La casa es un espacio vigilado por el padre y por María de Alava, la tercera hermana donde "todo estaba racionalmente medido en ella con la razón que tan bien identificábamos en mi padre" (39), quien intenta mantener el orden y control de los mellizos. Mientras la familia se mantuvo dentro de sus límites, los mellizos logran contener sus apetitos heredados por la madre. Sin embargo, la salida al exterior provoca el cambio:

> Nuestra salida al exterior fue verdaderamente estremecedora. La ciudad, tibiamente sórdida, nos motivó a todo tipo de apetencias y activó nuestras fantasías heredadas de mi madre. Se podía palpar en el espesor ciudadano, el tráfico libidinal que unía el crimen y la venta. Los bellos torsos desnudos de los jóvenes sudacas semejaban esculturas móviles recorriendo las aceras. En ese breve recorrido nuestros ojos caían en una bacanal descontrolada (Eltit 1988, 40).

Es en el encierro de la casa donde preparan el homenaje, exponiendo sus cuerpos a las perversiones como dignos representantes de la raza sudaca. Es por eso que sus acciones están dirigidas a crear esa obra terrible y molesta que crece en el vientre de la hermana melliza: "Porque tú eres yo misma, conozco cada uno de tus conocimientos por muy distantes que nos encontremos, pues ambos sabemos la forma única de frenar nuestra extinción y la humillación de nuestra raza" (104). No es una raza que se reconoce por sus características genéticas, sino que los une la carencia y la exclusión a la que han sido sometidos. Han vivido en el cuarto mundo, en las zonas más periféricas de la gran ciudad, por eso ellos configuran su existencia como exposición y crean, con la unión de los cuerpos —pero no sus individualidades—, un monstruo que será expuesto para la venta.

El mismo escenario de la casa se puede observar en la novela *Los vigilantes* (1994) donde la madre y su hijo baboso viven el encierro para soportar la mirada y vigilancia externa de sus vecinos que cuestionan su forma de vida, ya que ellos "sostienen que la ciudad necesita de una ayuda urgente para poner en orden la iniquidad que la recorre" (41). En la obra, la casa-prisión no es el lugar de recogimiento que alberga a la familia, sino un lugar de encierro y sujeción "en que el frío penetra por cada uno de sus intersticios" (26) y que puede provocar la expulsión hacia un afuera desconocido "donde está plegándose una extrema turbulencia" (27).

La tragedia familiar también es el elemento central de la novela *Los trabajadores de la muerte* (1998) que está conformada por dos historias unidas por la violencia. En una entrevista con Lazzara, Eltit afirma que utiliza el modelo de *Medea* porque: "quise trabajar sin mayores represiones culturales esta madre que esconde, que manipula, y que juega con su propio deseo" (2017a, 361). Eltit utiliza el modelo de la tragedia griega porque en ella encontramos la base de la conformación de arquetipos y símbolos que ocupan un lugar central en la producción de sentido de la sociedad occidental en que el mito es uno de esos elementos centrales. Para Jean-Pierre Vernant (1992), *mythos* significa "palabra", "narración" y se presenta como "el conjunto que vehicula y difunde el azar de los contactos, los encuentros, las conversaciones, ese poder sin rostro, anónimo, siempre evasivo que Platón llamó *Pheme*, el Rumor" (17). Dentro de sus rasgos El autor afirma que los rasgos distintivos del mito son la jerarquía de poder por las tensiones entre fuerzas de diferente procedencia, autoridad, dignidad, etcétera, que interviene como un agente por medio de un acto de violencia donde este mismo agente resultará beneficiado (127). Por lo tanto, el mito, al no hablar de la realidad directamente, oculta un acto de violencia ejercido para justificar un orden social que se sustenta en el poder. A partir de esta definición, si el mito se mantiene vigente porque otorga sentido y continuidad a un orden social, entonces cabe preguntarse en cuanto a nuestra novela, ¿Qué acto de violencia encubre el presagio de la niña del brazo mutilado? ¿De qué forma este acto violento, que ha sido ocultado por el mito, se actualiza en el presente? Antes de responder a estas preguntas, es necesario centrarnos en la elección de la figura de Medea como base para contar esta tragedia familiar. Medea contiene una faceta de la subjetividad femenina que resulta completamente ajena a las construcciones androcéntricas de lo femenino. Es una figura ambigua y enigmática porque contiene los binarismos en su propio cuerpo, es divina y terrenal, es amante y madre, pero es cruel y asesina. La figura de Medea es una metáfora del proceso de construcción de la subjetividad femenina que se desarrolla en constante tensión con la búsqueda de un proyecto personal; encarna en sí misma la crisis en todo su sentido. De todos los personajes de la tragedia griega, ninguno contiene en sí mismo las tres características de lo "aborrecible", según el paradigma griego: encarnación de lo femenino, lo animal y lo bárbaro, cualidades que configuran la *otredad*[75]. Entonces, ¿cómo se construye esta subjetividad femenina en los espacios de la novela?

La historia central está dividida en tres actos y cada uno tiene tres escenas con diferentes voces narrativas: la voz de la madre, un narrador autodiegético que podría ser la niña del brazo mutilado, y la voz del hijo mayor. La voz materna está constituida por los pensamientos, recuerdos inconscientes y deseo de venganza contra su esposo que se enlaza con la memoria de los insultos, el abuso sexual, las exigencias de los bebés y su propia mirada observando un cuerpo flácido y decrépito como resultado de la maternidad: "¿Hasta dónde es posible llegar? ¿Puede alguien decirme cuál es la extensión matemática de mi hueco? Malditos topos cegatones híbridos me empiezo a deslucir" (Eltit 1998, 35). La segunda sección es la voz de un narrador autodiegético (la niña del brazo mutilado), en diálogo con el hijo mayor que abarca los pensamientos y experiencias anticipadas en el prólogo, donde la niña dice que "ya se empieza a establecer un sangriento puente entre Santiago y Concepción" (31). La tercera voz es del hijo mayor que narra en primera persona sus observaciones y pensamientos del viaje y el drama que vive. Sin embargo, en cada sección, la voz de la niña mutilada invade el relato de la madre y del hijo para hacer sus propios comentarios de los acontecimientos y pensamientos, representando al antiguo coro griego que comentaba las acciones en la tragedia y comunicaba al público aquellos detalles no representados[76] (Cuddon 2013). Ambas historias se conectan a partir del presagio que augura la niña del brazo mutilado: "Dice que a lo largo de esa noche, antes que se materialice el amanecer, ella habrá de dedicarse a leer las voces que se incuban en el interior del alma del que ha de ser el próximo asesino" (31). La historia del asesino inicia la tragedia que se desatará en la historia interna: una madre envía indirectamente a su hijo mayor a tomar venganza de su padre por abandonarla. El hijo inicia un viaje de Santiago a Concepción (ciudad al sur de Chile) y conoce a una joven de quien se enamora y mantienen una relación. Los amantes descubren que son hermanos porque el padre, tras abandonar a su primera familia, forma una nueva familia en Concepción. La joven decide terminar la relación, pero el amante y medio hermano no lo permite y la asesina en una pieza de hotel donde la cita para despedirse.

Recordemos que para Hannah Arendt (2005) el papel que el patriarcado le asigna a la mujer es por medio de la cualidad biológica (*zoé*) que la confina al

---

[75] Para Aristóteles, la felicidad no es propia de esclavos ni de animales, ni de mujeres, ni de niños ni de bárbaros, pues requiere una vida entera y una virtud perfecta que solo se puede producir en el hombre que es *zoon politikón*, es decir, un ciudadano. El resto son "los otros". Cfr. *Ética a Nicómaco* I, 1098 a 18.

[76] Se define al coro como "Personaje colectivo del teatro que toma la palabra para comentar la acción. La componen participantes no individualizados (actantes), estos expresan sentimientos generales". Cfr. *Diccionario Akal de términos literarios*, p. 80.

espacio privado y oculto, por lo que ésta solo dispone de la función reproductora para la supervivencia de la especie. No tiene condición humana total considerándola solo ciclo y repetición. El espacio público de los hombres es el que entrega identidad porque el cuerpo se sustrae de la naturaleza y se convierte en individualidad o *bios*: "mediante la acción y el discurso, los hombres muestran quienes son, revelan activamente su única y personal identidad" (238). Es precisamente este confinamiento al espacio "privado" de la mujer-madre y la relación con la oscuridad y la noche lo que *Los trabajadores de la muerte* explora al utilizar la figura de Medea. En la novela interna, predominan los espacios interiores de la casa para la madre, la pieza de hotel para el hijo mayor y la taberna/albergue para la niña del brazo mutilado en el prólogo. En todos estos espacios, la noche es un tiempo privilegiado. Sin embargo, pese a ser espacios cerrados, la voz de la madre nos entrega pistas de la ciudad que habita y teme:

> Hubo una cierta ciudad afuera, llena de peligros, pensaba, plagada de ademanes procaces y repetidos, una ciudad con campanas, una ciudad que resultaba imposible de recorrer porque mis pasos estaban vigilados por algo así como una horda de fanáticos listos para atacarme en una angosta calle sin salida a la que me llevó ese paseo angustioso, nocturno y circular (Eltit 1998, 43).

Desde una perspectiva simbólica, la casa y la noche se asocian a principios femeninos, siendo la noche el "principio pasivo femenino inconsciente" (Cirlot 1992, 228) y la oscuridad "caos primigenio", "camino hacia el misterio profundo del origen", por lo tanto, es regresivo. Por esta razón, debemos retomar nuevamente el concepto de *chora* de Kristeva como el espacio que se relaciona con el cuerpo materno pulsional como una modalidad de significancia en la cual el signo lingüístico no está aún articulado la ausencia de un objeto y la distinción entre lo real y lo simbólico (1984, 26-27), por lo que se configure como un espacio esquizoide donde existe una conexión inmediata con las cosas, sin pasar por el lenguaje como sistema que representa y distancia el mundo.

En todas las novelas de Eltit, la casa está construida en base al drama político de la dictadura como experiencia del trauma y el dolor físico producido por el abuso militar. La casa no entrega protección familiar ni seguridad frente a las amenazas del afuera. Como afirma Eugenia Brito, "la casa eltitiana va a ser un lugar ocupado por fuerzas antitéticas y paradojales: por eros y thanatos: padre y madre, amante, amigas que convulsionan el lugar para descentrarlo y hacerlo paradigmático como anverso del orden y metáfora de la disgregación y el caos que vivirá la sociedad chilena durante la época militar" (2014, 107). La casa permea sus paredes para que el erial (*Por la patria*), lo sudaca (*El cuarto mundo*), y los indigentes (*Los vigilantes*) ingresen en ellas y produzcan el quiebre de un sistema hegemónico que se hace viable mediante las formas de la vigilancia. La casa eltitiana ya se encuentra completamente destruida y en ella se resumen los retazos de todas las casas desmanteladas por la tradición literaria chilena.[77] La casa de Eltit siempre se encuentra al borde de lo social, lo sexual o lo geográfico; por ello puede ser una plaza, el barrio marginal, los bloques, una habitación, es decir, lugares mínimos iluminados por los focos de poder que penetran hasta los íntimos rincones, pero que hacen explotar los fragmentos de rebeldía por medio de imágenes inconscientes —casi psicóticas— que están en la memoria más profunda y que se activan en las páginas de los relatos. Se advierte entonces la pérdida de todo cimiento, y los retazos son muestras de las políticas neoliberales en Chile y América Latina durante los 90.

Esta misma característica de cuerpos resistentes, pero intervenidos por extensiones externas podemos observarla en las tres últimas obras de Diamela Eltit: *Impuesto a la carne* (2010a), *Fuerzas especiales* (2013) y *Sumar* (2018). En ellas, los cuerpos femeninos *cyborg* que representan diversas formas de opresión genérica, étnica y de clase. Vemos que en estas novelas la intervención biomédica, los aparatos informáticos y la nube (*cloud* con sus satélites) son representaciones de un poder más en forma de redes en espacios virtuales que atraviesan los cuerpos, pero que ellos resisten de forma épica.

Desde una teoría posfeminista, la figura del *cyborg*, metáfora del monstruo que resulta de la unión entre un ser humano como construcción biopolítica, representa una forma de resistencia en aquellos espacios y contextos donde la figura normativa es más difícil de precisar. Haraway habla de cuatro espacios[78] que son construcciones en que aparecen la figura del *cyborg*. El espacio interior o "el cuerpo biomédico" (1999, 145) está vinculado a aparatos heterogéneos de producción corporal de la tecnociencia para luchar contra los enemigos internos del cuerpo, como son los virus, bacterias o cualquier tipo de enfermedad que pretenda afectar la naturaleza social. Por ello que la madre y la hija bicentenaria de *Impuesto a la carne* deambulan por un hospital-nación, que es el espacio interno, exponiendo sus cuerpos biomédicos precarios, sangrantes, nunca

---

[77] Principalmente en las novelas de Donoso se observa claramente la crítica a la sociedad aristócrata dentro de las paredes de la casa. En *Coronación* vemos la degradación lenta de esta clase. Sin embargo, es en *Casa de campo* y en *El obsceno pájaro de la noche* se metaforiza en forma cruda la monstruosidad y la perversión de la alta alcurnia chilena. Para ver el desarrollo de la casa y las relaciones de poder en la familia. Cfr. Carreño Bolívar, Rubí. *Leche amarga: violencia y erotismo en la narrativa chilena del siglo XX: Bombal, Brunet, Donoso, Eltit* (2007); Bernardita Llanos: *Passionate Subjects/Split Subjects in Twenty-Century Literature in Chile. Brunet, Bombal, Eltit* (2009) y Eugenia Brito: *Ficciones del muro. Brunet, Donoso, Eltit* (2014).

[78] Haraway se basa en el modelo semiótico de Jameson, quien, a su vez, se basa en Greimas (*La semántica estructural*) para construir cuatro espacios con una separación relacional y diferencial en el cual explora las luchas locales/globales y las personificaciones de la naturaleza que hay dentro de ellos: A. Espacio real: Tierra; B. Espacio exterior: Lo extraterrestre; -A. Espacio virtual: SF (cyborg); -B. Espacio interior: Cuerpo biomédico. Nos centraremos en el espacio -A y menos -B para nuestro análisis. Cfr. Haraway 1999, 132.

sanos y siempre rebeldes a los médicos de turno. La alianza de estas dos mujeres es lo que permite la resistencia al sistema hospitalario: "Esa unión, la mía y la de mi madre, es una alianza indisoluble que nos ha mantenido vivas, aunque no sanas por ¿cuánto? ¿Doscientos años?" (2010, 79). Podemos observar que las caminatas por los pasillos, la consulta con los médicos y los tratamientos se realizan en conjunto, como un solo órgano, ya que la madre y la hija son dependientes una de la otra y que no se ha logrado romper el lazo orgánico que une a estas dos mujeres, y es precisamente esta cualidad lo que las convierte en insurrectas. Cuando los médicos las operan mal y la madre queda dentro de la hija, ella afirma "podríamos empezar la comuna del cuerpo y poner en marcha la primera sede anarquista para contener la sangre del país o de la nación. De la Patria" (186). Se trata de crear un *órganomadre* de carácter anarquista, es decir, desobediente a las leyes, ya sean las nacionales o biológicas, para destruir precisamente ese concepto de comunidad que se ha adjudicado la patria o la nación. Las heridas de las bicentenarias no cicatrizarán nunca, porque la exposición de ellas es lo que crea la comunidad. Ellas, fundidas en un solo cuerpo, crean la comunidad: "En la patria de mi cuerpo o en la nación de mi cuerpo, mi madre por fin estableció su comuna. Se instaló una comuna en mí rodeada de órganos que se levantan para protestar por el estado de su historia" (185). Los mellizos, que al final de la novela irán a la venta, se convierten en cuatro nonatos en la novela *Sumar*. Aurora Rojas, la vendedora ambulante que se suma a la marcha en búsqueda de La Moneda, tiene cuatro nonatos, cuatro hijos, "producto de la laberíntica conformación de mis órganos" y "ocupan una porción notable de mi masa cerebral" (2018, 21). A diferencia de los mellizos del *Cuarto Mundo*, estos hijos se encuentran incrustados en los cuatro lóbulos cerebrales del personaje. La simbiosis entre la madre y los nonatos es solo corporal, ya que ellos tienen una vida casi independiente: "Así me convertí en madre de cuatro nonatos soberbiamente pigmentados, tatuados, irreverentes en su audacia que, desde el umbral más precario de ellos mismos, ya se habían propuesto sobrevivir" (22). La madre es parte de este acontecimiento que suma a otros ambulantes como ella, pero los nonatos tienen su propia agenda, porque son hijos neuronales, producto de la tecnología humana.

El concepto de neobarroco ha tenido una gran importancia para abordar obras de la literatura latinoamericana, especialmente en autores como Severo Sarduy, José Lezama Lima, Néstor Perlongher, quienes han desplegado su reflexión desde la filosofía hasta una teoría estética que se ha materializado en la narrativa y en las artes visuales. El renacimiento del barroco vino con la categoría de neobarroco acuñada por Severo Sarduy, afirmando que "refleja estructuralmente la inarmonía, la ruptura de la homogeneidad, del logos en tanto que absoluto, la carencia que constituye nuestro fundamento epistémico" (1987, 211). Para Lezama Lima, *el señor barroco* es el comienzo de América: "Primero hay una tensión en el barroco; segundo, un plutonismo, fuego originario que rompe los fragmentos y los unifica" (80). Más reciente el argentino Néstor Perlongher toma el neobarroco tropical y lo lleva al Cono Sur para transformarlo en *barroso* transplatino, embarrado por las aguas el río, "poética neobarroca [que] enfrenta una tradición literaria hostil, anclada en la pretensión de un realismo de profundidad que suele acabar chapoteando en las aguas lodosas del río. De ahí el apelativo paródico de neobarroso para denominar esta nueva emergencia" (1996, 101). En *Escritura neobarroca* (2010), el chileno Sergio Rojas plantea que "lo barroco" es un fenómeno que atañe a la literatura tanto como al arte en la modernidad: allí "el lenguaje de la obra exhibe el proceso que corresponde al trabajo de producción de sentido" (14). La autoconciencia en el arte reedita la inestabilidad del primer barroco, donde se produciría una crisis de la representación. Hoy día se asume y radicaliza la conciencia de esta crisis centrándonos en la labor del sujeto y del lenguaje que emerge como obra. La puesta en obra se refiere a la autocomprensión formal implícita en esta, que muchas veces, es condición de ella misma:

> En la literatura, "lo barroco" implicaba, pues, una puesta en cuestión del *sentido* del texto, que se complicaba cuando lo que debía permanecer en una anónima subordinación instrumental, emergía haciendo presente las operaciones del autor y desmantelando en cierto sentido las ilusiones del lector, alterando el devenir narrativo de la historia, desnaturalizando el curso de los acontecimientos (16).

Entonces, ¿qué entendemos como propio de la "escritura neobarroca"? Rojas explica algunas de las características. En primer lugar, la emergencia del proceso de producción de sentido que se materializa en la proliferación del significante, la textualización consciente que va más allá de lo narrativo, la importancia del cuerpo y la violencia en que se encuentra sometido por los procesos de subjetivación y la ironía o parodia como negatividad del sentido. En segundo lugar —y a mi juicio el punto más importante para esta investigación—, el despliegue de una serie de recursos que se ponen en obra para recuperar el *sentido* de la escritura operando en su espesor representacional dentro de un clima autocomplaciente que Rojas denomina "el cinismo postmoderno"[79]. Es por ello que el término neobarroco es una forma de resistencia crítica a la idea de posmodernidad que entiende las obras de arte como entretención[80] (2010, 225),

---

[79] Para Rojas, la tendencia del capital a producir una lógica que hegemoniza todos los ámbitos de los seres humanos, produce una "subjetividad cínica" porque sugiere la certeza de que "no hay opción", que es una renuncia a la compresión. Afirma: "He aquí el núcleo del cinismo contemporáneo: la paradoja de constituirse sujeto, afirmando la propia nihilidad. Incluso el coeficiente crítico de la desnaturalización en las artes, que permitía leer las obras en la clave emancipatoria, hoy suele manifestarse como una ingeniosa retórica de la des-ilusión" (2013, 7). De ahí la "despolitización" donde el malestar no puede expresarse en un propósito ideológico que transforme lo social en su conjunto.
[80] Guy Debord en *La sociedad del espectáculo* afirma que el capitalismo tardío se presenta como un conjunto de espectáculos en los que las relaciones humanas son

que anuncia el fin de la cultura moderna o de la cultura a secas. Se trata de leer el presente como neobarroco, es decir, "dar al presente (contra el vértigo de la pura actualidad) una densidad cultural" (226) donde el neobarroco permite resistir, poniendo atención a los procesos de formación de identidades en una operación consciente de las poses estéticas y políticas. Por ello, en el plano de la escritura eltitiana vemos un lenguaje autorreflexivo, rebuscado y paródico porque estamos frente a textos altamente performativos habitados por personajes marginales y, sobre todo, con un fuerte contenido erótico producto de un cuerpo que es un significante múltiple, y donde no es el sujeto, sino el lenguaje el que se emancipa y se manifiesta en la obra.

Tal como hemos visto, en la obra de Eltit este conjunto está formado por subjetividades marginales, excedentes del pacto neoliberal (locos, vagos, deformes), pero ¿cómo se presentan los cuerpos en la obra de Eltit? Si afirmamos previamente que la escritura neobarroca es la *puesta en obra*, entonces ¿de qué forma se textualizan y sexualizan en la obra? Estas son las preguntas que abordaremos en este capítulo, pero antes, es necesario recordar los planteamientos de Foucault sobre la dupla poder y cuerpo: "el poder se ha introducido en el cuerpo, se encuentra expuesto en el cuerpo mismo" (1992, 104). Con esto, Foucault señala que el dominio de la conciencia del cuerpo no ha sido adquirido sino por el efecto de la ocupación del cuerpo por el poder. Así la proliferación de una vida sana a través de la gimnasia, el desarrollo muscular, la belleza, tiene como finalidad el control del cuerpo, lo que ha dado lugar a la formación de una lucha para instaurar un manejo sobre aquel. El poder penetra en los cuerpos individuales modelándolos y normalizándolos; esta suma de efectos constituye el cuerpo social, conformado por todos los que componen el juego del poder. Por lo tanto, para Foucault no existe nada más material, más físico, más corporal que el ejercicio del poder, porque es el cuerpo su primer efecto y su primer blanco, por lo que todo el aparataje político o institucional funciona en torno a este juego. Sin embargo, el cuerpo, frente a esta disputa por su regulación, no se mantiene inactivo y sumiso, sino que elabora diferentes contraefectos para producir fisuras y fugas al poder normativo que intenta in-corporarse. Si la sexualidad se ha convertido en un espacio de análisis, observación, medición, vigilancia y control, aparece al mismo tiempo —y por los mismos motivos— la intensificación de los deseos de cada persona sobre su propio cuerpo. Por lo tanto, la normalización del cuerpo y sus deseos trae

---

intervenidas por las imágenes y la apariencia mientras que la economía mercantil rige completamente la vida social. Al estar todo integrado hacia lo que llama una "mercancía espectacular" todo puede ponerse en cuestión, excepto el mismo espectáculo que se presenta como un "discurso ininterrumpido que el orden presente mantiene consigo mismo, su monólogo elogioso" (1967, 24). De este modo, el espectáculo, junto con su lenguaje, sería un reflejo del poder en que las condiciones de existencia se encuentran bajo su control formando y manteniendo la inconsciencia en las masas para que las condiciones no cambien.

como consecuencia un desbordamiento de esos mismos canales que se habían concertado para la regulación.

Las relaciones del cuerpo con los discursos autoritarios son tramas que en la narrativa de Eltit aparecen en lugares comunes como la plaza, el supermercado, el hospital, la casa; todos territorios que han sido dominados por mecanismos de poder estructurantes, como hemos visto, donde los personajes marginales que habitan dichos espacios contienen las fugas que hacen posible la desestabilización de la norma; por ello la identidad, ya sea social o sexual, resulta deconstruida y reformulada en el discurso narrativo. Los personajes aparecen confundiendo las apariencias y elaborando una metamorfosis para provocar la falla en el cuerpo que se textualiza por medio de una subjetividad móvil y una sexualidad transgresiva que se erige como un antidiscurso por medio de la fuga corporal permanente. De aquí el papel primordial del significante que se inscribe en los sujetos, en su materialidad y en su contexto para desestabilizar los mecanismos en que ese poder se ha configurado.

Para Jean-Luc Nancy, no es el sujeto el que existe, sino el cuerpo. En este sentido, la existencia carece de esencia, siendo el cuerpo el lugar donde dicha existencia acontece: "un cuerpo es estar expuesto. Y, para estar expuesto, hay que ser extenso" (2003, 109), es decir, pensar la extensión en su tensión de modo que ser-cuerpo es una forma de estar en el mundo. Nancy también entiende que la escritura es inseparable del cuerpo y no se trata de escribir sobre el cuerpo, sino *escribir el cuerpo* y hacerle justicia por medio de la escritura. Es lo que llama *excripción*:

> La excripción se produce en el juego de un espaciamiento in-significante: aquel que separa las palabras de su sentido, siempre una y otra vez, y las abandona a su extensión. Una palabra cuando no es absorbida sin resto por un sentido, queda esencialmente extendida entre otras palabras, tendida hasta casi tocarlas, sin alcanzarlas sin embargo: y esto es el lenguaje en tanto que cuerpo (63).

Se trata de una escritura[81] que se ubica sobre el límite que separa pensamiento y cuerpo, produciendo un discurso acéfalo (15) que surge del lugar de la abertura del ser, que es un espacio abierto e indefinido. La escritura como cuerpo encuentra su lugar en la ex-tensión del significante donde logra escaparse de las ataduras del *logos*. Dentro de este esquema, los cuerpos fragmentados y marginales en la obra de Eltit se configuran como el doble o espejo de una escritura

---

[81] Es importante mencionar las semejanzas entre la *excriptura* de Nancy, la *différance* derridiana, que tacha el origen y establece una mediación por medio del lenguaje, y la *escripturalidad* de Sarduy que afirma que el cuerpo no es solo un tema, sino que opera como recurso de producción de sentido en el trabajo mismo con el lenguaje. Cfr. Sarduy, *Ensayos generales sobre el Barroco*. Todos estos autores afirman la relación íntima del cuerpo y la escritura para provocar un quiebre en la identidad fija y el sentido único.

fragmentada que surge de un goce indecible que solo puede exhibirse mediante el cuerpo. Por esto, y retomando un concepto de Sarduy, Rojas afirma que "lo real emerge travestido en lenguaje" (208),[82] por lo tanto, no se trata de representar la realidad, sino de resaltar el carácter escenográfico donde "se desplaza a la naturaleza hacia la obra, y por ello mismo, hacia el destinatario de la obra que siente, imagina, interpreta y descifra" (220). Estamos frente a una teatralidad del mundo donde la naturaleza no se puede atrapar, sino que hay que ponerla en pose para reproducirla.

---

[82] Sarduy incluye el travestismo como una de las formas de simulación que "no se reduce a la imitación de un modelo real, determinado, sino que se precipita en la persecución de una irrealidad infinita, y desde el inicio del 'juego' aceptado como tal, irrealidad cada vez más huidiza e inalcanzable" (*Ensayos* 56).

# Pulsión comunitaria: versiones de un epílogo

"Escribir no es salir sino pasar por, atravesar." Esta afirmación de Sergio Rojas acerca de la obra de Diamela Eltit es una excelente sentencia que resume la forma en que la escritora construye, en forma manual, sus obras. El recorrido que hemos elaborado en esta investigación no agota en absoluto el acercamiento interpretativo, sino más bien abre otras posibilidades de crítica y debate frente a una obra que está activa y en plena construcción. La operación activa se observa principalmente desde la estructura misma del texto hasta el trabajo escritural, generando un cuestionamiento no solo a la literatura tradicional, sino también a las políticas culturales que manejan ciertas normas de disciplinamiento.

Al hacer un recorrido de todos sus textos se puede observar que existen ciertas estructuras de significación que se organizan bajo instancias marginales donde prevalecen las figuras de vagabundos, torturados, incestuosos, niños sin nacer, esquizofrénicos. Además, el descentramiento de la palabra dentro del proceso de escritura, tema principal y obsesivo en todos sus textos, se presenta por medio de quiebres sintácticos, modos narrativos, explosión de géneros, etcétera; pero también se observa la materialidad del cuerpo femenino como centro de las relaciones de poder. De este modo, se distingue en la narrativa de Eltit un hilo que atraviesa su producción y que se relaciona con el fragmento, el residuo. A este respecto, la misma autora afirma que su intención es "[t]rabajar con pedazos de materiales, con retazos de voces, explorar vagamente (digo, a la manera vagabunda) los géneros, la mascarada, el simulacro y la verbalizada emoción, ha sido mi lugar literario" (Eltit 1993, 20). Esta manera "vagabunda" se refleja a través del movimiento que es un elemento primordial de su obra, ya que nada permanece, ni el espacio, ni los personajes, ni los temas. Todo en la obra es flujo y reflujo donde los textos se irán desplazando para producir

---

**Cómo citar el epílogo:**
Barrientos, M. 2019. *La pulsión comunitaria en la obra de Diamela Eltit*. Pp. 165–170. Pittsburgh, Estados Unidos: Latin American Research Commons. DOI: https://doi.org/10.25154/book1.o. Licencia: CC-BY-NC 4.0

la subversión de la estructura fija, conformando el proceso mismo de hacerse textos, haciendo del movimiento un atentado a la fijación, es decir, no permite la permanencia, el estado, lo eterno. Así, el movimiento de los personajes en la obra eltitiana representa fases cambiantes que huyen del mundo que intenta atarlos. Esta huida se representa en las figuras mismas a través de la *carencia* como un vacío de todo lo impuesto que es el marco que rodea a todas las obras, las cuales tienen como escenario la oscuridad: una plaza de noche, la opacidad del útero, el encierro de la cárcel o del barrio, las noches en bares, la vida en un supermercado. Todos estos espacios se generan bajo el juego de contraluz que permite el oscurecimiento del sentido, ya que se produce una obstrucción de la vista que no permite crear una organización lógica del objeto que se tiene en frente. Esta mala visión que se produce por daño al ojo provocado por el golpe provoca una fractura en la relación con el objeto, que ya no es captado en su forma mimética, instalando el cuestionamiento a toda forma privilegiada de "representación" y haciendo que el texto deba autocorregirse constantemente: se afirma y se asevera, pero se duda y re-hace inmediatamente. Este cuestionamiento mantiene a la obra en un diálogo consigo mismo, provocando un quiebre en el rostro donde aparecen las grietas que se mantenían ocultas. Así surge el descentramiento y la alteridad que producen la desjerarquización del centro que favorece lo que había sido descartado por las jerarquías (ya sea logocéntrica, falocéntrica, etnocéntrica, etcétera). El sujeto y el espacio que habitan son entonces vistos como subjetividades en constante cambio, son heterogéneos, múltiples y sus definiciones solo pueden encontrarse fuera de los diccionarios o de cualquier categorización normalizadora. El movimiento, como aquello que impide la fijeza, se convierte en la única forma "real" de insubordinación a las diferentes formas de poder. Es por ello que los espacios, clásicamente analizados como fijos y estables, estallan en las páginas para recuperar la movilidad que se les había arrebatado. La plaza o el hospicio se convierten en hogar, la casa en un bar, en santuario o cárcel, el hospital en casa, nación; los muros de estos espacios han sido derruidos lentamente en manos de sus habitantes que se niegan a ocuparlos en forma determinada, dictado por el sentido común, creando espacios escurridizos y móviles. El espacio en las obras de Eltit es el escenario de las luchas de poder que se disputan un territorio para instalar las tecnologías que facilitarán la normalización de los individuos; por esto, los personajes se resisten a esas técnicas fracturando esas mismas construcciones por medio del movimiento y haciendo que los cuerpos se muevan constantemente a través de diferentes poses, frotación rítmica entre ellos mismos, heridas que sangran, estilos literarios que se cruzan, de modo que nada permanezca fijo.

Debido al constante movimiento de los espacios, los sujetos que ocupan esos lugares se mueven en los bordes; por ello, la marginalidad es una de sus formas de definición. Pero al hablar de marginalidad no se intentó fijar una definición, sino mover el término, ya que lo marginal en Eltit no es una categoría fija. Por ello el sujeto deviene subjetividad violentada por la forma de hacerse en ese espacio movible siempre al borde de una marginalidad diferente. Los personajes entonces pueden ser marginales porque habitan el borde geográfico o económico, como es el caso de las obras de la primera etapa; posteriormente son personajes anormales que no habitan necesariamente el margen, pero su condición subjetiva los hace bordear la periferia, o los personajes desagregados que pueden vivir en el margen, pero se agregan a los centros desde prácticas diferentes a las oficiales. En cualquiera de los casos, son siempre personajes que no se identifican con las prácticas que la oficialidad política, económica y cultural que les ofrecen. El enfoque de la marginalidad no muestra un mundo de vagabundos que *padecen* su desventura, sino personajes que gozan de la situación en la que se encuentran, tachando el espacio privado para hacerse público y exhibir los cuerpos que realizan un espectáculo del cual disfrutan. No encontramos en los espacios y personajes una perspectiva sociológica con situaciones dramáticas (aún cuando estas sean válidas), sino que, y este es el punto más importante en mi reflexión, aunque estos personajes sean marginales o precarios, levantan su voz con su sola presencia en las obras. Entonces no son solo cuerpos sufrientes que se convierten en espectáculo del dolor, sino que ellos van más allá de la mirada solidaria porque sus cuerpos poseen una idea y eso los hace ponerse de pie, en el sentido de Badiou, ya que no son solo cuerpos separados del pensamiento, sino que sus cuerpos contienen una idea que los convierte en peligrosos. Es por ello que la lucha de estos personajes es afirmativa, porque unen sus cuerpos a una idea y no solo al sufrimiento personal que los convierte en pasivos o padecientes, sino más bien, seres que tienen agencia al decidir posicionarse en el margen del sistema y hacer de su propio cuerpo una página de la historia. A pesar de ser individuos que arrastran su propia cicatriz, los personajes eltitianos poseen un "estar-en-común", donde se produce el encuentro con otro ajeno con quien es imposible una identificación unitaria. Por ello se conforma una comunidad desobrada, inoperante, donde la identificación es con la resistencia a la posibilidad de totalización y ex-ponerse a lo distinto. Como afirma Nancy, las singularidades que forman parte de una comunidad tienen en común el vacío que las hace comparecer. *Ser-en-común* (2000, 150) nada tiene que ver con la imposición de un fundamento políticamente unitario, sino en compartir y vivir en la intensificación de la apertura. Por ello los cuerpos eltitianos siempre están abiertos en forma exuberante y fragmentada: tenemos sangre, saliva, manos, cabeza, pero nunca un cuerpo completo, que ingresan en la representación de forma incompleta, inestable, móvil. Es lo que llamamos *excriptura* (Nancy) o *escripturalidad* (Sarduy): a la inscripción en el lenguaje como herida o tatuaje para hacer trabajar a la grafía en la piel. Por esto el cuerpo en la obra de Eltit no es solo un tema, sino la exhibición plástica del signo donde los cuerpos contienen complejas dislocaciones e intersecciones que trascienden el binarismo clásico y son capaces de desactivar imperativos fundantes mediante la territorialización de la escritura, lugar donde las voces adquieren cuerpo en el proceso mismo de la escritura, haciendo que el cuerpo y el texto se tornan fragmentados y abyectos por medio de cuerpos autoflagelados, sudacas, incestuosos, lacerados y fragmentados.

El cuerpo es entonces, una condición material y una urgencia, como afirma Nancy, que "muestra angustia puesta al desnudo" (2003, 11). Se trata de hacer que la escritura toque al cuerpo por medio de artificios, generando un cuerpo lingüístico como resultado del exceso debido a la imposibilidad de representar el mundo en forma mimética.

De esta forma, se puede afirmar que la marginalidad y el cuerpo como escritura se presenta en forma activa, *política*, para erigirse contra el poder. Hablamos de política en el sentido de Rancière, como la configuración de un espacio común, ocupado por objetos comunes para una serie de sujetos, y que el arte configura mediante sus obras, un nuevo espacio común, material y diferente al ofrecimiento del mercado y del poder. No se trata de esa política clásica de hablar de "temas políticos", sino de "reconfigurar la división de lo sensible, en introducir sujetos y objetos nuevos, en hacer visible aquello que no lo era, en escuchar como seres dotados de la palabra a aquellos que no eran considerados más que como animales ruidosos" (2005, 19). Por ello, los personajes eltitianos provienen de los lugares más periféricos de las grandes urbes, porque son aquellos que utilizan esa exposición para revertir la forma en la que "se está"; esto quiere decir que, de ser personajes marginales, pasan a formar el centro de un relato, de una plaza, de una cámara, del barrio, del hospital, del supermercado. La reversión opera por medio de una *estética* que hace que los espacios y los habitantes operen de manera diferente a través de otros códigos, otras hablas, otro orden. Se trata entonces de hacer de la obra una experiencia fuera del orden cotidiano, una experiencia alternativa a lo ordinario donde el lector/espectador se pueda liberar de sus relaciones cotidianas en todos los niveles de las relaciones de poder. Así, una función política como una reconfiguración de la división de lo sensible, le es esencial al arte. Es por esta razón que el pensador francés afirma: "arte y política no son dos realidades permanentes y separadas de las que se trataría de preguntarse si deben ser puestas en relación. Son dos formas de división de lo sensible dependientes, tanto una como otra, de un régimen específico de identificación" (19-20). Es así como en las obras de Eltit el sentido político se produce por medio del cuestionamiento a diversos planos de dominación que se intentan subvertir.

El cuestionamiento que se observa inmediatamente contra el poder del lenguaje, al orden del discurso que esconde las operaciones del significante y busca un sentido único interpretativo. Lo que se observa en las obras son significantes que han roto con el significado para hacerse y rehacerse en busca de otras posibles vías de comunicación que se logran por medio de un lenguaje visual corporal. Además, desde el reconocimiento de la ruina benjaminiana, escarba en esos escombros para extraer de esos residuos los elementos que exhibe en sus obras, pero que se encontraban ocultos en esa ruina. Por eso los personajes son subjetividades abyectas, no solo por la exploración de los límites del cuerpo, sino de los límites en general, los que la misma ruina pretendía ocultar.

Otro cuestionamiento que me parece fundamental en estos momentos de globalización excesiva es precisamente el cinismo dominante que predomina en la actualidad. Sergio Rojas afirma que el individuo es el destinatario de una serie de insumos que el mercado ofrece, pero "el orden social requiere que el individuo se adapte y normalice su insatisfacción ejerciendo un sostenido *aplazamiento* de sus expectativas de *realización*" (2013, 8), provocando la despolitización, sobre todo en un tipo de cultura que fomenta el consumo visual instantáneo de ciertos programas de moda que invisibilizan el conflicto, afirmando que no hay solución porque el neoliberalismo se presenta de manera "natural", como si las cosas fueran porque siempre han sido así. Es este "cinismo posmoderno" que se desea criticar, ya que vivimos en una época tecnologizada y abierta a las redes mundiales sin darnos cuenta que esos mismos aparatos funcionan como panóptico. Los objetos y mercancías se mueven libremente por el mundo, cruzando fronteras sin ningún problema, pero los cuerpos trabajadores que construyen esas mercancías no tienen la misma libertad para cruzar esas fronteras, sino al contrario, se levantan más murallas y se endurecen las legislaciones contra inmigrantes. Desde esta reflexión es que la escritura de Eltit deviene textualidad, es decir, un entramado artesanal de representaciones que desean hacerse al mundo; pero este proceso manual de creación se busca en el recorrido del lenguaje y los personajes se convierten en subjetividades que buscan una salida o entrada, agotando al máximo este mismo lenguaje, ya que los personajes se mueven, transgreden, parodian y se mantienen en constante movimiento abriendo nuevas lecturas, nuevas apariciones, nuevas críticas. Sin embargo, se necesita un nuevo cambio desde el lector/espectador que debe concebir la obra desde otros parámetros. Nuevamente Rancière, desde su idea del teatro (no solo como drama, sino cualquier forma de representación) apela a eliminar a este espectador que observa en forma pasiva las imágenes, seducido por ellas, pero sin ninguna implicación directa. Un espectador consciente es aquel que es capaz de emanciparse y es capaz de comprender que mirar también es una acción que puede transformar las posiciones actor/espectador, haciendo del espectador un individuo que observa, compara, selecciona, interpreta y rehace la performance con sus propias herramientas, siendo parte activa de lo que observa.

De este modo se ha recogido el sentido de escritura perversa y artificiosa en la obra de Diamela Eltit. El texto, por lo tanto, se presenta como juego, pérdida, desperdicio y placer, o sea erotismo como actividad únicamente lúdica que transgrede lo útil, haciendo que la artificialidad y lo cultural se manifiesten en un juego con el objeto perdido, cuya finalidad está en sí misma y no en la conducción de un mensaje o de un sentido único de las obras, sino en su desperdicio en función del placer. Así se produce la caída de la trascendencia, de la finalidad, del significado, de la moral y surgen otras formas que habían permanecido ocultas y reprimidas a través de la voz de seres marginales. El discurso de los textos, con un lenguaje sobrecargado, caótico, con el frote entre géneros, hablas, términos y cuerpos, metaforizan la negación de la entidad logocéntrica que se estructuraba desde su lejanía y autoridad. El cuerpo textual que rehúsa toda instauración, que metaforiza el orden discutido, al padre, a dios, a la ley transgredida. Obras que erotizan la página, los discursos y los cuerpos con una sola finalidad: la transgresión, para que así "reviente en la letra la pesadilla de estas noches".

# Sobre la autora

Mónica Barrientos es chilena, PhD en Hispanic Languages & Literature de la Universidad de Pittsburgh, Estados Unidos, y profesora en la Universidad Autónoma de Chile. Es editora de *Catedral Tomada. Revista de Crítica literaria latinoamericana*, de la Universidad de Pittsburgh. Su línea de investigación está enfocada en las escritoras chilenas durante la dictadura y en la postdictadura, con especial atención a la obra de Diamela Eltit. Entre sus publicaciones, se encuentran: *No hay armazón que la sostenga. Entrevista a Diamela Eltit* (Editorial Universidad de Talca, 2017); "El cuerpo y la resistencia comunitaria en *Impuesto a la carne* de Diamela Eltit", en *Políticas de la narrativa ficcional de Diamela Eltit. Estudios críticos desde Chile* (Patricia Espinosa, ed., Editorial Garceta, 2018); "El juego de la representación en *Puño y Letra* de Diamela Eltit", en *Diamela Eltit: redes locales, redes globales* (Rubí Carreño, ed., Iberoamericana Vervuert, 2009); "Sujeto y bioespacio en la narrativa de Diamela Eltit", en *Ciudades (in)ciertas. La ciudad y los imaginarios locales en las literaturas latinoamericanas* (Ediciones Puerto Escape, 2009); "Corporalidad y transgresión en *Lumpérica* de Diamela Eltit", en *Ensayo sobre escritoras hispanoamericanas contemporáneas* (Monmouth University, 2002). También se ha dedicado a la obra de Eugenia Prado, Andrea Jeftanovic, Nona Fernández y Cynthia Rimsky.

# Sobre Latin America Research Commons

Latin America Research Commons (LARC) es el sello editorial de Latin American Studies Association (LASA), fundado con el fin de contribuir a la difusión del conocimiento a través de la publicación de libros académicos relacionados a los Estudios Latinoamericanos.

Sus principales lenguas de publicación son el español y el portugués, y su objetivo es garantizar que los investigadores alrededor del mundo puedan encontrar y acceder a la información que necesiten, sin barreras económicas o geográficas.

Directora ejecutiva de LASA
Milagros Pereyra Rojas

Editores Principales
Florencia Garramuño
Philip Oxhorn

Comité Editorial
Natalia Majluf
João Jose Reis
Francisco Valdés Ugalde
Alejo Vargas V.

Comité Editorial Honorario – Premiados Kalman Silvert
Lars Schoultz
Carmen Diana Deere
Julio Cotler †
Richard Fagen
Manuel Antonio Garretón
June Nash
Marysa Navarro
Peter Smith

Productora editorial
Julieta Mortati

# Bibliografía

Adams, Jacqueline. 2012. *Surviving Dictatorship. A Work of Visual Sociology.* New York: Routledge.
Aínsa, Fernando. 2006. *Del topos al logos. Propuestas de geopoética.* Frankfurt am Main: Iberoamericana-Vervuert.
Alba Vega, Carlos, Gustavo Lins, and Gordon Mathews. 2015. *La globalización desde abajo. La otra economía mundial.* México: Fondo de Cultura Económica.
Amorós, Celia. 1994. *Feminismos, igualdad y diferencia.* México DF: Universidad Autónoma de México/PUEG.
Anderson, Benedict. 2000. *Comunidades Imaginadas. Reflexiones sobre el origen y la difusión del nacionalismo.* Traducido por Eduardo Suárez. México: Fondo de Cultura Económica.
Arendt, Hannah. 2005. *La condición humana.* Buenos Aires: Paidós.
Aristóteles. 2009. *Ética a Nicomaco*, coord. por Javier Fernández Aguado. Madrid: LID Editorial.
Augé, Marc. 2000. *Los no lugares. Espacios del anonimato. Una antropología de la sobremodernidad.* Barcelona: Gedisa.
Austin, J. L. 1971. *Cómo hacer cosas con palabras.* Buenos Aires: Paidós.
Avelar, Idelber. 2000. *Alegorías de la derrota: la ficción postdictatorial y el trabajo del duelo.* 1.ra ed., Serie Ensayo. Providencia, Santiago: Editorial Cuarto Propio.
Badiou, Alain. 2005. *Being and Event.* New York: Continuum.

Badiou, Alain. 2007. "La idea de justicia." *Justicia, filosofía y literatura*, editado por Silvana Carozzi, 19–37. Rosario: Homo Sapiens.
Bajtin, Mijail. 1990. *La cultura popular en la Edad Media y el Renacimiento: El contexto de François Rabelais*. Madrid: Alianza.
Barrientos, Mónica. 2009. "El juego de la representación en *Puño y letra* de Diamela Eltit." *Diamela Eltit: redes locales, redes globales*, editado por Rubí Carreño Bolívar. Madrid: Iberoamericana-Vervuert.
Barrientos, Mónica. 2013. "El realismo subvertido en la narrativa de José Donoso." *Crítica Hispánica* XXXV (1): 23–44.
Barrientos, Mónica. 2017. "Entrevistas a Diamela Eltit: hacia un diálogo comunitario." *No hay armazón que la sostenga. Entrevistas a Diamela Eltit*, editado por Mónica Barrientos, 15–22. Talca: Editorial Universidad de Talca.
Barrientos, Mónica, ed. 2017a. *"No hay armazón que la sostenga." Entrevistas con Diamela Eltit*. Editado por Colección Mujeres en la Literatura. Talca: Universidad de Talca.
Barrientos, Mónica. 2017b. "Pensando la escritura milímetro a milímetro." *No hay armazón que la sostenga. Entrevistas a Diamela Eltit*, editado por Mónica Barrientos, 25–39. Talca: Universidad de Talca.
Barthes, Roland. 1977. *Images, Music, Text*. London: Fontana Press.
Barthes, Roland. 1990. *La cámara lúcida. Notas sobre la fotografía*. Barcelona: Ediciones Paidós.
Barthes, Roland. 1993. *El placer del Texto*. México DF: Siglo XXI. Original edition, 1974.
Barthes, Roland. 2003. *Ensayos críticos*. Buenos Aires: Seix Barral.
Benjamin, Walter. 1989a. *Discursos Interrumpidos I. Filosofía del arte y de la historia*. Buenos Aires: Taurus.
Benjamin, Walter. 1989b. "La obra de arte en la época de su reproductibilidad técnica." *Discursos Interrumpidos I. Filosofía del arte y de la historia*, editado por Jesús Aguirre, 15–57. Buenos Aires: Taurus.
Bentham, Jeremy. 1989. *El Panóptico*. Madrid: La Piqueta.
Beverley, John. 2004. *Subalternidad y representación. Debates en teoría cultural*. Madrid: Iberoamericana.
Beverley, John, José Oviedo and Michael Aronna, eds. 1995. *The Postmodernism. Debate in Latin America*. Durham and London: Duke University Press.
Biblioteca Nacional de Chile. 2018. *Memoria chilena*. Ministerio de las Culturas, las Artes y el Patrimonio. Consultado el 30 julio de 2018 (https://bit.ly/31pTyYa).
Bourdieu, Pierre. 2003. *Un arte medio. Ensayo sobre los usos sociales de la fotografía*. Barcelona: Editorial Gustavo Gili.
Brito, Eugenia. 2014. *Ficciones del muro. Brunet, Eltit, Donoso*. Santiago de Chile: Cuarto Propio.
Butler, Judith. 2010. *Marcos de guerra. Las vidas lloradas*. México DF: Paidós.
Cánovas, Rodrigo. 1997. *Novela chilena, nuevas generaciones: el abordaje de los huérfanos*. Santiago de Chile: Ediciones Universidad Católica de Chile.

Carreño, Rubí (coord.). 2009. *Diamela Eltit: Redes locales/globales*. Frankfurt-Madrid: Iberoamericana-Vervuert.
Carreño Bolívar, Rubí. 2007. *Leche amarga: violencia y eroticismo en la narrativa chilena del siglo xx: Bombal, Brunet, Donoso, Eltit*. Santiago: Cuarto Propio.
Castro, Alfredo. 2007a. "La lengua escénica como destino." *Mano de obra/Diamela Eltit (adaptación para teatro)*, editado por Alfredo Castro, 19–27. Santiago de Chile: Cuarto Propio.
Castro, Alfredo. 2007b. *Mano de obra /Diamela Eltit (adaptación para teatro)*. Santiago de Chile: Cuarto Propio.
Castro-Gómez, Santiago, and Eduardo Mendieta, eds. 1998. *Teoría sin disciplina (latinoamericanismo, postcolonialidad y globalización en debate*. México: Miguel Ángel Porrúa.
Chapple, Juan. 2017. "Diamela Eltit y las errantes maquinarias del juego." *"No hay armazón que la sostenga". Entrevistas a Diamela Eltit*, editado por Mónica Barrientos, 91–108. Talca: Universidad de Talca.
Cirlot, Juan Eduardo. 1992. *Diccionario de símbolos*. Barcelona: Editorial Labor.
Cisternas, Cristián. 2009. *Imagen de la ciudad en la literatura hispanoamericana y chilena contemporánea*. Santiago de Chile: Editorial Universitaria.
Cixous, Hélène. 1995. *La risa de la medusa: ensayos sobre la escritura*. Barcelona: Anthropos.
Cresswell, Tim. 2004. *Place: a Short Introduction*. Oxford: Blackwell.
Cuddon, J. A. 2013. *A Dictionary of Literary Terms and Literary Theory*. Quinta edición. Oxford: Wiley-Blackwell.
Dällenbach, Lucien. 1991. *El relato especular*. Madrid: Visor.
De los Ríos, Valeria. 2009. "Cuenta regresiva: Imagen, texto y la cuestión del observador". *Diamela Eltit: Redes locales/globales*, coord. Rubí Carreño Bolívar, 263-271. Frankfurt-Madrid: Iberoamericana-Vervuert.
Debord, Guy. 1967. *La sociedad del espectáculo*. Buenos Aires: La Marca.
Deleuze, Gilles and Félix Guattari. 2004. *Mil Mesetas. Capitalismo y esquizofrenia*. Valencia: Pre-Textos.
Derrida, Jacques. 1989. *La escritura y la diferencia*. Barcelona: Editorial Anthropos.
Derrida, Jacques. 1998. *Los márgenes de la filosofía*. Madrid: Cátedra.
Donoso, José. 1951–1967. Notebook 24. *José Donoso Papers*, editado por University of Iowa.
Donoso, José. 1997. *El obsceno pájaro de la noche*. Santiago: Alfaguara.
Duchesne, Juan. 2001. *Ciudadano insano. Ensayos bestiales sobre cultura y literatura*. San Juan: Ediciones Callejón.
Eltit, Diamela. 1980. *Zonas de dolor*. Santiago de Chile: Eltit, Diamela.
Eltit, Diamela. 1982. "Socavada de sed." *Ruptura*, 6.
Eltit, Diamela. 1983. *Lumpérica*. Santiago, Chile: Planeta.
Eltit, Diamela. 1988. *El cuarto mundo*. Santiago Chile: Planeta.
Eltit, Diamela. 1989. *El padre mío*. Santiago, Chile: Francisco Zegers.

Eltit, Diamela. 1992. *Vaca sagrada*. Buenos Aires: Planeta.
Eltit, Diamela. 1993. "Errante, errática." *Una poética de literatura menor: la narrativa de Diamela Eltit*, editado por Juan Carlos Lértora, 17-25. Santiago de Chile: Cuarto Propio.
Eltit, Diamela. 1994. *Los vigilantes*. Santiago de Chile: Editorial Sudamericana.
Eltit, Diamela. 1998. *Los trabajadores de la muerte*. Santiago, Chile: Seix Barral.
Eltit, Diamela. 2002. *Mano de obra*. Santiago, Chile: Seix Barral.
Eltit, Diamela. 2005. *Puño y letra: juicio oral*. Santiago, Chile: Seix Barral.
Eltit, Diamela. 2007a. *Jamás el fuego nunca*. Santiago, Chile: Seix Barral.
Eltit, Diamela. 2007b. *Por la patria*. Santiago de Chile: Planeta Chilena. Original edition, 1986.
Eltit, Diamela. 2010. *Impuesto a la carne*. Santiago de Chile: Seix Barral.
Eltit, Diamela. 2013. *Fuerzas especiales*. Santiago de Chile: Seix Barral.
Eltit, Diamela. 2017a. *Dos guiones, Texto en acción/guión*. Santiago de Chile: Sangría Editora.
Eltit, Diamela. 2017b. "La violencia sin fin." *Dos guiones*, editado por Diamela Eltit, 37-40. Santiago de Chile: Sangría Editora.
Eltit, Diamela. 2017c. "Una aventura sin contorno, interminable." *Dos guiones*, editado por Diamela Eltit, 79-82. Santiago de Chile: Sangría Editora.
Eltit, Diamela. 2018. *Sumar*. Santiago de Chile: Planeta chilena.
Eltit, Diamela, Paz Errázuriz. 2010b. *El infarto del alma*. 1.ª edición 1994 ed. Santiago, Chile: Ocho Libros.
Esposito, Roberto. 2003. *Communitas. Origen y destino de la comunidad*. Buenos Aires: Amorrortu editores.
Esposito, Roberto. 2006a. *Bíos. Biopolítica y filosofía*. Buenos Aires: Amorrortu.
Esposito, Roberto. 2006b. *Categorías de lo impolítico*. Buenos Aires: Latz Editores.
Esposito, Roberto. 2011. *Bíos. Biopolítica y filosofía*. Buenos Aires: Amorrortu.
Felman, Shoshana. 1995. "Education and Crisis, or the Vicissitudes of Teaching." *Trauma. Exploration in Memory*, editado por Cathy Caruth, 13-60. Baltimore & London: The Johns Hopkins University Press.
Foucault, Michel. 1991a. *Enfermedad mental y personalidad*. Barcelona: Paidós.
Foucault, Michel. 1991b. *Historia de la sexualidad: la voluntad de saber*. Vol. I. Madrid: Siglo Veintiuno.
Foucault, Michel. 1992. *Microfísica del poder*. Madrid: La Piqueta.
Foucault, Michel. 2000a. *Los Anormales. Curso en el College de France (1974-1975)*. Buenos Aires: Fondo de Cultura Económica.
Foucault, Michel. 2000b. *Un diálogo sobre el poder y otras conversaciones*. Madrid: Alianza.
Foucault, Michel. 2006. *Seguridad, territorio, población*. Traducido por Horacio Pons. Buenos Aires: Fondo de Cultura Económica.
Garcés, Mario & Sebastian Leiva. 2005. *El Golpe en La Legua. Los caminos de la historia y la memoria*. Santiago de Chile: LOM.

García Canclini, Néstor. 1997. *Imaginarios Urbanos*. Buenos Aires: Editorial Universitaria de Buenos Aires.
García Canclini, Néstor. 2001. *Culturas híbridas: Estrategias para entrar y salir de la modernidad*. Buenos Aires: Paidós.
Genette, Gérard. 1989. *Palimpsestos. La literatura en segundo grado*. Traducido por Celia Fernándes Prieto. Madrid: Taurus.
Green, Mary. 2007. *Diamela Eltit. Reading the Mother*. New York: Tamesis.
Haraway, Donna. 1991. *Ciencia, cyborgs y mujeres. La reivindicación de la naturaleza, Feminismos*. Madrid: Ediciones Cátedra. Universitat de Valencia.
Haraway, Donna. 1999. "Las promesas de los monstruos: Una política regeneradora para otros inapropiados/bles." *Política y Sociedad* (30):121–163.
Harvey, David. 1990. "Between Space and Time: Reflection on the Geographical Imagination." *Annals of Association of American Geographers* 80 (3): 418–434.
Harvey, David. 1998. *La condición de la posmodernidad. Investigación sobre los orígenes del cambio cultural*. Buenos Aires: Amorrortu editores.
Harvey, David. 2012. "Marx and the City." *Vacarme* (59): 218–249.
Hutcheon, Linda. 2000. *A Theory of Parody. The Teaching of Twentieth-Century Art Forms*. New York: First Illinois.
Irigaray, Luce. 1994. "Cuerpo a cuerpo con la madre." *Debate Feminista* (10): 32–44.
Irigaray, Luce. 2009. *Ese sexo que no es uno*. Madrid: Ediciones Akal.
Jameson, Fredric. 1995. *El posmodernismo o la lógica cultural del capitalismo avanzado*. Barcelona: Paidós.
Kristeva, Julia. 1984. *Revolution of Poetic Language*. New York: Columbia University Press.
Kristeva, Julia. 1989. *Los poderes de la perversión: Ensayos sobre Louis-Ferdinand Céline*. Buenos Aires: Siglo XXI.
Lazzara, Michael. 2017a. "Ahogar la guagua. Diamela Eltit: lectura y conversación." *No hay armazón que la sostenga. Entrevistas a Diamela Eltit*, editado por Mónica Barrientos, 357–365. Talca: Universidad de Talca.
Lazzara, Michael. 2017b. "Cuerpos y Lenguas." *No hay armazón que la sostenga. Entrevistas a Diamela Eltit*, editado por Mónica Barrientos, 237–249. Talca: Universidad de Talca.
Lazzara, Michael. 2017. "Cuerpos y Lenguas." *No hay armazón que la sostenga. Entrevistas a Diamela Eltit*, editado por Mónica Barrientos, 237–249. Talca: Universidad de Talca.
Lefebvre, Henri. 1991. *The Production of Space*. Cambridge: Blackwell.
Lindón, Alicia. 2009. "La construcción socioespacial de la ciudad: el sujeto cuerpo y el sujeto sentimiento." *Revista Latinoamericana de estudios sobre Cuerpos, Emociones y Sociedad* 1 (1):6–20.
Lins Ribeiro, Gustavo. 2012. "La globalización popular y el sistema mundial no-hegemónico." *Nueva Sociedad* (241): 36–62.
Llanos, Bernardita. 2009. *Passionate Subjects/Split Subjects in Twenty-Century Literature in Chile. Brunet, Bombal, Eltit*.

Mannel, Timothy. 2004. "Victor Gruen and the Construction of Cold War Utopias." *Journal of Planning History* 3: 116–150.
Marchant, Patricio. 2009. *Sobre Árboles y Madres*. Buenos Aires: La Cebra. Original edition, 1984.
Marchart, Oliver. 2007. *Post-Fundational Political Thought. Political Difference in Nancy, Lefort, Badiou and Laclau*. Edinburgh: Edinburgh University Press.
Massey, Doreen. 2005. "La filosofía y la política de la espacialidad: algunas consideraciones." *Pensar este tiempo. Espacios, afectos, pertenencias*, editado por Leonor Arfuch, 103–127. Buenos Aires: Paidós.
Massey, Doreen. 2012. "Un sentido global del lugar." *Doreen Massey. Un sentido global del lugar*, editado por Abel Albet and Núria Benarch, 112–129. Barcelona: Icaria.
Montecino, Sonia. 1993. *Madres y Huachos. Alegorías del mestizaje chileno*. Santiago de Chile: Cuarto Propio-CEDEM.
Morales, Leonidas. 1998. *Conversaciones con Diamela Eltit*. Santiago de Chile: Cuarto Propio.
Morales, Leonidas. 2000. "El discurso crítico de Diamela Eltit: cuerpo y política." *Emergencias. Escritos sobre literatura, arte y política*, editado por Diamela Eltit, 9–16. Santiago de Chile: Planeta Chilena.
Morales, Leonidas. 2008. "La verdad del testimonio y la verdad del loco." *Revista Chilena de Literatura* (72):193–205.
Nancy, Jean-Luc. 2000. *La comunidad inoperante*. Traducido por Juan Manuel Garrido. Santiago, Chile: LOM Ediciones.
Nancy, Jean-Luc. 2001. *La comunidad desobrada*. Traducido por Pablo Perera. Madrid: Arena Libros.
Nancy, Jean-Luc. 2003. *Corpus*. Madrid: Arena Libros.
Nancy, Jean-Luc. 2006a. "La imagen: Mímesis & Méthesis." *Escritura e imagen* 2: 7–22.
Nancy, Jean-Luc. 2006b. *Ser singular plural*. Madrid: Arena Libros.
Nancy, Jean-Luc. 2015. *58 indicios sobre el cuerpo. Extensión del alma*. Traducido por Daniel Alvaro. Buenos Aires: La Cebra.
Nancy, Jean-Luc. 2016. *La comunidad revocada*. Buenos Aires: Mardulce.
Neustadt, Robert. 1999. *(Con)fusing Sign and Postmodern Position. Spanish American Performance, Experimental Writing, and Critique of Political Confusion*. New York: Garland Publishing.
Neustadt, Robert. 2012. *CADA día: La creación de un arte social*. 2.ª ed. Santiago de Chile: Cuarto Propio.
Olea, Raquel. 2018. "*Mano de obra*. Cuerpos, trabajo y lenguaje en el capitalismo global." *Diamela Eltit. Políticas de su narrativa ficcional: estudios desde Chile*, editado por Patricia Espinosa H. Santiago de Chile: Garceta Ediciones.
Opazo, Cristián. 2009. "De la crueldad (Diamela Eltit y las reinvenciones del teatro chileno)." *Diamela Eltit: redes locales, redes globales*, editado por Rubí Carreño Bolívar, 225–238. Madrid, Frunkfort: Iberoamericana-Verbuert.

Perlongher, Néstor. 1996. *Prosa Plebeya. Ensayos 1980-1992*. Buenos Aires: Colihue.
Pimentel, Luz Aurora. 2016. *El espacio en la ficción. Ficciones espaciales. La representación del espacio en los textos narrativos*. México DF: Siglo XXI.
Polgovsky, Mara. 2012. "Zona de Dolor: Body and Mysticism in Diamela Eltit's Video-Performance Art." *Journal of Latin American Cultural Studies* 21 (4): 517-533.
Rancière, Jacques. 1996. *El desacuerdo. Política y filosofía*. Buenos Aires: Nueva Visión.
Rancière, Jacques. 2005. *Sobre políticas estéticas*. Barcelona: Universitat Autónoma de Barcelona.
Rancière, Jacques. 2010. *El espectador emancipado*. Buenos Aires: Manantial.
Richard, Nelly. 2001. *Residuos y metáforas (Ensayos de crítica cultural sobre el Chile de la Transición)*. Santiago de Chile: Cuarto Propio.
Richard, Nelly. 2007. *Márgenes e Instituciones. Arte en Chile desde 1973*. Santiago de Chile: Metales Pesados. Original edition, 1986.
Ricoeur, Paul. 1996. *Sí mismo como otro*. México DF: Siglo XXI.
Rodríguez Marciel, Cristina. 2011. *Nancytropías. Topografías de una filosofía por venir en Jean-Luc Nancy*. Madrid: Dykinson.
Rodríguez, Zorobabel. 1985. *Diccionario de chilenismos*. Valparaíso: Ediciones Universitarias de Valparaíso.
Rojas, Sergio. 2010. *Escritura neobarroca. Temporalidad y cuerpo significante*. Santiago, Chile: Palinodia.
Rojas, Sergio. 2012. *Catástrofe y trascendencia en la narrativa de Diamela Eltit*. Santiago de Chile: Sangría Editora.
Rojas, Sergio. 2013. *La sobrevivencia cínica de la subjetividad*. Santiago: Cuadernos de Tiza.
Rosenfeld, Lotty. 2006. *Cuenta regresiva*. Santiago de Chile.
Rosenfeld, Lotty. Video (HIVDL).
Rubio, Patricia. 2005. "Escritura/imagen: acercamientos a la colaboración artística entre Diamela Eltit y Lotty Rosenfeld." *Entre mujeres. Colaboraciones, influencias e intertextualidades en la literatura y arte latinoamericanos*, editado por María Claudia André and Patricia Rubio, 41-66. Santiago de Chile: RIL editores.
Ruiz-Tagle, Josefa & Lucía Egaña Rojas. 2014. *Enciclopedia del amor en los tiempos del porno*. Santiago de Chile: Cuarto Propio.
Sarduy, Severo. 1987. *Ensayos generales sobre el Barroco*. Buenos Aires: Fondo de Cultura Económica.
Sarduy, Severo. 1998. "El barroco y el neobarroco." *América Latina en su Literatura*, editado por César Fernández Moreno, 167-184. México: Siglo XXI, Unesco.
Sassen, Saskia. 2003. *Contrageografías de la globalización. Género y ciudadanía en los circuitos fronterizos*. Madrid: Traficante de sueños.

Scarabelli, Laura. 2018. *Escenarios del nuevo milenio. La narrativa de Diamela Eltit (1998–2018)*. Santiago de Chile: Editorial Cuarto Propio.
Soja, Edward W. 2008. *Postmetrópolis. Estudios sobre las ciudades y las regiones*. Madrid: Traficante de sueños.
Sosnowski, Saúl. 2018. *Cartografía de las letras hispanoamericanas: tejidos de la memoria*. La Habana: Casa de las Américas.
Sotomayor, Áurea María. 2012. "Juzgar un juicio o las roturas de lo que se cose con afán (*Puño y letra*, de Diamela Eltit)." *Revista Iberoamericana* LXXVIII (241): 1013–1026.
Taylor, Diana. 2012. *Performance*. Buenos Aires: Asunto Impreso.
Triadó-Tur, Juan Ramón, Jaime Viñal and Alberto Alonso. 1999. Historia del Arte. *Historia del Arte*, editado por Julio Paredes. Barcelona: Norma.
Vernant, Jean-Pierre. 1992. *Los orígenes del pensamiento griego*. Buenos Aires: Paidós.

# Índice de contenidos

**A**

abyección   83, 104, 122, 131, 143, 150, 153, 155, 169
Adams, Jacqueline   32
Agamben, Giorgio   4
Aínsa, Fernando   41
Alba Vega, Carlos   94
Allende, Salvador   32, 95, 96
Amorós, Celia   27
Anderson, Benedict   3
Arancibia Clavel, Enrique   116, 119
Arendt, Hannah   27, 158
Arguedas, Alcides   69
Augé, Marc   6, 42, 43
Austin, J. L.   62
Avelar, Idelber   78

**B**

Badiou, Alain   67, 100, 150, 168
Bajtin, Mijail   119
Barrientos, Mónica   67, 116
Barthes, Roland   107, 130, 143, 150
Benjamin, Walter   134, 169
Beverley, John   54
binarismos   153, 155, 157, 168
bio-poder   24, 45, 46
Brito, Eugenia   159
Butler, Judith   77

**C**

Cánovas, Rodrigo   116
capitalismo   36, 38, 40, 41, 42, 43, 45, 54, 69, 82, 85, 87, 91, 96, 98, 122, 124, 168, 169
Castro, Alfredo   143
Castro-Gómez, Santiago   54
Chapple, Juan   105
Cirlot, Juan Eduardo   89, 91, 131, 158
Cisternas, Cristián   19
Cixous, Hélène   153
Colectivo Acciones de Arte (CADA)   58, 61
*communitas*   11, 22
comunidad(es)   1, 2, 3, 4, 5, 6, 10,

11, 23, 29, 73, 160, 168
comunismo   2, 3, 42
construcción en abismo   125, 126, 127, 128, 134
    Ver también mise en abyme.
consumo   42, 43, 69, 169
Contreras, Miguel   116
corporalidad   17, 33, 98
    Ver también cuerpos; materialidad.
*Cuarto mundo, El*   61, 72, 74, 75, 76, 85, 125, 136, 142, 143, 153, 155, 156, 159, 160
Cuddon, J. A.   157
*Cuenta regresiva*   59
cuerpo(s)   6, 29, 40, 46, 55, 61, 63, 65, 71, 80, 104, 105, 119, 122, 156, 162, 163
    biomédico(s)   160
    capitalismo   19, 20, 21, 36
    comunidad(es)   6, 66, 67, 105
    cuerpo-página   104
    deformidad   76
    desaparecido(s)   78
    erotismo   132, 150
    escritura   86, 107, 140, 146, 164, 168
    espacio   13, 15, 17, 25, 26, 85, 86, 105
    espectáculo   150
    femenino(s)   85, 88, 89, 105, 115, 124, 125, 153, 158, 159, 166
        Ver también maternidad.
    marginal(es)   67, 85, 86, 100, 164
    violencia   73, 119
cuestionamiento   108, 110, 166, 168, 169
Cuthbert, Sofía   116
*cyborgs*   98, 99, 159, 160, 164

**D**

Dällenbach, Lucien   125
deformidad   76, 91
Derrida, Jacques   46, 62
descentramiento   108, 166

dictadura   32, 33, 59, 60, 69, 72, 73, 78, 113, 116, 119, 159
Donoso, José   52, 91
*Dos guiones*   31, 59
Duchesne, Juan   87, 88

**E**

Editorial Cuarto Propio   143
Egaña Rojas, Lucía   129
*El otro, mi otro*   125
erotismo   6, 108, 130, 132, 141, 150, 151, 162, 170
Errázuriz, Paz   114, 149, 150
escripturalidad   141, 168
    neobarroca   108, 114, 119, 151, 162, 163. Ver también estética neobarroca.
Esposito, Roberto   4, 5, 6, 11, 15, 19, 22, 23, 29
estar-en-común   53, 168
estética neobarroca   108, 130
estética neoliberal   139
estética posmoderna   119
estética post-vanguardia   119
estilo narrativo   104
estructura rizomática   65
exageración   122
exceso   112, 114, 128
*excripción*   163, 164
excriptura   105, 163, 164, 168
expansión   107
*expielsición*   86

**F**

Felman, Shoshana   119
femenino   72, 157, 158, 166
feminismo   105
fotografía   29, 58, 63, 114, 149, 150
Foucault, Michel   82, 85, 123, 124, 163
fragmentación   55, 60, 66, 76, 104, 115, 119, 124, 125, 164
*Fuerzas especiales*   31, 32, 33, 38, 87, 97, 98, 99, 159

## G

García Canclini, Néstor   17, 54
Genette, Gérard   119
globalización   20, 36, 40, 42, 54, 94, 169
Golpe de Estado   72, 73, 96, 112, 122
Green, Mary   125, 155

## H

Handke, Peter   59, 65
Haraway, Donna   98, 99, 160
Harvey, David   6, 36, 53, 105
Hutcheon, Linda   6, 121

## I

identidad   6, 10, 13, 25, 29, 46, 52, 58, 69, 71, 72, 73, 78, 79, 96, 99, 104, 124, 162, 163
*immunitas*   22
*Impuesto a la carne*   1, 45, 46, 85, 86, 126, 127, 159, 160
incesto   91, 122, 136, 141, 155
indígena, el   54, 72, 73, 76
*Infarto del alma, El*   114, 115, 122, 123, 124
Iturriaga Neumann, Raúl   116

## J

*Jamás el fuego nunca*   21, 22, 23, 24

## K

Kristeva, Julia   83, 131, 155, 158

## L

Laclau, Ernesto   4
Lazzara, Michael   52, 105, 157
Lefebvre, Henri   6, 29, 40, 41
Lezama Lima, José   161
Lindón, Alicia   36
Lins, Gustavo   94
Lins Rebeiro, Gustavo   40

locura   100, 113, 123, 124
*Lumpérica*   27, 29, 36, 45, 46, 58, 60, 61, 63, 65, 71, 84, 104, 126, 127, 128, 131, 134, 137, 139, 141, 145, 146

## M

*Mano de obra*   19, 20, 21, 38, 42, 43, 45, 87, 94, 95, 96, 98, 134, 143, 144
Marchant, Patricio   122
marginalidad   6, 15, 19, 25, 31, 55, 69, 72, 73, 74, 87, 104, 115, 122, 123, 126, 162, 163, 164, 168
Marx, Karl   93
Massey, Doreen   6, 13, 36, 53
materialidad   6, 13, 82, 85, 105, 130, 163
maternidad   88, 89, 105, 124, 125, 136, 143, 153, 155, 156, 157, 158, 166, 168
Mathews, Gordon   94
Medea   157, 158
mestizaje   54, 69, 72, 73, 76, 80
metaficción   122, 123, 128
minoridades   69, 98
*mise en abyme*   58, 123, 125, 126, 127, 128, 134
monstruosidad   75, 76, 91, 122, 143, 156, 160
Montecino, Sonia   69, 72, 136
Morales, Leonidas   19, 80, 82, 112

## N

Nancy, Jean-Luc   2, 4, 5, 6, 26, 29, 53, 61, 63, 66, 105, 155, 163, 164, 168
neobarroco   60, 114
  concepto de   161, 162. *Ver también* escritura neobarroca.
neoliberalismo   38, 40, 45, 69, 78, 82, 91, 122, 123, 124, 149, 159
Neustadt, Robert   58
Nomi, Klaus   66

## O

Olea, Raquel   19
Opazo, Cristián   143
Operación Unitas   73

## P

*Padre mío, El*   45, 104, 110, 112, 113, 114, 123
parodia   6, 46, 108, 128, 146, 150, 162
patriarcado   153, 158
*performance*   13, 29, 57, 58, 61, 67, 104, 114
   Ver también performatividad.
performatividad   57, 58, 62, 66, 108, 162
periferia   60, 65, 69, 71, 72, 77, 112, 168
   Ver también marginalidad.
Perlongher, Néstor   161
perversión   6, 131, 136, 156, 170
Pimentel, Luz Aurora   14
Pinel, Philippe   114
Pinochet, Augusto   112, 116, 119
poder   40, 69, 72, 76, 82, 85, 105, 112, 114, 155, 159
   bio-poder   24, 45, 46
*Por la patria*   29, 30, 31, 32, 45, 51, 72, 73, 104, 134, 136, 140, 159
posfeminismo   160
posmodernidad   108, 162
Prats, Carlos   116, 119
puesta en abismo   6, 65, 125, 126, 127, 128, 134
   Ver también mise en abyme.
pulsión comunitaria   6, 23, 53, 86, 99, 104, 170
*Puño y letra. Juicio oral*   116, 118, 119

## R

Rancière, Jacques   61, 67, 142, 150, 168, 169
Richard, Nelly   58, 149
Ricoeur, Paul   55
Rodríguez Marciel, Cristina   86, 155
Rojas, Sergio   11, 46, 72, 100, 119, 161, 162, 164, 165, 169
Rosenfeld, Lotty   58, 59, 91, 93, 112
Rubio, Patricia   65
Ruiz-Tagle, Josefa   129

## S

Sarduy, Severo   110, 119, 131, 141, 161, 164, 168
Sarmiento, Domingo Faustino   69
Sassen, Saskia   6, 20
Scarabelli, Laura   40
ser-en-común   4, 5, 11, 29, 168
sexualidad   6, 24, 25, 33, 115, 131, 132, 134, 151, 163
   Ver también erotismo.
Soja, Edward   13
Sotomayor, Áurea   119
*Sumar*   38, 40, 41, 42, 87, 91, 93, 94, 153, 159, 160

## T

Taylor, Diana   61
teatralidad   71, 143, 144, 164, 169
*Trabajadores de la muerte, Los*   33, 38, 42, 87, 88, 89, 91, 94, 122, 125, 153, 157, 158

## V

*Vaca sagrada*   78, 79, 80, 82, 108, 110, 122
Vernant, Jean-Pierre   157
*Vigilantes, Los*   82, 83, 84, 85, 122, 153, 156, 159
violencia   30, 31, 32, 33, 43, 52, 69, 72, 73, 74, 82, 91, 104, 105, 119, 131, 140, 141, 157, 162

## Z

*Zonas de dolor*   63, 67, 127
Zurita, Raúl   58

www.ingramcontent.com/pod-product-compliance
Lightning Source LLC
Chambersburg PA
CBHW030236240426
43663CB00037B/1168